浙江省自然科学基金（Y604564）资助

浙江山区特色农林产品市场竞争力提升途径研究

徐秀英　等著

中国林业出版社

图书在版编目（CIP）数据

浙江山区特色农林产品市场竞争力提升途径研究/徐秀英等著. －北京：中国林业出版社，2008.12

ISBN 978-7-5038-5346-3

Ⅰ. 浙…　Ⅱ. 徐…　Ⅲ. ①山区－农产品－市场竞争－研究－浙江省 ②山区－林产品－市场竞争－研究－浙江省　Ⅳ. F327.55

中国版本图书馆 CIP 数据核字（2008）第 186239 号

著　者：徐秀英　沈月琴　李兰英　石道金
费喜敏　邵同尧　闫伟伟

出版　中国林业出版社（100009　北京西城区刘海胡同 7 号）
网址　www.cfph.com.cn
E-mail　forestbook@163.com　**电话**　66162880
发行　中国林业出版社
印刷　北京林业大学印刷厂
版次　2008 年 12 月第 1 版
印次　2008 年 12 月第 1 次
开本　880mm×1230mm　1/32
印张　8.25
字数　246 千字
印数　1～1000 册
定价　30.00 元

前 言

世界山区面积约为陆地面积的1/4。长期以来，随着工业化进程的推进，世界多数山区资源逐渐萎缩、水土流失加剧、生态环境呈恶化趋势、山区居民生活相对贫困。山区问题已经引起了国际社会的广泛关注，在1992年联合国环境与发展大会上，181个国家签署了《21世纪议程》，其中第十三章专门论述了“山区——脆弱的生态系统及其可持续管理”。1998年11月，联合国代表大会将2002年确定为国际山区年。2002年9月，在世界可持续发展首脑会议上，不少国家、联合国机构和非政府组织承诺建立山区可持续发展国际伙伴关系，这标志着全球山区可持续发展问题已得到全世界的广泛重视和认可。我国也是一个多山的国家，山区面积占国土面积的69%，山区人口占全国总人口的56%，约95%的少数民族生活在山区。从20世纪50年代开始，中国政府和人民十分重视山区经济发展和建设工作，经过几十年的努力，山区的生态环境明显改善，人民的生活水平显著提高。但目前我国山区仍是社会主义现代化建设的薄弱环节，生态系统仍然十分脆弱，经济社会发展相对落后。

浙江地处中国东南沿海，山地面积占70.4%，素有“七山一水二分田”之称。浙江省是中国最具经济实力与活力的省份之一，但省内区域发展不平衡，山区经济发展相对缓慢。在1998年召开的省第十次党代会上，提出了到2020年提前基本实现现代化的奋斗目标和战略步骤。《浙江省国民经济和社会发展第十一个五年（2006~2010年）规划纲要》中提出到2010年全省基本实现全面小康社会的目标。浙江省全面建设小康社会，提前基本实现现代化的重点和难点在山区。同时浙江山区大多位于江湖水系的源头，是浙江省生态安全屏障的重点区域。山区的现代化必须走可持续发展之路，必须依据山区的资源禀赋条件，尤其是充分发挥浙江省经济林资源丰富的优势和沿海经济比较发达的区域优势，大力发展山区特色农林产业，实现山区农民增收和山区经济发展，并获得较好的生态效益。为此，浙江省自20世纪90年代开始实行农林业产业结构调整，大力发展效益农林业，并取得了较显著的成效。目前，浙江省是我国经济林产业大省，已初步形成了名特优经济林果业、竹产业等多个优势产业，茶叶、柑橘、杨梅、山核桃、食用笋、食用菌等已成为具有山区特色的农林产品，而且初步形成了区域化格局，山区特色农林产业的发展对当地农民脱贫致富和山区经济发展发挥了重要的作用。但是，随着人民生活水平的提高，农产品生产供应的增加，尤其是中国加入WTO，国内市场国际化和国际市场国内化趋势日益明显，特色农林产品的竞争面临着严峻的挑战。而浙江山区特色农林业发展存在着产品质量不稳及安全性较差，品牌多而不强，营销以传统的价格竞争手段为主，保障措施不健全等问题。同时，生产以家庭小规模经营为主，缺乏有效的组织作为载体，标准化难以有效推广应用，统一品牌难度较大，营销能力较弱。因此，浙江山区特色农林产品面临着如何应对市场需求和竞争形势变化以提升市场竞争力的问题。

基于以上认识，我们于2004年申请并获得浙江省自然科学基金委的批准，立项“浙江山区特色农林产品市场竞争力提升途径研究”(Y604564)。课题计划书提出了“在对浙江山区特色农林产品生产-加工-销售状况二手资料收集和实地调查的基础上，选择合适的指标对特色农林产品的市场竞争力进行评价，通过借鉴国内外农林产品经营的成功经验，提出一套符合WTO规则和浙江实际的提升山区特色农林产品市场竞争力的有效途径。重点解决浙江山区特色农林产品生产经营中专业合作经济组织不健全，标准化生产实施难，从传统营销转向绿色营销的问题。为提升浙江山区特色农林产品市场竞争力，促进山区经济持续、均衡发展，提前实现浙江现代化战略目标服务”。课题立项后，课题组按申请书，制定了详细的实施计划并设计和进行了问卷调查。经过历时三年的研究，达到了计划书所确立的目标，有关成果已在《华中农业大学学报（社会科学版)》、《浙江林学院学报》、《世界农业》、《林业经济问题》等刊物上发表。本书是研究成果的集中反映。

在课题的调研过程中，得到了浙江省农业厅、浙江省林业厅、台州市农业局、黄岩区林业局、临海市林特局、临安市林业局、余姚市农林局、开化县农业局等的大力协助与支持，在此一并表示感谢！

由于该项研究工作涉及的知识面广，综合性强，更重要的是研究水平有限，书中难免存在缺点和错误，敬请各位同仁和广大读者批评指正。

著 者
2008 年 10 月

目　录

1 绪 论

1.1 研究背景

党中央、国务院历来高度重视农业、农村和农民工作，2004、2005、2006年连续出台了三个中央一号文件，2005年出台的《中共中央 国务院关于进一步加强农村工作提高农业综合生产能力若干政策的意见》对提升农业综合生产能力和农业竞争力方面作了系统部署。提出“要发挥区域比较优势，建设农产品产业带，发展特色农业”。2006年中央一号文件发布了《中共中央 国务院关于推进社会主义新农村建设的若干意见》，提出了建设社会主义新农村的重大历史任务，提出“积极推进农业结构调整。按照高产、优质、高效、生态、安全的要求，调整优化农业结构。加快建设优势农产品产业带，积极发展特色农业、绿色食品和生态农业，保护农产品知名品牌，培育壮大主导产业”。中央的两个一号文件都高度重视特色农业的发展，把特色农业的发展作为优化农业结构的主要内容和提高农业竞争力的重要途径。

我国是一个多山的国家，山区在国民经济中有着特殊的地位与重要作用。然而，长期以来，大多数山区由于资源开发不合理，采取广种薄收的单一农业生产模式，导致水土流失严重，生态环境恶化，农业生产力低下，山区经济始终处于落后状态，难以跳出“越穷越砍，越砍越穷”的生态经济恶性循环的怪圈。要建造一个良好的生态环境，必须先解决老百姓的吃饭问题，注重经济发展，提高经济系统的产出率。同时，山区经济的发展依赖于山区产业结构的优化，而山区产业结构优化程度的衡量标准又基本取决于该地区所具优势的发挥程度，一个地区的优势得以充分发挥、综合效益高，证明其产业结构优化程度高，反之则低。山区特色农业是按照市场经济的客观要求，依托山区独特的地理、气候、资源优势及产业基础和条件形成的，是主导山区农村经济发展的高效农业。因此，扬长避短充分发挥各山区的优势，大力发展山区特色农林业是山区产业结构优化的基本要求，是山区发展的有效途径。近些年来，我国山区各地十分重视特色农业的发展，并取得了显著成效。

但是，随着人们生活水平的提高，农产品生产供应的增加，尤其是中国加入 WTO，国内市场国际化和国际市场国内化的趋势日益明显。我国农产品竞争力的提升，尤其是山区特色农林产品市场竞争力提升面临着严峻的挑战和问题：

(1)消费需求“买点”转移。从需求角度来看，由于人民生活水平的不断提升，特别是在大中城市，人们以从“数量型”追求转向“质量型”追求。不满足于吃饱穿暖这一基本生理需求，而更注重产品的营养、品位及安全性等特征。相应地市场竞争的重点也从价格竞争转向非价格竞争。进口农林产品虽然价格大大高于国产农林产品，但以其优良的品质、良好的包装及绿色安全等特性，受到越来越多消费者的青睐，市场份额不断扩大。反观我国山区农林产品的生产，由于生产技术水平较低，产品质量稳定性差；产后分级处理和销售包装不重视，较少使用绿色安全标志；在营销上仍以传统的价格竞争手段为主，难以满足市场需求。

(2)生产供给“组织化、标准化”程度低。从供给角度看，我国山区农林产品生产以家庭分户管理、小规模经营为主，难以实施标准化生产，产品质量参差不齐；对同种产品使用统一包装、统一品牌困难较大。同时，由于组织化程度低，缺乏组织分工与协调，山区农林产品经营者往往既是生产者，又是销售者，以单个经营者为单位进入市场，交易成本高。经营者对于生产什么、生产多少、为谁生产等基本生产决策问题，存在很大的盲目性。千家万户小生产和千变万化大市场之间矛盾日益突出。反观国外农林产品生产情况，以庄园式生产为主，其经营规模是我国农民经营规模的数十倍甚至上百倍；且通过组建行业协会等形式，进行专业化分工、标准化生产、社会化服务，以行业协会为单位统一对外谈判和交易，树立统一品牌，大大降低进入市场的交易成本，提高其在市场谈判中的地位和能力，增强产品的市场竞争力。

(3)国外“绿色壁垒”的封杀。从外部条件来看，入世后各国降低了对我国农林产品出口的关税和配额限制，但为了保护其国内市场更多地转向使用SPS等较为隐蔽的非关税措施。我国山区农林产品的出口形势十分严峻。自2001年11月世界贸易组织第四届部长级会议审议通过中国加入世界贸易组织后，2002年1～9月，我国对欧盟茶叶出口量和出口额就分别比上年同期下降39.16%和34.35%。在美国市场，仅2002年1～3月，中国沿海地区被美国药物管理局扣留产品累计达896批次，中国成为受“绿色壁垒”限制最多的国家。

1.2 研究目的和意义

浙江省地处中国东部沿海，属经济发达省份。全省陆域面积10.18万km^2，为全国的1.06%，是中国面积最小的省份之一。2006年全省实现国内生产总值15742.51亿元，人均国内生产总值31874元，城镇居民人均可支配收入18265元，农民人均纯收入7335元，各项指标均居全国前列。同时浙江也是多山省份，山地和丘陵占70.4%，平原和盆地占23.2%，河流和湖泊占6.4%，故有“七山一水二分田”之称。全省90个县(市、区)有51个是林区县，山区县人口占全省总人口的比例达70.4%。山区县经济发展相对缓慢，始终是浙江经济的薄弱环节。

浙江省委、省政府提出2010年全省要基本实现全面小康社会的奋斗目标，2020年提前基本实现现代化的战略目标。浙江省要提前基本实现现代化，其重点和难点是实现山区的现代化，没有山区的现代化就没有全省的现代化。同时浙江山区大多位于江湖水系的源头，是浙江省生态安全屏障的重点区域。山区的现代化必须走可持续发展之路，必须依据山区的资源禀赋条件，尤其是充分发挥浙江省经济林资源丰富的优势和沿海经济比较发达的区域优势，大力发展山区特色农林产业，实现山区农民增收和山区经济发展，并获得较好的生态效益。为此，浙江省自20世纪90年代开始实行农林业产业结构调整，大力发展效益农林业，并取得了显著的成效。目前，浙江省是我国经济林产业大省，已初步形成了包括名特优经济林果业、竹产业等多个优势产业，山核桃、柑橘、杨梅、食用笋、茶叶、食用菌等已成为具有山区特色的农林产品，而且初步形成了区域化格局，如临安的山核桃和竹笋，台州的柑橘和杨梅，开化的茶叶，余姚的杨梅等。山区特色农林产业的发展对当地农民脱贫致富和山区经济发展发挥了重要的作用。但是，浙江山区特色农林产业的发展也面临着如何应对市场需求和竞争形势变化的课题，面临着如何提高标准化、组织化程度，如何实施绿色营销策略以提升市场竞争力的问题。

本项目拟在对浙江山区特色农林产品生产-加工-销售状况二手资料收集和实地调查的基础上，选择合适的指标对特色农林产品的市场竞争力进行评价，通过借鉴国内外农林产品经营的成功经验，提出一套符合WTO 规则和浙江实际的提升山区特色农林产品市场竞争力的有效途径。重点解决浙江山区特色农林产品生产经营中专业合作经济组织不健全，标准化生产实施难，从传统营销转向绿色营销的问题。为提升浙江山区特色农林产品市场竞争力，促进山区经济持续、均衡发展，提前实现浙江现代化战略目标服务。

1.3　研究的主要内容

(1)浙江山区特色农林产业发展及与山区经济发展的关系。通过二手资料收集和实地调查相结合，掌握浙江山区特色农林产品生产经营发展过程，主要特色农林产品典型分布区域的生产、加工、营销状况，特色农林产业发展与山区经济发展的关系。

(2)浙江山区特色农林产品市场竞争力评价。选择合适的指标对浙江山区主要特色农林产品的比较优势和市场竞争力进行评价，从农产品市场竞争力的构成要素出发，分析影响制约特色农林产品市场竞争力的主要因素。

(3)浙江山区特色农林产品市场竞争力提升的主要途径。针对国内外市场需求及竞争手段的变化，在借鉴国内外农产品生产组织化、标准化和绿色营销成功经验的基础上，结合浙江实际提出山区特色农林产品市场竞争力提升的具体途径。重点解决浙江山区特色农林产品生产经营中专业合作组织不健全，标准化生产实施难，从传统营销转向绿色营销的问题。

(4)浙江山区特色农林产品市场竞争力提升的政策保障。政策是支持山区特色农林产业发展和提升市场竞争力的主要激励因素，分析世界发达国家的相关政策和经验，深入剖析浙江山区特色农林产业发展的主要政策现状和问题，提出提升特色农林产品市场竞争力的主要政策建议。

1.4 研究点基本情况

本项目选取了特色农林产业发展较为典型的山区(半山区)县市作为研究点，山核桃、竹笋——以临安市为研究点，柑橘——以台州市为研究点，茶叶——以开化县为研究点，杨梅——以台州市和余姚市为研究点。项目研究中，除浙江山区特色农林产品市场竞争力评价部分外，其余部分的研究主要以上述研究点作为研究对象。研究点的基本情况如下：

1.4.1 临安市基本情况

临安市地处浙江西北部的天目山南麓，位于东经118°51′~119°52′，北纬29°56′~30°23′，东临省城杭州，西接安徽黄山，是太湖流域和钱塘江水系的源头，是长江三角洲的一方绿色宝地。全市辖7个乡、15个镇、4个街道，土地总面积3126.8km^2，山地面积占86%，森林覆盖率达76.5%，是一个山多田少的山区市。2006年末，全市总人口52.61万。2006年实现国内生产总值162.37亿元，农民人均纯收入、城镇居民人均可支配收入分别为8011元和16360元。

临安市属中亚热带季风气候区，温暖湿润，四季分明，具有春多雨、夏湿热、秋气爽、冬干冷的气候特征，全年降雨量1628.6mm，全年平均气温16.4℃，全年日照时数1847.3小时。优越的生态环境孕育着4700多个物种，享有“绿宝地”、“万宝山”的美称。自20世纪80年代中期确立“东竹西果”发展战略以来，山核桃、竹笋产业不断发展壮大，目前已成为临安农村经济的支柱产业和农民收入的重要来源。先后获得了“中国竹子之乡”、“中国山核桃之乡”等称号。临安山核桃主产于市境西端的昌化、昌北两片，占全市山核桃总产量的85%。竹笋主产于高虹、太湖源、西天目、板桥、三口、青山、玲珑等乡(镇)。

1.4.2 台州市基本情况

台州市地处浙江中部沿海，位于北纬28°01′~29°21′，东经120°17′~121°56′。全市辖3区、2市(县级市)、4县，陆地面积9411km^2，山地面积占70.4%，平原面积约占26.8%，内陆水域面积约占2.8%，素有“七山一水二分田”之称。2006年末，全市总人口564.66万。2006年，全市实现国内生产总值1467.48亿元，农民人均纯收入、城镇居民人均可支配收入分别为7368元和19036元。

台州属中亚热带季风性湿润气候，冬夏季风交替显著，四季冷暖干湿分明。光照适中，雨量充沛，光、热、水的组合良好。表现为春夏季水热同步，秋冬季光温互补，有良好的越冬条件，十分有利于喜温性的亚热带水果生长发育。水果是台州农村经济的主导产业，在水果种类中，柑橘所占比重最大，其次是杨梅，尤其是近几年杨梅发展十分迅速。台州市柑橘生产已有1700多年的历史，在国际、国内都有自己特殊的地位，尤其是黄岩蜜橘历史悠久，名闻遐迩。台州具有丰富的柑橘品种资源，目前主栽的柑橘品种有早熟温州蜜柑、中晚熟温州蜜柑、椪橘、本地早、槾柑、玉环柚、高橙及杂柑类品种。这些品种适宜台州的气候，品种特性表现优良。台州市先后有4个县(市)获得以柑橘命名的“中国特产之乡”的称号，分别是“中国蜜橘之乡”——黄岩、“中国无核蜜橘之乡”——临海、“中国高橙之乡”——温岭和“中国文旦之乡”——玉环。柑橘产业是台州市的特色农业，是台州重要的农业支柱产业，也是台州文化的重要代表。

1.4.3 余姚市基本情况

余姚市位于浙东沿海，中心地理坐标为东经121°09′、北纬30°03′。地处长江三角洲南翼，北濒杭州湾，南接四明山。全市辖14个镇、1个乡、6个街道。土地总面积1528.2km^2，山地丘陵面积839km^2，占土地总面积的54.9%。2006年末总人口82.69万。2006年实现国内生产总值358.93亿元，农民人均纯收入、城镇居民人均可支配收入分别为8557元和20002元。

余姚属典型的亚热带气候，年平均气温为16.3℃，梅雨季节明显，雨热同步，光温互补，是杨梅生长的最佳气候条件。余姚是我国杨梅的发源地之一，栽培历史悠久，早在19世纪初，就已闻名于世，享有“余姚杨梅冠天下”之誉。据余姚境内新石器时代河姆渡遗址中考古发现，早在7000年前就有杨梅原种存在，人工栽培历史也有2000余年。余姚杨梅集中分布于姚江流域两岸。据20世纪80年代中期全国杨梅科研协作组对杨梅品种资源普查，在余姚境内尚存荸荠种、粉红种、水晶种、荔枝种、湖南种、早大种、迟种等20余个品种，品种数量之多位居全国前列。1995年，余姚获得了“中国杨梅之乡”的称号。2004年，余姚杨梅被列入当时唯一实施国家原产地域产品保护的杨梅产品。

1.4.4 开化县基本情况

开化县地处浙江西部边境，位于东经118°01′~118°37′，北纬28°54′~29°30′。浙江省母亲河——钱塘江的源头，地属衢州市，地处浙江、安徽、江西三省七县交界处，是连接浙江西部、安徽南部和江西东北部的要冲、浙江的“西大门”、重要的生态功能保护区。建县于北宋太平兴国六年即公元981年，距今有1025年历史。县域面积2236km^2，林业用地18.63多万hm^2，占84%，素有“九山半水半分田”之称。全县辖18个乡（镇）（建制镇9个）、449个行政村。2006年末总人口34.66万。2006年全县实现国内生产总值37.12亿元，农民人均纯收入4811元。

开化境内山峦起伏，森林茂盛，山清水秀，资源丰富，环境优美，被国家环保总局划定为“华东地区重要的生态屏障”，并于2002年3月命名为全国生态示范区，2004年被授予“全国绿化模范县”称号。开化县属亚热带季风气候，四季分明、地力肥沃，具备种植茶叶的地理优势。早在民国21年(1932年)有茶园面积125.67hm^2，总产量207.35t，其中绿茶109.1t、红茶98.25t。经过几十年来的发展，如今茶叶产业已壮大成为该县农村经济的一大支柱产业。

1.5 数据和资料来源

本项目研究中应用了大量的数据和资料，其来源如下：

(1)浙江及全国其他省份特色农林产品生产的面积与产量数据来自

《浙江农村统计年鉴》、《浙江统计年鉴》、《中国统计年鉴》、《中国农业年鉴》，特色农林产品(茶叶和橘橙)的进出口数据来自《中国农业年鉴》；世界茶叶和橘橙的进出口数据来自联合国粮农组织(FAO)数据库；浙江省与其他主要省份生产绿毛茶和橘的成本收益数据来自《全国农产品成本收益资料汇编》。

(2)浙江省内各县市茶叶、柑橘、杨梅生产的面积与产量数据来自浙江省农业厅《浙江省农业统计资料》，竹笋和山核桃生产的数据来自浙江省林业厅《林业综合统计年报》。

(3)典型区域的特色农林产品生产发展情况与数据，特色产品标准化、合作组织发展、品牌建设、绿色产品认证、政策支持等基本情况来自各县市农业局、林业局或农林局。

(4)有部分数据和资料来自实地调查。主要包括：①农户调查。在典型区域抽取了297个农户作为样本进行问卷调查。农户样本分布：临安市山核桃主产区马啸乡山边村、岛石镇岛石村和下塔村共98个农户，临海市柑橘主产区涌泉镇外岙村25个农户和黄岩区柑橘主产区头驼镇断江村28个农户，余姚市杨梅主产区丈亭镇梅溪村、龙丰村共76个农户，开化县茶叶主产区池淮镇滩头村70个农户。调查内容主要包括农户经营特色农林产品的规模、投入成本与收益、家庭收入及结构、特色产品销售、标准化应用、参与合作组织情况、生产经营中存在的问题与困难等。②公众和营销点调查。在临安市随机抽取了106位消费者和20家特色产品的营销单位进行了调查，主要调查消费者对特色产品需求状况，营销点营销途径与方式等。③合作组织典型调查。抽取了5个典型特色农林产品专业合作社进行调查。调查内容包括合作社组建背景及组织结构、主要功能、利益分配中存在的问题与困难等。

(5)还有部分数据和资料来自公开出版的文献，网站。

2 国内外相关研究综述

2.1 竞争力理论研究

2.1.1 竞争力的内涵

经济学意义上的“竞争力”如其他许多经济范畴一样，也是一个历史的范畴。它是当人类社会发展到一定阶段，有了社会分工和出现了多元的利益主体之后，随着竞争的产生而产生的。竞争力是竞争的伴生物，没有竞争，也就谈不上竞争力。因此，要想给竞争力下定义，首先要从竞争的概念入手。

那么，何为竞争？诺贝尔奖获得者、竞争理论大师乔治·斯蒂格勒在《新帕尔格雷夫经济学大辞典》“竞争”一词中这样写道：“竞争系个人(或集团或国家)之间的角逐，凡两方或多方力图取得并非各方均能获得的某些东西时，就会有竞争。”从斯蒂格勒对竞争的描述中，我们可以认为，一个竞争行为的成立，必须具备三个要素：①竞争者。就是竞争的主体，指两方和两方以上的个人和集团。②竞争目标。就是参加竞争的各方所要达到的目的，是竞争各方所要争夺的对象。③竞争场。指竞争者展开较量的舞台，也就是竞争者活动的空间和范围。而一个竞争行为的存在，必须具备三个条件：首先，要存在两个或两个以上利益相对独立的主体，如果他们之间的利益不存在独立性，就不会为各自的利益而进行争夺或较量，也就不存在竞争问题。其次，应当存在使双方走到一起来的竞争对象，如果没有竞争对象将竞争双方吸引到一起来，竞争也就不会发生。再次，在争夺竞争对象的过程中，还存在着不同利益主体之间的利益再分配，如果不存在利益上的再分配，双方也就没有必要讨价还价、相互竞争了。

竞争力与竞争是一对密切相关的概念。二者的关系在于：有竞争才有竞争力，没有竞争就没有竞争力。国内外学者对竞争力给出了不同的定义(见表2-1)。

表2-1 竞争力涵义比较

作者	涵义	资料来源
樊纲	狭义地说,竞争力指的是一国的商品在国际市场上所处的地位。竞争力概念最终可以理解为“成本”的概念:如何能以较低的成本提供同等质量的产品,或者,反过来,以同样的成本提供质量更高的产品	《论竞争力:关于科技进步与经济效益关系的思考》
张金昌	竞争力就是竞争主体在竞争过程中所表现出来的力量	《国际竞争力评价的理论与方法》
焦瑾璞	竞争力就是指一个行为主体在与其他行为主体竞争某种(些)相同资源的能力,可以定义为某个主体的微观行为。这种微观行为不仅要靠自身的能力,还受到很多环境因素的制约	《中国银行业国际竞争力研究》
D. Salvatore	竞争力是指某种技术优势、规模优势的反映	《国际经济理论问题》
编写组	竞争力是“某一企业或者某一部门或者甚至整个一个国家在经济效率上不被其他企业、部门或者国家所击败的能力”	《贸易政策术语词典》
马卡森	在一个自由贸易的环境中,一个国家通过贸易使实际收入的增长速度高于其贸易伙伴,则说明其有竞争力	*The Nexus Among Four Concepts*
埃瑟登	竞争力被定义为经济主体在发挥自己潜力并形成其优势的一个系统过程	《国际竞争力评价的理论与方法》
思克特	竞争力被定义为比竞争对手更快地提高收入并通过必要的投资将这种优势保持下去的能力	*Self-help for a Worsening-Problem*

资料来源：姜爱林．竞争力与国际竞争力的几个基本问题．经济纵横，2003，(11)：48－53

从表2-1中的种种定义可以看出：从相互比较角度看，竞争力就是某一竞争主体相对于另一竞争主体所具有的优势；就竞争主体来说，竞争力是其拥有的一种能力；从竞争对象来看，竞争力就是竞争主体所表现出来的对竞争对象的吸引力；从竞争结果来看，竞争力是竞争主体获得所追求的收益的能力。综合分析，所谓竞争力就是两个或两个以上的竞争者在竞争过程中所表现出来的相对优势、比较差距、吸引力与收益力的一种综合力。这一概念应包含四个方面的含义：第一，竞争力是竞争主体之间相互比较、较量才有可能存在的一个概念，没有竞争主体之间的相互较量、竞争，也就不存在竞争主体的竞争力问题；第二，竞争力是指某个竞争主体的竞争力量，从单个竞争主体自身的角度讲，竞争过程中其所表现出来的竞争力量是他的能力或素质的表现；第三，从竞争主体争夺的竞争对象看，竞争主体的竞争力是对竞争对象的吸引力或获取力；第四，从竞争的结果看，竞争力是竞争主体最终取得某种收益或某种利益的能力。

目前对竞争力的研究主要有四个层次，即国家、产业、企业和产品。为此，形成了不同层次竞争力的概念(张昱等，2004)：

(1)国家竞争优势。虽然有些学者认为在国家层面上讨论竞争力问题是没有意义的，但仍然有不少权威的学者和学术机构从国家的角度为国际竞争力下定义。例如，美国《关于工业竞争力的总统委员会报告》指出，国际竞争力就是“在自由良好的市场条件下能够在国际市场上提供好的产品、好的服务同时又能提高本国人民生活水平的能力”。国际竞争力就是国家实现其核心经济目标的能力，尤其是实现收入和就业的增长，而不至产生国际收支困难(Fagerberg，1988)。国际竞争力是一个国家在国际经济中与其他国家的产品和服务的竞争，生产、运输和提供产品的能力，同时还能够实现生活水平的提高(Scott，1985)。“国家竞争力”这个词本身并没有意义，在国家层面上，“竞争力”的唯一意义就在于国家生产力。国家的基本经济目标是提供较高的生活水平，而实现这一目标则有赖于生产率的提高，因此我们必须关注生产率的决定因素和生产率增长，必须针对产业或产业分支，而非整体经济来研究竞争力问题(波特，1990)。

(2)产业竞争力。从产业和产业分支层面来定义竞争力的有很多。有些定义着重产业的市场表现，更多关于产业层次竞争力的定义则强调产业在国际产业体系中的定位和实力。如：金碚(1997)等认为，产业国际竞争力是指“在国际间自由贸易条件下(或在排除了贸易壁垒因素的假设条件下)，一国特定产业以其相对于他国的更高生产力，向国际市场提供符合消费者(包括生产性消费者)或购买者需求的更多产品，并持续地获得盈利的能力。产业竞争力应是竞争力资产和竞争力过程的统一。所谓资产是指固有的(如自然资源)或创造的(如基础设施)。所谓过程是指将资产转化为经济结果(如通过制造)，然后通过国际化(在国际市场衡量的结果)产生国际竞争力”。

(3)企业竞争力。企业是竞争力的主体。企业层面的竞争力定义侧重企业策略、竞争手段等微观管理层面的内容。如：世界经济论坛在1985年和1994年的《关于国际竞争力的报告》中，指出“企业主目前和未来在各自的环境中以比它们国内和国外的竞争者更有吸引力的价格和质量来进行设计生产并销售货物以及提供服务的能力和机会”。美国农业部的外国农业经济研究报告中，指出“竞争力是在消费者所希望的时间、地点，以其所希望的形式，以与其他供应商同样好或者更好的价格，提供商品和服务，并且起码能够赚回所耗资源的机会成本的能力”。还有些研究者强调企业吸纳资源的能力、内容和来源。如王核成(2001)认为：“企业国家竞争力可以理解为企业面向国际市场，利用比较优势和自身实力，通过竞争获取国际资源(包括市场资源、人力资源、自然资源、国际资本资源等)，使自己在长期的国际竞争中求得生存与发展的动态创造性能力。”

(4)产品竞争力。产品是竞争力研究的终端层次。无论国家、产业或企业其国际竞争最终都要通过产品在市场上来完成其价值实现，产品是市场主体之间相互竞争的物质载体。产品和企业、产业之间联系非常密切，一个特定的产业就是生产某类产品的生产活动、组织机构和政策制度的组合；而企业的价值链更是围绕特定产品进行开发、设计、生产、营销和相关辅助活动的整个过程。目前，尽管大多数的竞争力实证研究都是以产品分析为基础，但明确为产品竞争力下定义的不多见。仅有部分学者对此下过定义，如樊纲(1998)曾将竞争力定义为“一国的商品在国际市场上所处的地位。……最终可以理解为成本的概念，即如何能以较低的成本提供同等质量的产品，或者以同样的成本提供质量更高的产品”。

四个层面的竞争力内涵之间具有密切的联系，尤其是产业、企业、产品之间的关系十分密切，企业是产业竞争的实体，产品是产业竞争的最终比较物。产业、企业、产品在国际竞争中的相互关系表现为：第一，产业的竞争实体是产业内的企业，企业在追逐利润的过程中，利用国家资源，采取竞争战略，不断成功地提升生产率，从而造就了所在产业的国际竞争力；第二，产业和企业的国际竞争必须依托产品作为载体，以降低产品成本、提高产品质量、增加产品功能、改善产品技术、提高生产效率等方式来赢得竞争；第三，产品市场竞争力是产业竞争力和企业竞争力在市场上的最终体现，产业和企业的竞争表现为产品的市场竞争。

2.1.2 竞争力理论的演变

竞争力的理论必须从贸易理论的演进中寻找答案，贸易理论中有关产业为何能在国际竞争中成功的解释有比较优势、竞争优势两大理论。

2.1.2.1 比较优势理论

(1)外生比较优势理论。外生比较优势理论是以国家之间先天赋予的生产条件差异为贸易基础，其主要代表有李嘉图(David Ricardo，1817)的外生技术比较优势说和赫克歇尔、俄林(Hecksche，1919；Ohlin，1933)的要素禀赋比较优势说(简称 H-O)。

李嘉图的比较优势说，是指两个国家自给自足时，若 A 国生产商品 X 相对生产商品 Y 而言，成本比 B 国低，则 A 国应出口商品 X 而进口商品 Y。这里有两个相对的概念，一个是商品 X 与商品 Y 的相对成本，一个是 A 国与 B 国相对而言。因此，这两个相对概念并不意味着 A 国生产商品 X 的绝对成本一定低于 B 国，有可能 A 国生产商品 X 和商品 Y 的绝对成本都比 B 国高，但商品 X 对商品 Y 的相对成本可能仍比 B 国的低，这时，A 国应出口商品 X 而进口商品 Y。在李嘉图的比较优势理论中，劳动是唯一的生产要素，国家间由于生产技术的不同导致劳动生产率的差异，也就形成了生产成本和产品价格的相对差异。20 世纪 30 年代，瑞典经济学家俄林和他的老师赫克歇尔又进一步从生产要素比例的差别而不是生产技术的差别，解释了生产成本和商品价格的不同，从而导致比较优势的产生。H-O 模型假定各国的劳动生产率是一样的(即各国生产函数相同)，在这种情况下，产生比较成本差异的原因有：①各个国家生产要素禀赋比率的不同。由于自然和历史的原因，各国生产要素资源的拥有状况(即资源禀赋)的相对丰裕程度是不同的，有的国家劳动力丰富，有的国家资本丰富，有的国家技术丰富。一般来说，一个国家的生产要素丰裕，其价格就便宜，反之，比较稀缺的生产要素，其价格当然高些。因此，每个国家应该出口的是本国生产要素禀赋较多、生产成本相对低的商品，而进口本国稀缺生产要素生产的商品。②生产各种商品所需投入的生产要素的组合或比例不同，即商品生产的要素密集度不同。如有些商品的生产技术性较高，需要大量的机器设备和资本投入，这种商品可称为资本密集型产品。有些商品的生产主要需要大量的体力劳动，这种商品称为劳动密集型产品。不论是生产不同的商品，还是生产相同的商品，只要各国生产商品所投入的生产要素的组合或比例不同，就会产生比较成本的差异。因此，一个国家如果对生产要素进行最佳的组合，在某种商品的生产中密集地使用价格低廉的生产要素，就能在该种商品上具有较低的比较成本。

(2)内生比较优势理论。第二次世界大战后，特别是 20 世纪 60 年代以来，国际贸易得到了迅速发展。外生比较优势理论并不足以解释丰富多元的贸易形态。无论是李嘉图的外生技术比较优势说，还是赫克歇尔、俄林的外生资源禀赋比较优势说，其理论都需要一系列的前提假设才能成立，包括完全竞争市场、规模报酬不变、要素质量相同及数量保持固定不变、生产要素在两国之间完全不流动、不考虑需求差别、无交易成本等。然而在现阶段，随着全球经济一体化的发展，这些假定条件与现实相差甚远。由于外生比较优势理论在关键性的假定条件上失真，比较优势理论对现实的解释力也就大打折扣。

如依据 H-O 理论，美国作为资本和技术丰裕的发达国家，本应进口劳动密集型产品，出口资本密集型产品。然而里昂惕夫(W. W. Leontief，1952)通过对美国战后 25 年的国际贸易的研究发现，美国出口产品的资本密集度要低于进口产品的资本密集度，这就是著名的“里昂惕夫之谜”。“里昂惕夫之谜”的提出大大推动了贸易理论的发展，到 20 世纪 60 年代末期，西方经济学者已提出了各种各样的解释。如，林德(Linder，1961)提出的“需求相似学说”，弗农(Vernon，1966)

提出著名的“产品生命周期理论”。

直到20世纪70年代末期，西方学术界出现了“新”的国际贸易理论群体。贸易经济学家们逐渐认识到，比较优势可以通过后天的专业化学习获得，或通过投资创新与经验积累人为创造出来，比较优势的内生理论有了较大发展。主要包括：①克鲁格曼等人创立的规模经济贸易理论，规模经济会导致规模收益递增，从而产生内生比较优势。克鲁格曼建立了一个由规模经济而不是由要素禀赋或技术的差异引致贸易的模型。②杨小凯等人运用分工与交易成本理论，认为专业化分工导致人力资本与知识的积累，产生内生比较优势。③卢卡斯、克鲁格曼等人把技术作为内生变量，并结合新经济增长理论研究比较优势的内生性与动态转移。

2.1.2.2 竞争优势理论

20世纪80年代开始，以完全竞争市场为基础的新古典经济学开始受到挑战，在竞争领域中出现了产业组织理论及其相关的各流派。其中对竞争研究最有影响的是以张伯伦、梅森、贝恩为代表的哈佛学派，该学派强调市场结构对竞争的影响，并建立了以市场结构、市场行为、市场绩效为经典范式的完整的产业组织理论，因而也被称为结构主义学派。在他们的基础上，同是哈佛大学管理学教授的迈克尔·波特将产业经济学中的产业组织理论和企业战略管理结合起来，把产业组织理论引入战略管理研究。从20世纪80年代到90年代初，迈克尔·波特先后出版了著名的“三部曲”：《竞争战略》(1980)、《竞争优势》(1985)、《国家竞争优势》(1990)。在前两部著作中，波特研究的核心是企业竞争的本质及竞争战略原理，而《国家竞争优势》则将以往的理论架构延伸到国际竞争的挑战中，系统地提出了国家竞争优势理论。该理论的核心内容就是“国家钻石”模型。以此为标志开拓性地、系统性地提出了竞争优势理论，并成为研究国际竞争力的经典文献和重要理论框架。

波特对竞争力的研究使人们认识到国际竞争力是一个涉及经济学与管理学两个重要学科的交叉性的概念。波特力图揭示竞争优势与比较优势之间的重要区别，“比较优势理论是长期以来在国际竞争分析中处于主流和控制地位的一种理论，而我则力主竞争优势才应该是一个国家财富的源泉。比较优势理论一般认为一国的竞争力主要来源于劳动力、自然资源、金融资本等物质禀赋的投入，而我认为这些投入要素在全球快速发展的今天其作用日趋减少。……取而代之的是，国家应该创造一个良好的经营环境和支持性制度，以确保投入要素能够高效地使用和升级换代”(波特，1998)。

波特的“国家钻石”模型要回答的问题是，一个国家为什么能在某个特定产业的国际竞争中获得成功？他认为，这要从每个国家都有的四个环境因素来寻找答案(图2-1)。这四个环境因素包括生产要素，需求条件，相关产业和支持产业的表现，企业的战略、结构与竞争状态。此外，政府和机遇作为另外两个辅助因素影响着上述四个因素，也对一国产业的国际竞争力产生影响。波特认为这六个因素相互影响、相互加强，共同构成一个动态的激励创新的竞争环境，由此构成一国产业国际竞争力的来源。波特在书中还详细分析了这些因素对产业竞争力的影响。

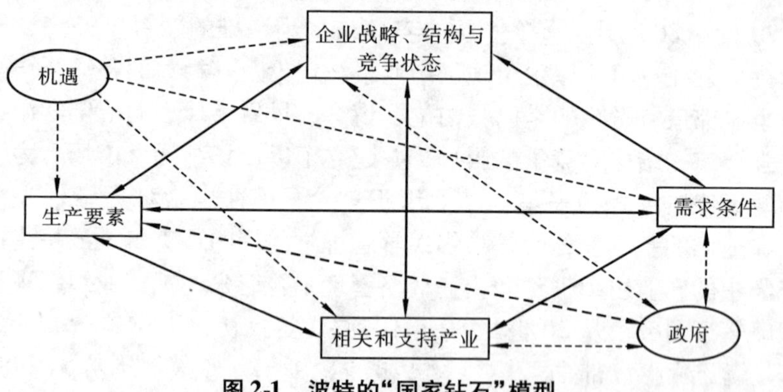

图2-1　波特的“国家钻石”模型

2.2　农业与农产品竞争力相关研究

2.2.1　农业竞争力和农产品竞争力的定义

(1)农业竞争力的定义。农业竞争力属于产业竞争力的范畴。产业竞争力是一个比较的概念，农业竞争力比较的内容就是农业竞争优势，农业竞争力的实质是农业的比较生产力。如陈卫平(2003)把农业国际竞争力定义为：在自由和公平的市场条件下，一国农业以其相对于他国更高的农业生产率，生产出更多的具有竞争优势的农产品，在国际市场上能占有市场份额，具有持续获得盈利的能力。他认为，农业国际竞争力的本质就是农业的比较生产率。苏航(2005)认为，农业竞争力可以理解为农业的市场竞争能力，这种能力表现为农业的市场适应能力、农业的盈利能力、农业的可扩张能力、农业的抗风险能力、农业的可持续能力，以及由这些能力所形成的农业综合实力。农业是否具有竞争力首先表现为其是否具有市场适应能力。市场适应能力要求区域农业要满足市场需求，当市场需求变化时，农业要作出相应的调整。农业的盈利能力是农业实现有效积累、维持正常发展的根本保证。农业只有保持一定的盈利能力，才能保持并提高农业生产者的积极性，才能为农业扩大再生产提供追加的投资，从而使农业竞争力得到进一步提高。农业的可持续发展能力指为农业永续发展所能提供的支撑能力，这种支撑能力来源于自然资源、基础设施条件、生产者的积极性、经济实力以及生态环境。农业的扩张能力指农业生产的规模扩大和层次提升的能力。这种能力表现为外延扩张能力和内涵扩张能力两类，外延扩张能力主要表现为生产规模的扩大、产品数量的增加、生产部门的增加、产值的增长等，而农业的内涵扩张能力则主要表现为产品质量的提升、生产效率与效益的提高、市场占有份额的增加等。农业的抗风险能力指农业能减少各种风险带来的损失从而维持农业生产的稳定和农业持续发展的能力。

(2)农产品竞争力的定义。农产品市场竞争力属于产品竞争力范畴。现有文献关于农产品市场竞争力表述也不尽相同。如姚於康等(1999)认为，农产品市场竞争力就是农产品在市场上取胜获利的能力。具体而言，就是农产品从生产到销售的一系列生产经营活动中，在生产效率、产品质量、产品价格、市场营销和满足消费者需求等方面表现出来的生存、发展和获利的能力。张昱等(2004)将农产品市场竞争力定义为：在开放的市场条件下，一国、一地区或者一个农产品经营者生产的农产品，在买方价值上超过特定市场上的同类产品或替代产品，并由此在竞争中占据和维持市场份额，并为农业生产经营者赢得利润的能力。乔娟等(2004)认为，农产品竞争力就是在国内或国际间自由贸易条件下(或在 WTO 有关协议的前提下)，一个国家或地区的农产品以其相对于其他国家或地区的更高生产力，向市场提供符合消费者(包括生产性消费者)或购买者需求的更多产品，并持续地获得盈利的能力。苏航(2005)认为，农产品市场竞争力是指农产品在市场交易中表现出来的市场占有能力和盈利能力。农产品对市场的占有能力主要由农产品对市场需求的适应能力、农产品的质量和价格、农产品营销服务的质量与水平来决定。农产品的盈利能力则主要由生产数量、生产成本和产品价格来决定。农产品的品种、规格、数量是其市场适应的基本决定因素。只有品种规格符合消费者需求的农产品才能为市场所接受，才有可能占领市场。只有农产品的生产数量与市场需求量保持平衡，农产品对市场的供给才不会出现不足或过剩的情况，才能保持对市场占领的稳定性。农产品的质量和价格是决定其市场占有能力的关键因素。在市场经济条件下，营销水平对农产品占领市场的能力也起着重要作用。通过及时掌握市场供需信息而作出正确的营销决策，可以促进农产品的销售，通过适宜的消费对象和销售市场，把握适当的上市时间和上市数量，可以使农产品便利地占领市场。通过产品的外观设计及商品化处理，应用适当的促销策略，确定具有个性的产品定位，可以显著提高农产品市场占有份额。农产品的盈利能力反映农产品生产经营的经济效益水平。一定的盈利能力，既是农产品生产经营者获得投资回报的保证，又是农产品生产和再生产得以维持的必要条件。如果缺乏盈利能力，农产品即使具有市场占有能力，也只会因仅能回收生产经营成本而维持简单再生产，或因无法弥补生产经营中的生产成本而使简单再生产也难以进行。因此，农产品的盈利能力也是农产品竞争力的重要体现。农产品的盈利能力主要取决于农产品的生产成本和市场价格。

(3)两者的联系与区别。苏航(2005)认为农业竞争力与农产品竞争力虽然关系密切，但两者存在明显的研究视角差异。

①联系。首先，农产品竞争力是农业竞争力的最终表现。农产品竞争力是生产要素的配置、自然资源利用、基础设施建设、生产结构调整、技术应用、农产品经营服务的综合结果，全面而真实地反映了农业的现实竞争力水平。其次，农产品结构直接影响农业的竞争力水平。农产品结构包括农产品的品种与类型的数量结构、农产品的品质结构。农产品的品种与类型的数量结构，反映了农业的资源配置状况，数量结构越合理，表明资源配置方式越科学，农业竞争力就越强。农产品的品质结构反映了农业的技术层次、发展水平及资源利用的有效性。高质量、

高附加值的农产品比重越大，占领市场能力强、盈利水平高，农业的竞争力也随之增强。再次，主要农产品的市场竞争力直接影响农业的竞争力。主要农产品的种类和生产规模体现了农业的专业化水平。主要农产品种类少、生产规模大、产出量大，表明农业发展的专业化水平高，专业化生产会带来效率的提高和成本的节约，会促进农业竞争力的增强。主要农产品的质量和成本，体现了农业的整体水平。

②区别。尽管农产品的竞争力在很大程度上决定了农业竞争力水平，但在竞争力的内涵及其作用机理等方面，两者之间存在着明显的差异。首先，农产品竞争力与农业竞争力是局部与总体的关系。农产品虽然是农业经营成果的最终体现，但是农产品竞争力只是农业竞争力的局部体现，主要反映农业的市场适应能力及盈利能力。而农业竞争力除市场适应能力、盈利能力之外，还包括农业的可持续发展能力、抗风险能力和可扩张能力，后三种能力不能直接从农产品竞争中及时得到体现。其次，农产品竞争力与农业竞争力是静态与动态的关系。农产品只是某一段时期农业生产的结果，农产品具有竞争力只反映了这段时期农业静态的竞争力水平，而农业竞争力是综合了资源、生态、技术、政策以及市场环境等诸多因素不断变化和演进的动态过程。因此，当前农产品竞争力的强弱并不完全决定农业竞争力的强弱，当大多数或主要的农产品的市场适应能力和盈利能力都强时，农业竞争力会表现出暂时的竞争力强势，但如果农业的可持续发展能力、抗风险能力和可扩张能力都很弱，农业竞争力的这种强势就不会持续太久。只有当农业的市场适应能力和盈利能力配合农业的可持续发展能力、抗风险能力和可扩张能力都强时，农业竞争力才会表现出持久的竞争力强势。再次，农产品竞争力与农业竞争力是现实与潜在的关系。农产品竞争力的强弱，只表明农业现实的竞争力强弱，但是并不决定农业在将来的竞争力强弱。影响农产品竞争力与农业竞争力的因素都会因时、因地、因条件而发生变化，农产品竞争力更多地受制于这些影响因素当前的状态，而农业竞争力不仅受制于当前这些影响因素的状况，还受制于这些因素潜在的变化。

2.2.2 农产品市场竞争的主要特征

农产品市场竞争服从竞争力理论的一般规律，但同时又有鲜明的特征。张昱等(2004)认为，农产品市场竞争的主要特征包括：

(1)对自然资源高度依赖是农产品竞争区别于工业品竞争的首要特征。农产品生产受到地区土壤、气候、水资源、作物品种等资源条件的硬约束，这是造成国家/地区间农产品品种和质量差异的首要原因，并且是单个生产者乃至政府都无法控制与改变的。这一特征使得资源禀赋对农产品市场竞争的影响比对工业品市场竞争的影响重要得多。

(2)农产品的价格竞争将逐步让位于非价格竞争。食物是人类生存的必要条件，同时消费者个体食品消费量存在生理阈限，因此农产品的需求价格弹性小于工业品的价格弹性是一个总体特征。随着收入的增长，价格在农产品市场竞争中的地位正在且将继续下降，以农产品质量为主的非价格竞争日益成为农产品市场竞争的焦点。

(3)农产品差异化经营的前景广阔。作为直接的消费品，农产品面临具有不同地理、气候、历史、文化背景的，具有多样化偏好的消费者；作为工业原料，农产品的用途与加工前景极其广阔。这种特征产生两个影响：第一，农产品的买方类型多样，其购买的目的和消费偏好各不相同，为农产品差异化生产和经营提供了极大的可能性和基础；第二，作为生产原料，下游产业的发展对初级农产品市场竞争的策略与绩效有重要影响。

(4)农产品质量特征的隐蔽性使农产品非价格竞争具有明显的信息不对称特征。农产品的质量特征有些是可以被直接观察的(如色、形)，有些则具有较强的隐蔽性，消费者无法在购买前对其作出判断(如味道)，甚至在购买、消费之后仍然难以了解(如安全性、环保性等)。而这些隐蔽性较强的品质特征又正在逐步成为消费者关注的焦点。因此，信息畅通的市场环境建设成为农产品有序竞争和非价格竞争力培育的重要前提。

(5)农产品生产周期长增加了农业生产者对市场信号及时作出反应的难度。蛛网理论是这一现象的精确描述。

(6)农业产后环节对农产品竞争力具有重要影响。农业初级产品生产具有很大的分散性与广阔的地域性；生产过程与动植物的生命过程紧密相关，表现出明显的季节性；农产品又具有易腐败的特点，使用价值留存时间短，鲜活产品流通半径小。所有这些所形成的农产品供应的非连续性特征与农产品需求的恒定性特征成为农产品市场交易的主要矛盾，使得初级农产品生产对运输、存储、加工、营销等产后环节有很强的依赖性。可见，由初级生产、加工生产和产后环节共同组成的产业链的优化程度对农产品市场竞争力具有重要的影响。

(7)我国农产品市场竞争还有一个与众不同的特点是，农产品生产经营者规模太小。这种分散的生产格局和规模过小的市场主体造成竞争行为的极度不成熟，以及培育有国际竞争力的市场主体和农业产业的难度较大。严格地说，我国还没有形成足以与国际大集团、大公司相竞争的市场主体。

2.2.3 农业及农产品竞争力的实证研究

2.2.3.1 国外研究概况

国际上有许多学者运用竞争力的理论和方法对部分国家和地区的农产品竞争力进行了大量的实证研究，并取得了丰硕的成果。

多数学者利用国际市场份额、进出口贸易额以及以之为基础的显示性比较优势指数等指标进行实证研究。如巴萨拉(Balassa，1978)用显示比较优势方法测算了部分国家贸易比较优势。澳大利亚学者基姆·安德森(Kym Anderson，1990)在为经合组织(OECD)准备的名为《中国经济比较优势的变化》的研究报告中，运用显示比较优势法对中国1965～1987年的农产品、其他初级产品的比较优势进行了分析，认为20世纪80年代后期中国的比较优势已由农业转向轻工制造业。雷西门等(David Leishman et al，1999)采用RCA指数对阿根廷、澳大利亚、新西兰、南非、英国和乌拉圭等六个主要羊毛出口国的牧羊业的国际竞争力进行评估。

部分学者以成本为基础进行竞争力分析，具体分析方法包括成本差异分析和国内资源成本法，以及一些成本结构模型。例如，肯尼迪和莫里森(P. Lynn Kennedy and R. Wes Harrison，1997)在对法国、德国、意大利、英国、美国五国的糖业竞争力分析中，以总成本和成本要素的历史数据为基础，构造了总成本和成本要素变动趋势的联立模型，分析了各成本要素在总成本年际变化中的贡献，以及不同因素通过成本要素对总成本和国际竞争力的影响。模型假定总成本变化为国际竞争力变化的指示器，研究得出了在报告期内各国总成本变化的结构性因素，认为由于各成本要素的此消彼涨，以及成本要素背后的不确定因素的影响，要通过控制某个成本要素来取得国际竞争力并不是一个容易达到的目标。美国学者皮尔森和梅耶(R. Pearson and Ronald. K. Mayer，1974)运用国内资源成本系数法考察了非洲四国咖啡生产的比较优势，他们认为，如果一国生产某一商品的国内资源机会成本低于其边界价格，它就在该商品生产上拥有比较优势。马斯特、涅尔森(Master and Nelson，1995)在《计算农业生产的比较优势：国内资源成本和社会成本利润率》论文中，讨论了国内资源成本方法，并提出了用社会成本利润率考察农业比较优势。

还有部分学者采用了比较价格来分析产业的竞争力。如李和唐(Frank C. Lee and Jianmin Tang，2000)在对美国和加拿大的产业进行对比分析时，使用了比较产出价格这一指标来反映这两国之间产业竞争力的相对状况。

2.2.3.2 国内研究概况

(1)竞争力指标的构建。竞争力指标体系的设计是产业(或产品)竞争力研究的核心内容，人们一直希望能够对竞争力进行比较准确的定量分析，学者们为此付出了艰辛的努力。许多学者从不同的角度，提出了多种指标、计量模型等测算方法。

韩华林(2001)认为分析产业竞争力应从产业外显竞争力、产业潜在竞争力和产业深层次竞争力三个方面入手。产业外显竞争力用产业整体上的投入产出数量和质量来衡量，指标有习惯上常用的产值、利润等。产业的潜在竞争力代表着产业未来的发展方向和趋势。决定产业潜在竞争力的重要因素主要有三个：一是产业的创新能力；二是产业本身所处生命周期的不同阶段；三是产业在国民经济中的地位。产业的深层次竞争力是产业在体制、机制上的竞争力。裴长洪等(2001)研究指出，产业国际竞争力的指标可以分为两类：一类是显示性指标，它说明国际竞争力的结果。它可通过市场占有率指标、利润率指标和价值增加指标或增值率指标来衡量。另一类是分析性指标，它用来解释为什么具有国际竞争力的原因。分析性指标可以分为直接原因指标和间接原因指标。直接原因指标可以分为三大类：第一类是与生产率有关的各项指标，如劳动生产率、成本、价格、企业规模等；第二类是与市场营销有关的各项指标，如品牌商标、广告费用、分销渠道等；第三类是与企业的组织管理有关的各项指标，如售后服务网点和全球质量保证体系等。间接原因指标包括四类，即波特提出的钻石模型的四要素，包括生产要素，需求条件，相关产业和支持产业的表现，企业的战略、结构与竞争状态。陈卫平(2005)认为，农业国际竞争力强弱可以从三个方面来分析：①竞争业绩分析，即对农业产业在国际竞争中的市场业绩和盈利能力的分析；②竞争实力分析，也就是分析农产品市场竞争力的影响因素，包括价格、成本、质量和营销等方面的内容；③竞争潜力分析，就是对影响农业国际竞争力的五个关键要素和两大辅助性要素进行分析，包括农业生产要素、农产品国内需求、农业相关和支持产业、市场行为与市场结构以及农业政策环境与制度环境等方面的内容。张金昌(2001)认为，出口与国际竞争力二者之间成正相关关系，所以可以用进出口指标来评价国际竞争力。在此基础上，他设计了用进出口数据评价产业国际竞争力的指标体系。该体系由三组指标构成：一是反映市场占有率的指标，主要有市场渗透率指标，进口所占比例指标、出口贡献率指标和出口增长优势指数；二是反映净出口的指标，主要有贸易竞争力指数、相对竞争力指数和贸易分工指数；三是反映出口所占比例的指标，主要有显性比较优势指数、显性竞争优势指数和净出口显示性比较优势指数。王希凡(2004)在SCP分析的基础上，将农业的国际竞争力和产业竞争力作为研究对象，探讨和设计了农业竞争力评价指标体系，跳出了当前学术界对中国农业竞争力研究的局限，把研究的着眼点直接落到影响农业经济运行“结果”或“绩效”的自变量之上，着力对引致“结果”或“绩效”的“市场结构”进行分析。田珍(2002)对地区农业竞争力分析时，从资源状况、农业经济增长与发展状况、农业产业化经营程度和农业现代化程度四个方面构建了一套农业竞争力评价指标体系。

(2)农业及农产品竞争力的实证研究。国内学术界对农产品竞争力的实证研究主要集中于国际竞争力。主要是采用国外流行的定量分析方法——显示性比较优势指数、国内资源成本系数、生产者价格指数和生产集中度指数等对中国农产品在国际市场上的竞争力或比较优势进行评价，包括对中国主要农产品比较优势的评估，中国农产品生产成本的国际比较等方面。如牛宝俊(1996)、贺良等(1999)、潘文卿(2000)、孙立新等(2002)采用净出口指数法和显示性比较优势指数法估算我国农产品的比较优势。程国强(1999)、彭廷军等(1999)、徐志刚等(2000)采用国内资源成本系数法结合社会净收益和有效保护率测度我国农产品的比较优势。张哲(2003)利用国内资源成本法测算了全国及西北地区主要农产品的比较优势。钟甫宁等(2000)运用农产品收购价格指数和生产者价格指数衡量中国农产品的比较优势。帅传敏等(2003)首次采用研究出口商品国际竞争力的等市场份额(CMS)模型对中国农产品整体国际竞争力的长期变化趋势进行了研究，与此同时，还采用显示性比较优势指数法(RCA)对不同类型农产品的具体国际竞争力进行了研究。刘缉川等(2002)用简单比价法、显性比较优势指标法和国内资源成本法分析江西省农业比较优势以及农产品竞争力状况。刘春香等(2004)采用显性比较优势指数、相对出口优势指数、显性贸易优势指数、显性竞争力指数对我国农产品的比较优势进行了分析，利用产业内贸易指数和出口竞争力指数对我国农产品的竞争优势进行了分析。余学军等(2006)利用国际市场占有率、贸易指数对我国柑橘国际竞争力进行了评价。赵小兰(2005)、许咏梅(2006)、万青(2006)采用市场占有率法、国际市场价格、显性比较优势指数、贸易竞争力指数等对中国的茶叶国际竞争力进行了分析。赵海燕等(2003)采用显示性比较优势指数法，分析了1993~2000年湖南省大米、生猪等主要农产品国际竞争力的变动状况，显示其竞争力水平总体呈下降趋势。邱云生(2004)采用简单比价和显性比较优势法，对四川农产品国际市场表现能力和获利能力进行了较全面的分析。孔凡斌(2006)从国际市场占有率、国际贸易数量、国际贸易价值、国际贸易价格、产业和企业利润水平以及劳动力效率等五个方面定量评价中国主要林产工业品国际竞争能力。还有部分学者利用综合比较优势指数法测定国内不同区域在生产领域的比较优势。如罗英姿(2002)运用效率优势指数(EAI)、规模优势指数(SAI)、综合优势指数(AAI)对不同地区棉花生产的比较优势进行了分析，分析得出不同棉区之间棉花生产的比较优势存在较大差异。晋洪涛(2006)利用综合比较优势指数法对河南省花生生产及其他主产省的比较优势进行比较分析。

学者们在对农产品比较优势与竞争力进行评价的同时，还分析了影响竞争力提升的主要因素，并提出进一步提升农产品竞争力的对策。如余学军(2006)提出了制约我国柑橘竞争力提高的主要因素包括：产品质量及安全卫生方面问题明显、品种熟期结构不合理、柑橘生产者的经营规模过小、市场营销能力差、科技投入和推广应用体系落后、相关行业支持力度不够，提出应采取大力推行柑橘生产的区域化布局、调整品种和熟期结构、提高橘农的组织化程度、加强产后的商品化处理、加大科技投入的力度等措施来提高柑橘竞争力。赵海燕等(2003)认为，制约湖南省农产品国际竞争力的主要因素包括：高标准与低品质的矛盾、规模化与小生产的矛盾、农产品贸易国际化与现行管理体制僵化的矛盾。提出应采取三方面的主要措施：①实施精品名牌战略，提升品质和要素竞争力；②推进规模化和产业化经营，提升组织要素竞争力；③发挥政府作用，提升制度要素竞争力。

2.3 特色农业相关研究

对特色农业的研究兴起于20世纪50年代的发达国家，发达国家特色农业发展是建立在先进的农业技术设施、生物工程技术和栽培管理技术基础之上的。即主要是利用农业科技示范园和示范基地作为研究与推广的技术桥梁，以此为依托推广先进适用技术以及开展农业观光、休闲活动。我国对特色农业的研究始于20世纪90年代，主要集中于以下几个方面：

2.3.1 特色农业概念与特征

特色农业概念有多种表述。特色农业认识存在一个逐步深化的过程，从单纯强调特色到高效、规模和质量，并强调特色农业具有竞争优势。王建农等(1997)认为，特色农业是具有区域地缘、工艺特色和高新技术特色的农业产业总称。陈东景等(2000)认为，特色农业是指人们充分利用特定区域内的农业资源，开发出经济价值高，相对收益高，品质上具有绝对竞争优势的特色农产品。李金良等(2000)提出，特色农业是按照市场经济的客观要求，依托当地独特的地理、气候、资源、产业基础和条件形成的，相对于常规农业而言具有一定规模优势、品牌优势和市场竞争优势，主导一定区域农村经济发展的高效农业。郝广华(2001)指出，特色农业是一个系统的产出工程，是以产业化经营为表征的市场农业和以质量、效益为标准的高效农业，是突出品牌效应的精品农业。它既包含产业规模，也包含体制和组织的创新。吕火明(2002)认为，特色农业是人们立足于区位优势、资源优势、环境优势和技术优势，根据市场需要和社会需求发展起来的具有一定规模的高效农业。认为应从以下几个方面把握特色农业的内涵：一是它必须是符合市场需要和社会需求的，市场和社会需要是衡量它是否有特色的首要标准；二是它必须是立足于一定区域内某类优势，而不是想当然的纯主观的东西；三是它必须是具有一定的规模和高效的，若没有一定的规模，其产品只能是样品和展品，无法进入市场，若不是高效的，其产品的个别价值就会大大高于市场价值。这时，若产品定价太低，经营者就会亏本，特色农业就不可能形成；若产品定价太高，则会脱离人们的收入水平，在市场上没有竞争力，最终被挤出市场。张克俊(2003)认为，特色农业是以资源、气候、立地条件、环境、特殊物种优势为基础，根据市场经济的客观要求而发展起来的具有鲜明地域生产特征和独特产品品质的市场化的高效农业。彭新宇等(2006)指出，特色农业是指为了适应特定的农业生产条件，以效益为中心，以市场需求为导向，充分利用自然资源、人文环境、区域、技术、管理等方面的比较优势，围绕“特色”进行农业生产或提供服务，从而提高产业核心竞争力的新型农业发展形式。颜合洪(2001)认为，特色农业是人类通过社会生产劳动，利用一个地区自然环境提供的优越条件(如气候条件和土壤条件等)，促进和控制生物体(包括植物、动物和微生物)的生命活动过程来取得人类社会所需要的、具有地方特色的和高附加值的产品的生产部门。

张克俊(2003)、闪辉等(2004)认为特色农业一般具有以下几个特征：

(1)区域性。各地自然条件的差异性决定了农业生产的地域性。由于特色农业所要求的气候、技术水平和生产条件比常规农业要求要高，而这些条件并不是任何地方都能满足，因而特色农业的生产分布范围不像常规农业那样广，地域性特征更加突出。尽管科学技术在不断进步和创新，也不能从根本上改变农业生产的地域性。

(2)独特性。特色农业所生产的农产品具有独特的品质，这是特色农业区别于常规农业的显著标志，产品的优质是其存在和发展的基础，是特色农业发展追求的首要目标。所谓产品的独特品质，就是要做到“人无我有”、“人有我优”。“人无我有”包括产品品质上的“人无我有”、产品上市时间的“人无我有”、产品营销服务上的“人无我有”，也就是主要体现“品质差”、“时间差”、“季节差”、“服务差”。“人有我优”就是指在竞争对手也有条件生产和提供同种特色产品的条件下，自身的特色农产品质量更好、服务更完善。特色农业要求其生产的产品在健康、外观、口感、营养等方面应是优质的，否则就找不到市场，有违发展特色农业的初衷。

(3)多样性。从经济合理性方面来看，特色农业不是满足人们的基本食物需要，而是满足人们更高的、日益增长的多样化需要，这是特色农业能够发展壮大的市场基础。市场需求在不断变化，不同时期的市场需求反映出不同的特色农产品需求，从而对特色农业提出新的要求和内容，要求产品更新换代。

(4)规模性。基于分工和专业化生产，形成特色农产品生产的产业化经营，从而发挥比较优势，实现特色农业的报酬递增。

(5)高效性。特色农业最终追求的是经济效益，是增加农民和相关经营者的收入，它既要求资源的利用率高而且可持续，也要求资本的回报率高。而且这种效益与常规农业相比，一般有一个“势差”，高于常规农业的投资回报率，否则生产者就不愿意创新而由常规农业转入特色农业。

2.3.2　发展特色农业的必要性

李金良等(2000)、熊宁等(2001)、王建农等(1997)等认为发展特色农业是非常必要的：

(1)是宏观经济形势变化的客观要求。从国际上来看，随着我国加入世界贸易组织，国际经济一体化进程加快，各国国内市场趋于国际化，国与国、产品与产品之间的竞争日益激烈。从国内来看，农产品面临国内外两个大市场的严峻挑战，特别是我国农产品市场已由卖方市场过渡到买方市场，短缺经济已经基本结束，开始进入由数量竞争向质量竞争、价格竞争、品牌竞争转变的新阶段，人们对农产品的选择性和挑剔性逐渐增强，那些传统、常规农产品和品质一般的农产品销售不畅，价格下跌，昔日那种“增产就增收”的观点过时了。这种宏观经济形势的变化，决定了农村经济的发展必须坚持以市场为导向，认真分析市场需求，依靠市场机制配置资源，变“种啥卖啥”为“市场要啥我种啥”，找准市场与区域比较优势的结合点，形成优势的拳头产品、特色产品，从而以特色优势获得市场优势，以市场优势赢得区域经济的发展优势。因此，发展农业不能再依靠搞常规农业、传统农业，不能再跟在别人后面跑，必须突出自身特色、区域特点。只有这样，才能提高农产品的市场竞争力，抢占市场制高点，实现传统农业向市场农业的飞跃，才能保持农业的持续、快速、健康发展，获得良好的经济和社会效益。

(2)是转变农业增长方式的有效途径。我国是一个农业资源相对贫乏的国家，资源短缺对我国农业发展的制约越来越强，经济增长与人口、资源、环境协调发展的任务十分艰巨，我们必须切实转变农业增长方式，实现传统农业向现代农业的转变，这是我国农业和农村经济发展的根本方向。农业增长方式转变的根本标志就是由农业的粗放经营转变为集约经营。由于特色农业具有较高的资金密集和技术密集，其产品具有较大的市场份额，有较高的科技进步贡献率和良好的市场开发潜力等。所以区域特色农业是区域经济中最具成长活力的产业之一，发展特色农业是促进农业增长方式由粗放型、速度型向集约型、效益型转变的有效途径。

(3)是农业结构战略性调整的重要内容和关键环节。我国农产品由长期短缺转向供应充裕的同时，农业生产的结构性矛盾日益突出，一方面是农产品的品种不够丰富，优质农产品相对不足，不能满足市场对农产品优质化和多样化的需求，品种、质量和标准方面的问题常常影响出口；另一方面是一些大宗低质产品销售不畅，大量积压，而农民仍在大量生产。农业生产的结构性矛盾直接影响了农业和农村经济的发展，影响了农民收入的持续增加。为此，党的十六大报告指出：“要推进农业和农村结构调整，这是新阶段保持农民收入持续稳定增加的基本途径，也是入世后提高农业竞争力的根本措施。”农业结构的调整必须认识农业地域系统存在着鲜明的地域性特征，根据地域具有的比较优势发展有市场竞争力、效益高的产业。特色农业就是利用地区的比较优势，遵循市场规律，通过竞争而形成的具有特色的农业生产部门。因此，发展区域特色农业本身就是农业结构战略性调整的重要内容和关键环节。

2.3.3 特色农业的形成条件

张克俊(2003)、颜合洪(2001)认为特色农业的形成，必须具备以下条件：

(1)特殊的自然条件和动植物物种优势。农业和工业的根本区别，在于农业要以自然条件和动植物生长发育规律为基础，是自然再生产与经济再生产相互交织的过程。不同的农产品只有在适宜的土壤及气候条件下才能得到理想的品质和产量。由特色农产品品质的特殊性所决定，其生产所依赖的自然条件和动植物物种就不同于常规农业，有着更高、更严格、更特殊的要求。一般情况下，特色农业对自然条件的要求是：地形地貌较复杂，生态类型多种多样，光热资源丰富，水质好，土质构造特别；对动植物物种的要求是：动植物物种丰富，类型多样，并且能够形成特殊的品质。由此可见，发展特色农业所要求的自然条件和动植物物种不是在任何地方都能找到的，只能分布在一定的区域。如我国的苹果集中产区在北方，柑橘集中产区在南方。

(2)能够形成一定的规模和商品率。特色动植物资源的开发只有形成了一定的规模和商品率，才能称得上特色农业，而那种以自给自足为主的小规模、分散种植养殖的特色农产品，还算不上特色农业。有些地方传统的特色农产品尽管很多，但真正够得上形成特色农业的却很少，因为其生产的规模和商品率太低；有些特色动植物物种因其本身十分稀少和珍贵，在科学技术还没有能够从根本上改变其稀少性，从而实现大规模人工繁殖的情况下，这些动植物资源的开发就很难形成一定的批量和商品率，不能作为一个产业来开发，并且过度开发这些资源也不利于保护珍稀物种。

(3)有较大的市场容量和消费群体。有些特色动植物资源开发从生产的角度能够形成一定的规模和批量，但因其市场容量太小、消费面太窄，这种特色产品生产无论如何都不能发展成为一个特色产业。现实中存在一种现象，即有些特色农产品在大规模批量生产还没有形成之前，市场价格看起来很昂贵，当批量和规模形成之后，市场价格降得很低廉，其重要原因就是该种特色农产品本身的市场容量太小、消费群体太窄。这种市场容量太小的特色农产品也不能作为一个产业来发展。

(4)有较发达的交通、运输、通信条件。有些特色农产品的开发从资源的角度来看完全具备条件和优势，但没有一定的交通运输和通信条件也是形不成产业的。

(5)有较高的生产组织化、标准化和规范化程度。因特色农产品是满足较高层次消费需求的名优特稀农产品，其生产的复杂程度和所要求的技术条件、经营管理水平以及组织化、标准化、规范化程度都比常规农业要高。如果生产的技术和标准不高，就会大大降低其品质；如果生产的组织化、标准化、规范化程度没有达到一定水平，产品就会因质量不统一而没有市场。

2.3.4 特色农业发展应遵循的规律

张克俊(2003)提出了特色农业应遵循以下基本规律：

(1)比较优势规律。比较优势规律是特色农业发展应遵循的极其重要的规律。对农业来说，因其对自然条件和资源的强烈依赖性，而各地的自然条件又有显著差异，每个区域都有现实的和潜在的比较优势，这就要求农业更应从比较优势出发，大力发展具有市场竞争力的特色农业，生产特色农产品。

(2)自然与生态规律。农业生产与自然环境之间的关系非常密切，是建立在对自然环境和动植物物种的利用上的。而自然环境本身有一个生态平衡，破坏了它，就会长期给人类带来危害；动植物物种也存在固有的繁殖、生长、发育规律，违背了这个规律，就会适得其反，特别是一些珍稀名贵动植物资源，一旦开发不合理，就可能导致物种减少乃至灭绝。因此，特色农业的发展一定要遵循自然与生态规律，要因地制宜，要以资源的可持续利用和环境保护为前提，而不要以生态环境的破坏和动植物物种的减少为代价。

(3)市场竞争规律。发展特色农业的根本目的是谋取比较高的经济效益，而要达到这一目标，就必须面向市场。也就是要将资源优势转化为市场优势，在发展特色农业时必须立足于自身优势，同时还要面向市场。面向市场，就必须掌握和遵循市场竞争的基本规律，即价值规律和供求规律。价值规律告诉我们：特色农产品所包含的个别劳动时间要低于社会必要劳动时间，这样才能获得较高的效益；供求规律告诉我们：特色农业的发展也有一个市场容量问题，如果供给远大于需求，价格就会下跌，即使这时产品的品质和风味再好也是如此。因此，特色农业的发展要以市场为导向，优化要素配置，讲究成本核算，注重规模经营和科技应用，通过一系列手段降低成本；要通过提高质量，强化加工，加强产后商品化处理，塑造品牌等途径，提高特色农产品的市场竞争力，扩大其在消费者心中的效用。

2.3.5 特色农业的类型和模式

吕火明(2002)从不同角度对特色农业进行了分类：按生产的对象分为特色种植业、特色养殖业、特色水产业、特色加工业和特色服务业；按其提供的产品形式分为产品型特色农业(如特色种养业)和服务型特色农业(如都市农业和观光农业等)；按其要素构成的重点分为资源主导型特色农业(如海边特有的养殖、城市周围的农家乐等)、科技主导型特色农业(如农业高新科技示范园的特色农业、设施农业等)和市场主导型特色农业(如生产优质果品、优质大米等的农业)；按其基地的建立分为特色蔬菜生产基地、特色畜禽生产基地、特色水果生产基地、特色糖料生产基地、特色中药材生产基地、特色农产品加工基地。彭新宇等(2006)把特色农业分为特色产品模式、景观农业模式、区位农业模式、工程农业模式、示范农业模式和循环农业模式。

2.3.6 各地特色农业发展的实证研究

对各地特色农业发展的研究，主要包括分析地区特色农业发展的比较优势，确定各地特色农业发展的方向，促进地区特色农业发展的对策等方面。如李胜利(2006)在分析陕北区域特色和比较优势的基础上，提出该区域特色农业的发展方向与区域布局思路，并提出发展特色农业的对策。张庆等(2006)对黑龙江特色农业的发展进行了研究，提出了政府政策扶持，龙头企业带动，市场体系建设和科研开发推广等措施。苏斌等(2006)研究了新疆特色农业发展情况，认为新疆具有发展特色农产品的优势和潜力，做大做强新疆特色农产品产业，增强市场竞争力可以从以下几个方面进行：一是实行区域化布局，优势集中连片，提高综合竞争力；二是建立多元化投资体系；三是提升特色农产品的加工发展水平，提高附加值；四是依靠科技进步，发展高产、优质、高效、生态、安全农业；五是实行品牌战略，扶持一批名牌产品。杨祥禄等(2003)阐述了四川省发展特色农业的意义，分析了四川发展特色农业的有利条件，以及发展特色农业的基本思路、重点主导产品、发展目标和设想，最后从九个方面提出了发展特色农业的政策措施。他们认为积极发展特色农业，是实现资源优势、产品优势和市场优势有机结合的最佳选择，是实现农业结构调整优化的重要途径，是实现农业跨越式发展的突破口。闪辉(2004)研究了安徽特色农业的发展，提出了加强标准化生产基地建设，原产地保护，龙头企业建设和加强特色补贴等措施。朱志明(2006)针对全国特色农业发展情况，提出了我国发展特色农业必须解决五大机制问题：利益联结机制，投入互动机制，区域协作机制，企业经营机制和风险分散机制。

2.4 小 结

综上所述，国内外学者对竞争力及农产品竞争力进行了大量的理论和实证研究。在理论研究方面，主要包括竞争力的内涵、不同层次竞争力的概念、比较优势理论与竞争优势理论；在实证研究方面，学者们主要利用进出口数据和以之为基础的国际市场占有率、显示性比较优势指数、贸易竞争力指数等对一些大宗农产品的国际竞争力进行评价和分析。部分学者利用国内资源成本系数、价格指数、利润率等指标对农产品竞争力进行分析。也有部分学者从定性的角度，从农产品的质量、价格、营销能力等方面对竞争力进行了分析。研究主要集中在国家尺度和省域尺度上。在特色农业相关研究方面，学者们对特色农业的概念与特征、类型与模式、形成条件与应遵循的规律进行了研究，同时还对各地特色农业的发展进行了实证研究。从国内外学者的研究，可以得出以下认识：

(1)农产品竞争力是指农产品在市场交易中表现出来的市场占有能力和盈利能力。而市场占有能力和盈利水平又取决于农产品的品质、价格、成本、营销能力等因素。随着人们生活水平的提高，农产品的价格竞争逐步让位于非价格竞争。

(2)我国农产品市场竞争中面临的一个重要问题是农产品生产经营者规模太小。这种分散的生产格局和规模过小的经营主体，难以成为真正的市场竞争主体，造成竞争行为的极度不成熟。

(3)特色农业是相对于传统农业而言的主导一定区域农村经济发展

的高效农业，应是对当地农村经济发展和农民收入提高发挥较高贡献率的产业。

(4)发展特色农业是提高农产品市场竞争力的一条重要途径，但特色农业本身也面临持续发展的问题，必须采取提高特色农林产品的质量安全水平，提升加工水平，培育龙头企业，注重市场开拓和农产品市场体系建设，实施品牌战略，注重制度创新，为特色农业的发展提供政策支持等措施，提升特色农产品的市场竞争力。特色农业的发展应走专业化、规模化、标准化、组织化、品牌化、信息化之路。

3

浙江山区特色农林业发展及与山区经济发展的关系

特色农林业发展一般源自于特殊的自然资源条件，特色农林业具有与常规农林业不同的特征。本章在介绍浙江山区特色农林业发展的自然资源条件的基础上，依据特色农林业的特征，确定浙江山区特色农林业，从种植面积和产量的变化对特色农林产品生产的总体状况进行分析，选择典型的山区县(市)，对特色农林业的生产-加工-销售等发展过程及现状进行分析，并从特色农林产业在当地农业经济中的地位、农户经营特色农林产品对家庭收入的贡献、特色农林业发展与当地农民人均收入的相关关系等三个方面分析浙江山区特色农林业发展与山区经济发展的关系。

3.1 浙江山区特色农林业发展的自然资源状况

任何特色农林业的发展离不开独特的自然资源条件。自然资源条件主要包括土地资源、气候资源、植物资源。

3.1.1 土地资源

浙江省陆域面积 10.18 万 km^2，东西和南北的直线距离均为 450km，为全国面积的 1.06%，是中国面积最小的省份之一。浙江地形复杂，山地丘陵占 70.4%，平原和盆地占 23.2%，河流和湖泊占 6.4%，耕地面积仅 208.17 万 hm^2，林地面积 667.97 万 hm^2。山地丘陵多是浙江地形结构的最基本特征。山地面积 51801.83 km^2，占全省土地总面积的 49.15%，主要分布在浙西和浙东。其中中山面积 28577.47

km^2，占全省土地总面积的27.12%，占山地面积的55.17%；低山山地8011.11 km^2，占全省土地总面积的15.45%。除大面积的山地外，丘陵多是浙江地貌的又一大特征。全省有丘陵面积18844.85 km^2，占全省土地面积的17.88%。其中高丘12801.6 km^2，占全省土地面积的12.15%；低丘6043.25 km^2，占全省土地面积的5.73%。浙江是一个多丘陵的山区省，不仅为林业提供了广阔的土地资源，也为多林种、多树种，分层布局奠定了良好的基础。现选取浙江山区的临安市、开化县、临海市、浦江县、遂昌县为例来具体分析，2005年底，这些山区县市的耕地面积、林地面积、人均耕地面积和人均林地面积见表3-1。山区县(市)的人均耕地面积均小于0.047hm^2，最少的是临海市，人均耕地面积只有0.026hm^2，而人均林地面积均大于0.165hm^2，林地资源最丰富的是遂昌县，人均拥有林地面积为0.984hm^2。

表3-1　浙江山区县(市)拥有耕地和林业用地资源情况(2005年底)

	人口(万)	耕地面积(万 hm^2)	林业用地面积(万 hm^2)	人均耕地面积(hm^2/人)	人均林地面积(hm^2/人)
临安市	52.25	1.91	25.8	0.037	0.494
开化县	34.5	1.29	19	0.037	0.55
临海市	111.92	2.96	150	0.026	1.340
浦江县	38.20	1.21	6.3	0.032	0.165
遂昌县	22.5	1.05	22.13	0.047	0.984

资料来源：各县市统计年鉴(2006年)

从土壤条件来看，浙江省属于江南红壤、黄壤、水稻土大区。此外，在丘陵、山地的陡坡地带为粗骨土，灰岩等风化体为石灰土，红色地层风化体为紫色土，水系河口和沿海线狭长地带形成滨海盐土。红壤几乎遍布全省海拔600～800m以下的丘陵山地，约占全省土壤面积的40%。

3.1.2　气候资源

浙江省地处亚热带季风湿润气候区。冬夏季风交替显著；热量较优，日照充足，雨量丰富，空气湿润；雨热同季，干湿分明，气候具有南北过渡性和多宜性。由于地形复杂，海拔高差大，山地气候类型多样，为山区特色农林业的全面发展提供了良好的气候条件。

全省年日照时数1800～2300小时，系我国同纬度地区偏多的省份之一。年辐射总量418.6～485.6kJ/cm²。年均温15.3～18.5℃，极端最低温度为－17.4～－4.3℃，极端最高温度为36.6～42.9℃，零度以上年积温5600～6600℃，10℃以上年积温4800～5800℃。无霜期225～280天。年降水量1000～2000mm，系我国雨量较丰富的地区之一。

浙江山区气候条件还存在明显的差异(表3-2)，这种地域差异，为浙江山区特色农林业发展，尤其是多样化的发展提供了十分有利的条件。但也存在着不利的因素。如浙中丘陵盆地，光热资源丰富，加上日较差大，对经济林果实的营养积累十分有利。但蒸发量是全省高值区，降水时空分布不均，冬春寒潮常造成喜暖经济果木和幼苗的冻窒。浙东南沿海冬暖夏凉，年日较差小，无霜期长，这对低温十分敏感的南亚热带喜暖植物的越冬和生长十分有利，但常遭受台风、风暴潮等自然灾害的袭击。

表3-2　浙江山区不同区域的气候指标

	浙西北	浙中	浙东	浙南	浙东南
平均气温(℃)	15.3～17.0	16.4～17.7	16.2～16.5	16.9～17.6	15.7～17.9
1月均温(℃)	2.7～5.0	4.2～5.4	3.9～4.4	5.8～6.7	4.5～8.0
7月均温(℃)	27.4～28.9	28.3～29.8	27～29	27.0～27.8	25.1～28.2
极端低温(℃)	－17.4	－12.3	－13.4	－9.7	－11.1
极端高温(℃)	—	41.7	40.7	40.7	39.7
≥10℃年积温(℃)	4811.2～5409.9	5197.0～5650.5	5136.5～5107.4	5300.9～5582.8	4733.8～5652.7
无霜期(天)	226～265	240～264	240	248～263	330～350
年日照时数(小时)	1786～2006	1805～2119	1963.2～1998	1838～1851	1790～2303
年降水量(mm)	1334.0～1762.1	1316.7～1739.2	1244.6～1316.2	1494.7～1740.5	899.5～1650.0
年蒸发量(mm)	1148.8～1388.1	1246.5～1692.6	1260.7～1451.7	1291.1～1447.4	1195.2～2030.3
相对湿度(%)	76～81	76～80	77～82	79～80	78～85

资料来源：彭镇华等．浙江林业现代化发展战略研究与规划．中国农业出版社，2006

3.1.3　植物资源

浙江山区的植物资源主要是森林资源，浙江省森林覆盖率达60.5%，活立木总蓄积为19382.93m^3。森林资源在浙江山区分布极不平衡，有从东向西逐步增加的趋势，浙江山区各区块的森林资源状况见表3-3。

表3-3 浙江山区不同区域的森林资源主要指标

	浙西北	浙中	浙东	浙南	浙东南
林业用地面积(万 hm^2)	140.74	134.52	63.42	225.65	75.39
占全省比例(%)	21.1	20.1	9.5	33.8	11.3
有林地面积(万 hm^2)	105.09	96.69	50.74	180.13	53.37
占全省比例(%)	21.1	19.4	10.2	36.1	10.7
森林覆盖率(国家)(%)	67.9	61.6	62.1	70.7	43.6
活立木总蓄积量(万 m^3)	4137.44	4144.96	1459.34	8102.11	1671.76
占全省比例(%)	20.5	20.5	7.2	40.2	8.3

资料来源：彭镇华等．浙江林业现代化发展战略研究与规划．中国农业出版社，2006

浙江山区具有丰富的经济林资源和竹林资源。全省经济林面积112.52万hm^2，其中果树林56.73万hm^2，食用原料林37.35万hm^2，药用林1.44万hm^2，其他经济林17.00万hm^2。竹林面积78.29万hm^2，其中毛竹林65.35万hm^2，占83.47%，杂竹林12.94万hm^2，占16.53%。浙江山区名特优产多，茶、桑、柑橘等中外著名，山核桃、香榧等干果占全国产量的70%以上，乌桕、厚朴、山茱萸等为全国重点产区，毛竹产量居全国前列。同时，浙江省树种资源丰富，素有中国"东南植物宝库"之称，全省有木本植物109科423属1407种，其中包括多种国家重点保护和本省特有或稀有树种。

下面主要介绍浙江省主要的经济林资源和竹子资源：

(1)竹子资源。竹子是一种独特的森林资源。全世界约有竹类植物70多属1200多种，竹林面积2000万hm^2，主要分布在亚洲、非洲和拉丁美洲。北美洲、欧洲、大洋洲有竹子引种，但主要用于观赏。亚洲竹区是世界上最大的竹区，约有50多属900多种，既有丛生竹，又有散生竹，其中具有经济价值的100余种。中国有竹子50多属500多种，面积约700万 hm^2，占世界竹林面积的35%。中国竹子最重要的竹种毛竹主要分布在长江以南地区。湖南、福建、江西、浙江是毛竹面积大省，浙江现有竹林面积居全国第4位。浙江省现有竹子200多种，其中有许多是经济性状非常优异的竹种。如笋材两优的毛竹、笋用的早竹(雷竹、早园竹)、夏秋出笋的丛生竹种绿竹(马蹄笋)、白哺鸡、水竹、四季竹、黄甜竹等。浙江的竹笋产量、竹材产量、竹加工产值、竹总产值均居全国第一位。世界竹子看中国，中国竹子看浙江，是许多业内人士的共识。

(2)水果资源。浙江地处亚热带、温带交界处，水果种质资源极其丰富。常绿果树有宽皮柑橘、柚、甜橙、金橘、杨梅、枇杷，落叶果树有桃、梨、梅、葡萄、猕猴桃、李、杏、樱桃、石榴、无花果及草本水果草莓等。长期以来，果农在生产实践中积累了丰富的经验，选育出许多优良品种，并逐渐形成具有浙江特色的水果种类和产区。其中最主要的有柑橘、杨梅、枇杷、梨。浙江柑橘栽培起源于2300年前，至唐朝已发展到浙东一带，南宋时黄岩柑橘栽培盛行，明清时期，衢州柑橘数量增多，品质也佳，曾被作为贡品。浙江柑橘品种繁多，至今全省柑橘类品种近200个。浙江杨梅栽培已有1700多年历史，早在15世纪，萧山就开始应用嫁接技术繁殖杨梅，至中华民国期间，杨梅得到进一步发展，20世纪40~50年代，杨梅发展迅速。浙江省杨梅的品种资源非常丰富，现有杨梅品种(系)140多个，占全国杨梅品种(系)的40%。东魁、荸荠种、丁岙杨梅、晚稻杨梅四大良种是目前浙江省的主栽品种，生产上还栽培早大梅、乌紫杨梅、桐子梅等良种。枇杷在我国的栽培已有2000余年历史，浙江栽培以衢县最早，距今已有900多年历史，塘栖枇杷仅有260年历史，至今浙江已成为我国最大的枇杷分布区，2005年枇杷面积达1.013万 hm^2，主要品种有大红袍、洛阳青、夹脚、软条白砂、宝珠、单边种等。梨在我国的栽培历史已有3000余年历史，浙江云和梨的栽培历史至少有500多年，据20世纪60年代初果树资源调查记载，当时浙江梨的品种有68个，自60年代开始，从日本引入不少优良品种，成为浙江的主栽品种，2005年浙江的梨种植面积达2.659万 hm^2。

(3)干果资源。香榧、山核桃、板栗、柿是浙江省著名的干果树种，栽培历史悠久，在全国占有重要地位。香榧为我国特有珍稀干果，至今已有1300多年的栽培历史。在我国长江流域以南的江苏、浙江、安徽、江西、福建、湖南、湖北、四川、云南等10个省份均有分布。目前，大部分地区仍为野生或半野生状态。其中浙江产出最多，安徽次之。山核桃为我国特产干果，主要分布在浙江、安徽交界的天目山区，浙江临安为主要分布区，已有500年以上的栽培利用历史，山核桃分布范围较狭窄，是一种具有地方特色的名特优干果。板栗在我国分布很广，但主要分布在黄河流域的华北和长江流域各省。近些年来，板栗是浙江省发展最快的经济林树种，每年约以3330hm^{2}以上的速度递增，浙江省板栗的主栽品种有毛板红、魁栗、上光栗、处暑红、油光栗、二次结果板栗等，其中毛板红、魁栗两个品种约占全省种植面积的80%。柿分布广泛，全国除黑龙江、吉林、内蒙古、宁夏、青海和新疆6个省份外，南北各地均有栽培，浙江省各市(县)基本上都有柿树分布，品种资源比较丰富，主要包括大红柿、无核方柿、方山柿、牛心柿等。

(4)茶叶资源。中国茶区分布在北纬18°~37°，东经94°~122°广阔的范围内，有浙江、湖南、安徽、四川、福建、云南、广东、广西、贵州、江苏、江西、陕西、河南、台湾、山东、西藏、甘肃、海南等19个省份的上千个县(市)，地跨中热带、边缘热带、南亚热带、中亚热带、北亚热带、暖温带。在垂直分布上，茶树最高可种植在海拔2600m高地上，而最低仅距海平面几十米。浙江省茶叶面积广阔，2005年茶园面积15.47万hm^2，分布在78个县(市、区)，茶园面积66.67 hm^{2}以上的乡有578个。

3.2　浙江山区特色农林业的选择

3.2.1　选择的原则

浙江山区特色农林业选择必须依据特色农业的特征，并且考虑浙江山区的特点，即山林资源丰富，尤其是经济林资源丰富的特点。主要遵循以下原则：

(1)区域性原则。主要包含两方面的含义，一是指具有区域特色的农林业，其他地方没有或很少有。这样的特色农林业本身在市场竞争中就占有优势，因为只有特定的地方才生产，或生产出来的产品与别的地方不一样。二是指特色农林业已形成区域化格局。

(2)规模性原则。特色农林业要成为当地农业经济的重要组成部分或主导产业，促进当地农民增收，必须具有一定的规模。若没有一定的规模，其产品只能是样品和展品，无法进入市场，无法对当地经济发挥重要作用。同时没有一定的规模，无法实现分工和专业化生产，最终无法实现特色农林业的高效益。

(3)高效性原则。相对于常规农林业而言，特色农林业具有一定的规模优势、品牌优势和市场竞争优势，是主导一定区域农村经济发展的高效农业。因此，特色农林业必须是高效农业，最终追求的是经济效益，是增加农民和相关经营者的收入，它既要求资源的利用率高而且可持续性，也要求资本的回报率高。

3.2.2　浙江山区特色农林业的选择

自 1994 年以来，浙江省实施了山区农林业综合开发战略，实行农林业产业结构的调整，积极发展名特优经济林，并取得了较大的成果，目前已成为全国的经济林产业大省，初步形成了名特优经济林果业、竹产业、森林食品等多个优势产业。2001～2005 年浙江省主要水果、茶叶、林产品的产量见表 3-4。其中水果产量较大的是柑橘，柑橘成为浙江的第一大水果，2004 年柑橘产量达 200.97 万 t，在全国柑橘生产中占据着重要的地位。2001～2005 年，浙江省柑橘产量在全国各省市中

表 3-4　2001～2005 年浙江省主要水果、茶叶、林产品产量

单位：万 t

	柑橘	梨	桃	柿	杨梅	枇杷	竹笋干	板栗	山核桃	银杏	油茶籽	油桐籽	香榧	茶叶
2001	163.81	18.87	16.87	3.26	18.15	5.35	12.68	3.86	0.87	0.13	3.02	0.02	0.16	12.06
2002	164.28	14.78	18.96	3.44	16.42	5.69	14.15	4.48	0.36	0.16	3.28	0.03	0.29	13.85
2003	176.66	24.45	21.01	3.50	23.04	5.90	14.77	4.59	0.74	0.16	3.30	0.01	0.17	13.27
2004	200.97	28.58	25.96	3.68	27.47	6.37	16.07	5.54	1.06	0.16	3.42	0.02	0.19	13.87
2005	148.10	31.04	28.58	3.60	30.07	4.31	14.23	6.04	1.18	0.15	4.34	0.02	0.14	14.44

资料来源：浙江省农业厅《浙江省农业统计资料》、浙江省林业厅《林业综合统计年报》(2001～2005年)

排序分别为第二位、第三位、第三位、第二位、第六位；杨梅基本上是浙江省的特有水果，其产量虽然与梨、桃接近，但近几年发展较快，而且近年来该水果价格高，效益好。在林产品中，山核桃几乎是浙江省的特有产品，且经济效益很高；竹笋干是林产品中产量最大的产品，2001～2005年，浙江省竹笋干产量在全国各省市中排序均名列第一位或

表 3-5 2001～2005 年浙江山区特色农林产品产量及在全国的地位

单位：万 t，%

		柑橘	茶叶	竹笋干	山核桃	杨梅
2001	浙江省	163.81	12.06	12.68	0.87	18.15
	全国	1160.66	70.17	35.38	—	—
	浙江占全国的比重	14.11	17.19	35.84	—	—
	在全国各省市中的排序	2	2	1	1	1
2002	浙江省	164.28	13.85	14.15	0.36	16.42
	全国	1198.99	75.54	39.27	—	—
	浙江占全国的比重	13.70	18.33	36.03	—	—
	在全国各省市中的排序	3	2	1	1	1
2003	浙江省	176.66	13.27	14.77	0.74	23.04
	全国	1345.36	76.81	42.55	1.20	—
	浙江占全国的比重	13.13	17.28	34.71	61.67	—
	在全国各省市中的排序	3	2	2	1	1
2004	浙江省	200.97	13.87	16.07	1.06	27.47
	全国	1486.78	83.52	44.35	1.30	—
	浙江占全国的比重	13.52	16.61	36.23	81.54	—
	在全国各省市中的排序	2	2	1	1	1
2005	浙江省	148.10	14.44	14.23	1.18	30.07
	全国	1591.91	93.49	46.32	1.60	—
	浙江占全国的比重	9.30	15.45	30.72	73.75	—
	在全国各省市中的排序	6	2	2	1	1

注：杨梅的全国数据缺，2001～2002 山核桃的全国数据缺

资料来源：《浙江统计年鉴》、《中国农业年鉴》（2002～2006 年）

第二位。茶叶产业是浙江省另一个传统特色产业，2001～2005年茶叶产量在全国各省市中排序均是第二位(具体见表3-5)。可见，柑橘、杨梅、茶叶、竹笋干、山核桃产业在浙江省的发展满足规模性和高效性原则。同时，目前已形成了区域化生产格局，如，台州和衢州的柑橘，余姚、慈溪和仙居的杨梅，开化龙顶茶叶，临安的山核桃和竹笋，德清的早园竹等。因此，柑橘产业、杨梅产业、茶产业、竹笋产业、山核桃产业属浙江山区特色农林业。当然，从特色农林业选择的依据出发，浙江山区的特色农林业除上述这些产业外，还有其他一些产业，如香榧、毛竹、板栗、食用菌产业等，由于时间和精力的限制，本项目主要选择柑橘、杨梅、茶叶、山核桃和竹笋等特色农林业为研究对象，对特色农林产品的市场竞争力提升途径进行研究。

3.3 浙江山区特色农林产品生产的总体情况

3.3.1 总体情况

1990～2005年的16年间，浙江山区特色农林产品生产的面积与产量变化情况见表3-6，从中可以看出各特色农林产品的生产呈现不同的变化特点：

(1)茶叶面积和产量先下降后上升。1990～1999年，茶叶面积不断下降，从1990年的162.87千hm^2下降到1999年的126.8千hm^2，2000年以后又逐渐上升，2005年茶叶面积恢复到154.70千hm^2(图3-1)。从茶叶产量变化来看，总体上也呈先下降后上升的趋势，但中间有波动，1996年产量达最低水平，1997年以后茶叶产量不断上升(图3-2)。

(2)柑橘面积先上升后下降，近几年基本稳定。1990～1996年，柑橘面积从81.36千hm^2增加到138.31千hm^2，1997～2001年，柑橘面积不断减少，2002年以后基本稳定。柑橘产量的变化较为复杂(图3-3)。

(3)杨梅面积和产量增长迅速。1990～1994年，杨梅面积稍有减少，但1995年以后增加迅速，从1994年的27.64千hm^2增加到2005年的64.17千hm^2，增加了132.16%(图3-1)。1990～2005年产量增长迅速，从1990年的3.84万t增加到2005年的30.07万t，增加了862.83%，但存在一定的大小年现象(近3年除外)，如图3-2。

(4)竹笋干和山核桃产量增长迅速。1990～2005 年，竹笋干产量除中间有一些小的波动外，总体上增长迅速，从 1990 年的 2.90 万 t 增加到 2005 年的 14.23 万 t，增加了 390.69%(图 3-2)。山核桃产量具有明显的大小年变化，但总体上增长迅速，从同是大年的 1991 年的 0.62 万 t 增加到 2005 年的 1.18 万 t，增长了 90.32%(图 3-4)。

表 3-6　1990～2005 年浙江省特色农林产品生产情况

单位：千 hm^2，万 t

	茶叶		柑橘		杨梅		竹笋干产量	山核桃产量
	面积	产量	面积	产量	面积	产量		
1990	162.87	11.70	81.36	79.73	31.92	3.84	2.90	0.31
1991	159.0	11.41	82.27	106.42	31.23	6.12	2.69	0.62
1992	151.7	11.94	126.06	73.85	28.96	4.34	3.67	0.20
1993	145.4	12.22	128.24	113.52	28.90	6.39	3.94	0.69
1994	143.4	10.69	131.50	139.27	27.64	5.08	4.04	0.26
1995	139.3	10.21	135.09	170.03	30.57	10.57	6.59	0.65
1996	134.6	9.90	138.31	180.41	32.35	11.93	5.19	0.32
1997	130.1	10.17	137.62	210.51	30.87	13.05	6.39	0.59
1998	127.3	11.32	133.90	149.69	32.35	11.93	6.73	0.55
1999	126.8	11.77	132.90	212.01	33.71	15.61	10.33	0.39
2000	128.9	11.64	125.2	97.19	38.61	13.17	11.97	0.72
2001	131.0	12.06	123.9	163.81	43.41	18.15	12.68	0.87
2002	134.8	13.85	124.0	164.28	48.31	16.42	14.15	0.36
2003	142.8	13.27	125.0	176.66	54.17	23.04	14.77	0.74
2004	147.90	13.87	124.1	200.99	60.21	27.47	16.07	1.06
2005	154.70	14.44	123.0	148.10	64.17	30.07	14.23	1.18

数据来源：《浙江农村统计年鉴》、《浙江统计年鉴》(1991～2006 年)

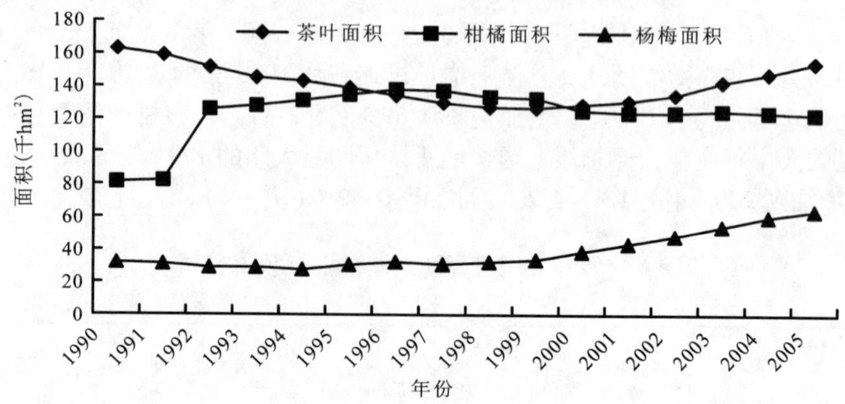

图 3-1　1990～2005 年浙江省茶叶、柑橘、杨梅面积变化趋势

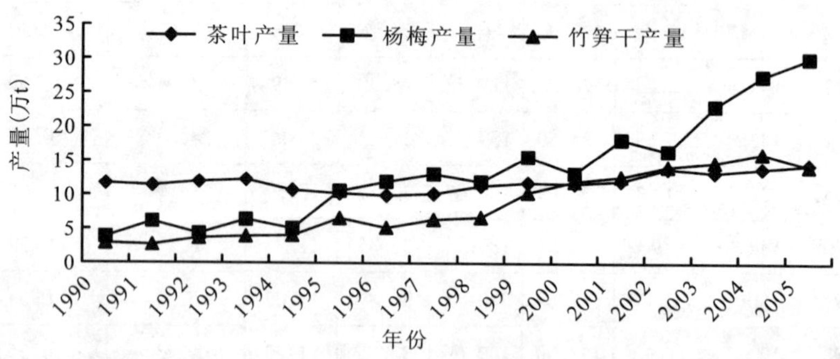

图 3-2　1990～2005 年浙江省茶叶、竹笋干、杨梅产量变化趋势

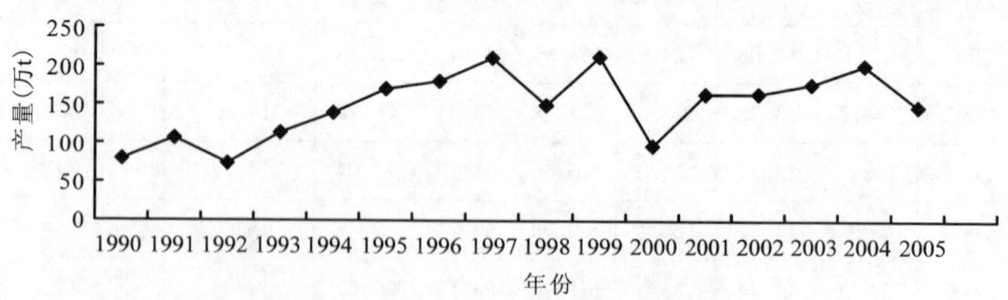

图 3-3　1990～2005 年浙江省柑橘产量变化趋势

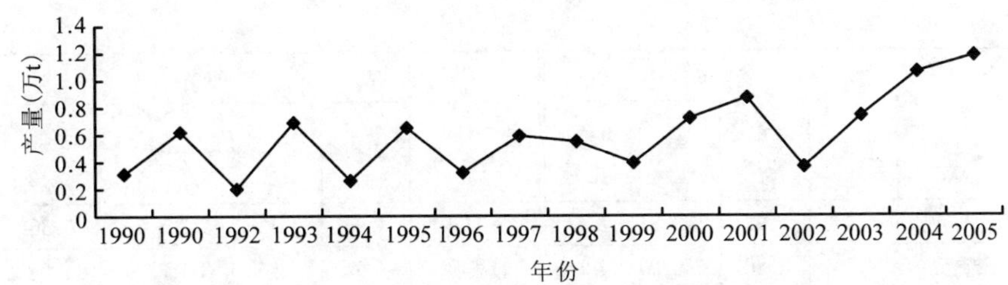

图 3-4 1990~2005 年浙江省山核桃产量变化趋势

3.3.2 主要分布地区

计算 2003~2005 年浙江省各县(市、区)特色农林产品生产的年平均面积和产量，并按年平均面积和产量从大到小进行排序(竹笋和山核桃仅按年平均产量从大到小排序)，选择累计面积和产量占全省 80% 左右的产地作为主要产区，各主要产区的面积与产量及占全省的比重见表 3-7、表 3-8。根据表 3-7、3-8 得出浙江特色农林产品的主要分布地区，具体见表 3-9，这些地区大部分为山区县(市、区)。

表 3-7 浙江省各县(市、区)茶叶、柑橘面积与产量及占全省的比重(2003~2005 年平均值)

单位：千 hm^2，t,%

	茶叶					柑橘			
	面积	占全省比例	产量	占全省比例		面积	占全省比例	产量	占全省比例
全省合计	148.46	100	138609.44	100	全省合计	124.03	100	1752485.12	100
嵊州市	11.38	7.67	13842.33	9.99	临海市	11.94	9.63	111903.00	6.39
淳安县	10.70	7.21	6561.00	4.73	常山县	9.09	7.33	145808.00	8.32
诸暨市	6.65	4.48	9433.00	6.81	衢州柯城区	7.54	6.08	147786.67	8.43
安吉县	6.10	4.11	4397.33	3.17	衢州衢江区	6.94	5.60	144831.33	8.26
绍兴县	5.65	3.81	8705.67	6.28	象山县	6.04	4.87	81841.00	4.67
新昌县	5.58	3.76	5545.67	4.00	丽水莲都区	6.00	4.84	108197.33	6.17
开化县	5.38	3.62	1490.67	1.08	台州黄岩区	5.90	4.75	70852.67	4.04
松阳县	5.20	3.50	4741.00	3.42	建德市	4.42	3.56	62621.00	3.57

（续）

	茶叶					柑橘			
	面积	占全省比例	产量	占全省比例		面积	占全省比例	产量	占全省比例
遂昌县	4.44	2.99	3843.33	2.77	三门县	3.90	3.15	58898.67	3.36
余姚市	4.15	2.80	5700.00	4.11	淳安县	3.67	2.96	33768.00	1.93
建德市	3.99	2.69	3075.67	2.22	温岭市	3.48	2.80	30507.33	1.74
临安市	3.98	2.68	2050.00	1.48	江山市	3.40	2.74	26888.00	1.53
武义县	3.98	2.68	5697.67	4.11	兰溪市	3.22	2.60	32304.00	1.84
桐庐县	3.48	2.35	1501.00	1.08	青田县	3.22	2.59	25818.33	1.47
泰顺县	3.36	2.26	1328.33	0.96	金华金东区	3.12	2.51	42378.67	2.42
杭州余杭区	3.22	2.17	7543.33	5.44	龙游县	3.06	2.46	48290.33	2.76
磐安县	3.19	2.15	1551.00	1.12	宁海县	2.58	2.08	52071.00	2.97
长兴县	2.87	1.94	2597.00	1.87	松阳县	2.48	2.00	29998.33	1.71
宁海县	2.44	1.64	2440.67	1.76	玉环县	2.30	1.85	21721.67	1.24
上虞市	2.37	1.60	3056.67	2.21	金华婺城区	1.74	1.40	18161.00	1.04
宁波鄞州区	2.36	1.59	5778.67	4.17	乐清市	1.63	1.32	16720.67	0.95
东阳市	2.25	1.51	2154.00	1.55	台州椒江区	1.28	1.03	21803.33	1.24
浦江县	2.14	1.44	1277.00	0.92	奉化市	1.26	1.02	20466.67	1.17
缙云县	2.14	1.44	1535.00	1.11	温州瓯海区	1.05	0.85	16408.33	0.94
金华婺城区	2.10	1.42	2596.00	1.87	宁波鄞州区	1.03	0.83	24619.67	1.40
富阳市	2.07	1.40	2582.00	1.86	天台县	1.02	0.82	19733.67	1.13
天台县	1.79	1.20	988.00	0.71	宁波北仑区	0.98	0.79	28422.33	1.62
江山市	1.41	0.95	1638.00	1.18	合计	102.29	82.47	1442821.00	82.33
龙游县	1.30	0.87	2631.33	1.90					
兰溪市	1.22	0.82	1245.00	0.90					
象山县	1.16	0.78	1455.33	1.05					
宁波北仑区	1.06	0.71	2045.33	1.48					
奉化市	1.01	0.68	2064.33	1.49					
义乌市	0.93	0.63	1185.00	0.85					
德清县	0.70	0.47	1165.67	0.84					
合计	121.75	82.01	125442.00	90.50					

资料来源：浙江省农业厅《浙江省农业统计资料》(2003~2005 年)

表 3-8 浙江省各县(市、区)杨梅、竹笋面积与产量及占全省的比重(2003～2005 年平均值)

单位：千 hm^2，t,%

	杨梅					竹笋干(鲜笋折)	
	面积	占全省比例	产量	占全省比例		产量	占全省比例
全省合计	59.52	100	288600	100	全省合计	150215.00	100
仙居县	4.55	7.65	11359.00	3.94	临安市	29843.33	19.87
象山县	4.24	7.12	10329.00	3.58	德清县	8787.00	5.85
青田县	3.65	6.13	3003.33	1.04	杭州余杭区	7052.00	4.69
余姚市	3.58	6.01	23515.00	8.15	绍兴县	6107.00	4.07
台州黄岩区	3.04	5.11	19969.33	6.92	长兴县	5587.33	3.72
慈溪市	2.72	4.57	33696.67	11.68	奉化市	5323.67	3.54
瑞安市	2.63	4.42	10021.00	3.47	富阳市	5241.34	3.49
舟山定海区	2.62	4.40	3523.67	1.22	上虞市	4791.67	3.19
临海市	2.45	4.12	20252.67	7.02	余姚市	4775.00	3.18
宁海县	2.07	3.47	7957.00	2.76	安吉县	4523.33	3.01
永嘉县	2.05	3.45	8605.00	2.98	诸暨市	4400.33	2.93
兰溪市	1.80	3.03	6595.33	2.29	嵊州市	4238.33	2.82
乐清市	1.71	2.87	9617.67	3.33	遂昌县	3799.67	2.53
温岭市	1.58	2.66	13910.33	4.82	桐庐县	3343.67	2.23
缙云县	1.31	2.20	3247.00	1.13	湖州吴兴区	3052.00	2.03
上虞县	1.22	2.05	4156.33	1.44	宁波鄞州区	2877.00	1.92
温州龙湾区	1.04	1.75	4711.67	1.63	龙泉市	2826.33	1.88
平阳县	1.03	1.74	5575.33	1.93	龙游县	2783.00	1.85
温州瓯海区	0.97	1.62	4487.00	1.55	宁海县	2178.00	1.45
宁波鄞州区	0.94	1.58	3646.00	1.26	衢州衢江区	2143.00	1.43
奉化市	0.51	0.85	3330.00	1.15	淳安县	1746.00	1.16
台州路桥区	0.49	0.83	7162.00	2.48	丽水莲都区	1718.00	1.14
丽水莲都区	0.48	0.81	3003.33	1.04	杭州萧山区	1586.67	1.06
长兴县	0.46	0.78	3987.33	1.38	松阳县	1551.00	1.03
安吉县	0.27	0.45	3400.00	1.18	平阳县	1402.00	0.93
合计	47.41	79.68	229060.99	79.37	庆元县	1325.00	0.88
					开化县	1321.33	0.88
					新昌县	1298.33	0.86
					合计	125621.33	83.62

资料来源：浙江省农业厅《浙江省农业统计资料》、浙江省林业厅《林业综合统计年报》(2003～2005年)

表 3-9 浙江特色农林产品的主要分布区域

产品	主要分布地区	2003～2005年年均产量与面积占全省比例
茶叶	绍兴市:嵊州市、诸暨市、绍兴县、新昌县、上虞市 金华市:婺城区、武义县、东阳市、磐安县、浦江县、义乌市、兰溪市 宁波市:北仑区、鄞州区、余姚市、宁海县、奉化市、象山县 丽水市:松阳县、遂昌县、缙云县 杭州市:余杭区、淳安县、桐庐县、建德市、富阳市、临安市 衢州市:龙游县、江山市、开化县 湖州市:长兴县、德清县、安吉县 温州市:泰顺县 台州市:天台县	占全省茶叶面积的82.01%，占全省茶叶产量的90.5%
柑橘	衢州市:柯城区、衢江区、常山县、江山市、龙游县 台州市:黄岩区、椒江区、临海市、三门县、玉环县、天台县、温岭市 宁波市:北仑区、鄞州区、宁海县、象山县、奉化市 金华市:金东区、婺城区、兰溪市 温州市:瓯海区、乐清市 丽水市:莲都区、青田县、松阳县 杭州市:建德市、淳安县	占全省柑橘面积的82.47%，占全省柑橘产量的82.33%
杨梅	宁波市:鄞州区、慈溪市、余姚市、宁海县、奉化市、象山县 台州市:黄岩区、路桥区、临海市、温临市、仙居县 温州市:龙湾区、瓯海区、瑞安市、乐清市、永嘉县、平阳县 金华市:兰溪市 绍兴市:上虞市 丽水市:莲都区、青田县、缙云县 舟山市:定海区 湖州市:长兴县、安吉县	占全省杨梅面积的79.68%，占全省杨梅产量的79.37%
竹笋干	杭州市:临安市、余杭区、桐庐县、淳安县、富阳市 宁波市:鄞州区、宁海县、余姚市、奉化市 湖州市:吴兴区、德清县、长兴县、安吉县 绍兴市:绍兴县、新昌县、诸暨市、上虞市、嵊州市 衢州市:衢江区、开化县、龙游县 丽水市:莲都区、遂昌县、松阳县、庆元县、龙泉市 温州市:平阳县	占全省竹笋干（鲜笋）产量的83.62%
山核桃	杭州市:临安、淳安、桐庐 湖州市:安吉	占全省山核桃产量的98.23%

(1)茶叶的区域分布。浙江茶叶分布相对较为广泛，主要分布在9个市的35个县(市、区)，其中2003~2005年年平均面积占全省2%以上的有17个县(市、区)，3%以上的8个县(市、区)，依次为嵊州市、淳安县、诸暨市、安吉县、绍兴县、新昌县、开化县、松阳县，其中有4个县(市、区)属于绍兴市。浙江是茶树最适生产区之一，茶叶生产以绿茶为主，主要集中在浙西北、浙东、浙南三个茶区。浙西产区主要分布在开化、淳安、桐庐、临安、建德、余杭、安吉等县(市、区)。浙东产区主要分布在新昌、嵊州、绍兴、诸暨、武义、余姚、宁海、天台等县(市)。浙南产区主要分布在泰顺、遂昌、松阳、缙云等县(市)。

(2)柑橘的区域分布。浙江柑橘主要分布在衢州、台州、温州、宁波、丽水、金华、杭州等7个市的27个县(市、区)，2003~2005年年平均面积占全省2%以上的有18个县(市、区)，3%以上的9个县(市、区)，依次为临海市、常山县、衢州柯城区、衢江区、象山县、丽水莲都区、黄岩区、建德市、三门县。2003~2005年年平均产量占全省比例最高的是衢州柯城区，排第二、第三位的分别为常山县和衢江区，这3个县(区)都隶属衢州市。浙江柑橘的品种资源丰富，目前已形成了不同特色品种的柑橘产业区，主要包括以衢江区、柯城区、莲都区等为中心的椪柑产业区，以象山县为中心的优质杂柑及高糖宽皮橘产业区，以黄岩区新前、澄江为中心的黄岩蜜橘产业区，以临海市的涌泉、桃渚为中心的无核橘产业区，以温州瓯海区、乐清市为中心的瓯柑产业区，以常山、玉环等为中心的优质特色杂柑和柚类产业区。

(3)杨梅的区域分布。浙江杨梅主要分布在宁波、台州、温州、金华、绍兴、丽水、舟山、湖州等8个市的25个县(市、区)，2003~2005年年平均面积占全省2%以上的有16个县(市、区)，3%以上的有12个县(市、区)，依次为仙居县、象山县、青田县、余姚市、台州黄岩区、慈溪市、瑞安市、舟山定海区、临海市、宁海县、永嘉县、兰溪市。这些县市多数隶属台州市、宁波市和温州市。三年平均产量排在前三位的依次为慈溪市、余姚市和临海市。虽然浙江省杨梅的品种资源非常丰富，但以东魁、荸荠种、丁岙杨梅、晚稻杨梅四大良种为主，四大良种占总面积的比例达95%以上，并形成了不同特色品种的杨梅生产区。东魁杨梅以台州为主，全省各产区均有分布，荸荠种以宁波为主，全省其他产区也有分布，丁岙杨梅以温州为主，晚稻杨梅主要集中在舟山一带。

(4)竹笋的区域分布。竹笋主要分布在杭州、绍兴、宁波、湖州、衢州、丽水、温州等7个市的27个县(市、区)，2003~2005年年平均产量占全省2%以上的有15个县(市、区)，3%以上的有10个县(市、区)，它们依次为临安市、德清县、杭州余杭区、绍兴县、长兴县、奉化市、富阳市、上虞市、余姚市、安吉县。产量最高的是临安市，占全省竹笋产量的比重达19.87%。由于气候、土壤、交通、经济等原因，浙江竹笋产区具有明显的地域性。毛竹笋主产区有杭州湖州产区的安吉、长兴、临安、余杭，衢州丽水产区的衢江区、龙游、丽水莲都区、遂昌，宁波产区的余姚、鄞州区、宁海等县市；早竹笋(雷竹、早园竹)主产区分布在杭州湖州产区的临安、德清、余杭、安吉，宁波绍兴产区的奉化、余姚、鄞州区等县市；绿竹(马蹄笋)主产区分布在平阳、苍南等地。

(5)山核桃的区域分布。浙江省山核桃的分布高度集中，主产浙江、安徽交界的天目山区，在浙江省范围内主要分布在临安、淳安、桐庐和安吉。上述4个县(市)2003~2005年年平均产量占全省年平均产量的比例达98.23%。其中临安市占62.48%，是浙江省最主要的产区。与其他几种产品相比，该产品的地域分布范围较小。

3.4　典型区域特色农林产业发展状况

3.4.1　临安市山核桃、竹笋产业发展状况

3.4.1.1　生产规模不断扩大

1984~2006年临安市山核桃和竹笋面积、产量、产值的变化情况见表3-10。临安山核桃和竹笋面积增加明显。山核桃面积从1984年的11380hm^{2}增加到2006年的26673hm^2，增加了1.34倍，竹笋面积从1984年的29527hm^{2}增加到2006年的65333hm^2，增加了1.21倍。山核桃产量和产值呈现明显的大小年变化，但2001年以后，虽然山核桃的产量存在一定的大小年现象，但产值一直上升，2006年山核桃产值达33000万元。1984~2006年竹笋的产量与产值不断上升（中间有微小的

表 3-10 1984～2006 年临安市山核桃、竹笋生产情况

单位：hm^2，t，万元

	山核桃			竹笋		
	面积	产量	产值	面积	产量	产值
1984	11380	1818	290.88	29527	11002	488.5
1985	—	2401	480.2	29670	33250	1575.8
1986	—	4174	1252.2	31128	26598	1652.7
1987	—	5193	1869.5	32379	33182	3091.7
1988	—	2384	953.6	33059	30275	3455.7
1989	12587	3567	1783.5	33725	35665	4596
1990	—	2018	1210.8	36036	32445	3266
1991	—	4809	3366.3	37026	39285	4610
1992	—	1609	1448.1	38652	32662	4866.2
1993	—	5150	6180	40647	48246	8343
1994	—	1690	5070	46850	51430	12100
1995	—	4675	7480	48403	68159	18294.4
1996	16400	2001	4 002	50407	58099	23035
1997	—	3673	9549.8	52450	90270	26252
1998	—	4103	9847.2	55041	80710	27196.4
1999	—	2173	6519	56710	111390	27518
2000	20200	5476	14237.6	57887	103209	31400
2001	—	6173	13580.6	58686	150923	33398
2002	—	2139	14973	61166	135250	33223
2003	—	5454	19634.4	62000	181181	46637
2004	26673	7200	25920	63333	165169	55002
2005	—	6900	27600	65333	191300	56017
2006	—	8300	33000	65333	209600	64200

注：山核桃面积仅有五年数据，其他年份无面积统计

数据来源：临安市林业局

波动)，竹笋产量从1984年的11002t增加到2006年的209600t，产值从1984年的488.5万元增加到2006年的64200万元。

在竹笋生产方面，临安竹笋主要包括菜竹笋、笋干竹笋、毛笋等3个品种，但以菜竹笋为主，如在2005年竹笋产值56017万元中，菜竹笋产值为53558万元，占竹笋总产值的95.61%。临安成为江南最大的菜竹园。菜竹笋中又以雷竹笋占据主导地位，2005年雷竹笋产值达52300万元，占菜竹笋产值的比重和竹笋产值的比重分别为97.65%和93.36%。雷竹笋以出笋最早、笋期最长、产量最高、效益好见效快、品质优，没有大小年而被誉为“江南第一笋”。

3.4.1.2　加工企业数量多，加工能力较强

临安市山核桃、竹笋加工企业发展迅速，对促进山核桃、竹笋产业的发展发挥着重要的作用。

到目前为止，临安市共有登记在册的山核桃加工企业221家，另外，非登记在册的作坊式企业共200余家。年加工能力1万余t，至今已开发出炒果类、手剥类、仁类等各种系列产品。附近县市的山核桃也通过临安加工后上市销售，临安已成为全国最大的山核桃加工销售的集散地。在竹笋加工方面，全市共有加工企业56家，2005年，全年加工鲜笋总量达11.7万t，加工产值达57785万元。其中水煮笋加工306.3万罐(5.57万t)，占全国水煮笋加工量的四分之一。临安已成为全国水煮笋加工中心、天目笋干加工销售集散中心。

据临安市林业局对144家山核桃加工企业和23家竹笋加工企业的不完全统计，2005年这些企业的基本情况和实现的加工量、加工产值等见表3-11。在这些加工企业中已涌现出规模较大、实力较强，具有一

表3-11　2005年临安市山核桃与竹笋加工企业情况

单位：个，人，m^2，万元，t

企业类型	企业数量	职工人数	企业占地面积	资产总额		年加工量	年销售量	年总产值	年销产值	年利润
				合计	固定资产					
山核桃加工	144	4300	119330	16347	8546	7645.6	7436.9	47318	46852.4	7903.2
竹笋加工	23	1200	28701	2317	1484	50015	59815	6152	6122	466.7

资料来源：临安市林业局

定带动能力的龙头企业共 18 家，其中省级农业龙头企业 4 家，省林业重点龙头企业 2 家，杭州市级农业龙头企业 3 家，临安市级农业龙头企业 9 家。2005 年，这 18 家龙头企业的具体情况见表 3-12。龙头企业在带动农户、建设生产基地等方面发挥着一定的功能。如从 2004 年开始，省级农业龙头企业杭州康鑫食品有限公司出资在板桥、三口、玲珑、上甘等 4 个乡(镇)建立 6666. 7 hm^2 竹笋基地。通过加强基础设施建设、技术培训、示范基地建设、科学经营管理等措施，达到毛竹笋用林的高产高效。基地以农民经营为主，康鑫公司通过与农民签订共建合同和最低保护价收购合同，形成利益共享、风险共担的机制。基地按照共建要求，以培训农民为突破口，通过 20 多期的培训班、现场会，把竹林科学经营理念传达给农民。康鑫公司还投资 100 多万元在板桥乡忝里村、青山湖街道研里村建立 333. 3 hm^2 科技示范基地，按照森林食品要求，实行标准化管理。

3. 4. 1. 3 市场销售成效显著

首先，临安市注重本地市场的建设，全市在高虹、青云等地建起了有一定规模的竹笋市场 11 个。其次，全市拥有一支规模较大的贩销队伍，将临安的山核桃和竹笋销往上海、南京、苏州、无锡等大中城市。贩销大户在市场开拓方面发挥了重要的作用。如高虹镇长青村某一竹笋贩销大户，自 2004 年以来，每年贩销竹笋 900 多 t，销售产值达 600 多万元。再次，注重外地市场的开发，通过参加农产品博览会、交易会、森林旅游推荐会等活动，积极向外拓展市场。目前已在 20 多个省市设立了销售点，东林山核桃在 1999 年首次出口美国，成为第一家进军美国的食品生产加工企业。仅 2005 年，竹笋加工产品的出口数量达 4. 3 万 t、交易额达 2. 54 亿元，竹笋主要以罐头、真空包装的形式出口，而日本是临安竹笋出口的主要市场，占总出口量的 95% 。1999 ~ 2005 年竹笋出口数量呈增长趋势，从 1999 年的 1. 5 万 t 增加到 2005 年的 4. 3 万 t，具体增长情况如图 3-5。

表 3-12　2005 年临安市山核桃、竹笋龙头企业基本情况

单位：m^2，万元，hm^2

级别	企业名称	企业占地面积	资产总额		年总产值	年销产值	年利润	带动农户数量	培育生产基地	
			合计	固定资产					个数	基地面积
省级	杭州临安天目山绿色食品有限公司	5700	2107	880	3050	2981	21	12000	4	5000
	浙江松友食品有限公司	22000	17692	1364	16000	16000	1200	55000	8	24666.7
	杭州市临安人长久食品有限公司	7919	2818	152	1500	1500	120	4000	2	1466.7
	杭州康鑫食品有限公司	27000		4000	3000	3120	6	10200		6666.7
省林业重点	杭州深宝绿色食品有限公司	14000	2580	658		5805	464	6000	2	2000
	杭州裕隆食品有限公司	8800	4143	808	5000	4881	600	2000	3	266.7
杭州市级	临安市高虹竹笋交易市场	20000	60		7918		7.3	2500		
	杭州临安食品工贸有限公司	22000	2800	480	2000	1800	80			
	杭州新东林绿色食品有限公司	2500	2100	410	3050	3050	165	300	5	666.7
临安市级	杭州西马克食品有限公司	16000	1939	931	3800	3600	228	480	1	12333.3
	临安市西天目食品加工厂	2000	400	200	700	700	70	130		
	临安方老五食品厂	2200	565	300	1000	1000	75	100	4	5.3
	杭州临安恒兴天然食品厂	2400	560	218	1100	980	20	150	7	8
	杭州临安临宝食品有限公司	3600		600	1050	900	50			
	杭州临安桃源绿色食品有限公司	2560	955	720	1750	1620	120	720	6	
	临安市万丰绿色食品有限公司	3600	350	190	1000	1000	10	120	2	134.7
	杭州临安东升绿色食品有限公司	1300	1321	680	1280	1260	90	380	1	666.7
	杭州临安华易绿色食品有限公司	5000	768	219	1610	1500	130	300	1	56.7

资料来源：临安市林业局

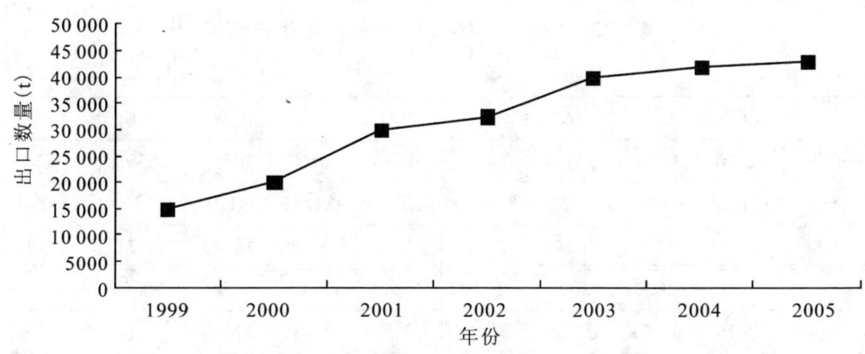

图 3-5　1999 ~ 2005 年临安市竹笋出口数量

资料来源：临安市林业局

3.4.2　台州市柑橘产业发展状况

3.4.2.1　生产规模基本稳定，自然灾害影响较大

1990 ~ 2006 年，台州柑橘生产呈现平稳的变化态势(见表 3-13)，柑橘面积在 30134 ~ 38884hm^2 之间变动，2002 年面积达到最大，之后柑橘面积有不断下降趋势，从 2002 年的 38884hm^2 下降到 2006 年的 30134hm^2。柑橘产量在 233529 ~ 531798t 之间波动，中间有些年份产量特别低，如 2000 年，产量仅 274920t，主要是受台风影响。单位面积产量多数在 10 ~ 15 t/hm^2 之间，1990 年最低为 7.23 t/hm^2，其次是 2000 年，单位面积产量为 8.21 t/hm^2。同时，台州柑橘生产主要集中于临海市、黄岩区、温岭和三门 4 个县(市)，尤其是临海、黄岩两市(区)，见表 3-14。2004 ~ 2006 年两市(区)柑橘种植面积占全市总面积的比例依次为 51.43%、52.77% 和 55.76%，产量占全市总产量的比例依次为 54.44%、59.32% 和 58.38%，产值占全市总产值的比例依次为 58.15%、62.21% 和 59.93%(见表 3-15)。柑橘生产表现为区域化和集中化趋势。

表 3-13 1990～2006 年台州市柑橘生产情况

单位：hm²，t，t/hm²

	1990	1991	1992	1993	1994	1995	1996	1997	1998
面积	32300	33723	33146	34091	33666	36163	36757	35581	34738
产量	233529	299797	345381	325910	423938	484772	531798	524360	413770
单产	7.23	8.89	10.42	9.56	12.59	13.41	14.47	14.74	11.91
	1999	2000	2001	2002	2003	2004	2005	2006	
面积	34619	33491	32729	38884	35598	35549	32169	30134	
产量	520035	274920	441419	384786	474189	465015	376944	494460	
单产	15.02	8.21	13.49	9.90	13.32	13.08	11.72	16.41	

资料来源：台州市农业局

表 3-14 2004～2006 年台州市各区、县、市柑橘生产情况

单位：hm²，t，万元

	2004			2005			2006		
	面积	产量	产值	面积	产量	产值	面积	产量	产值
椒江区	2610.7	32912	5265.9	2173.7	21996	3959	2086.8	28254	6498.4
黄岩区	7324.8	74688	9898.5	5795.3	62230	13431	5229.2	66975	13695
路桥区	620.8	10009	1348	533.6	6292	1161	516	7758	1544
临海市	10960.3	178453	37315.2	11180.7	161359	38751.4	11574.9	221665	48972.1
温岭市	4143.2	40700	7092.5	2703.6	24500	5565	1750	23273	7666
玉环市	2490.3	29908	9705.9	2292.7	18384	7221.3	1454.1	32538	9912.5
仙居县	1633.3	25000	2500	1633.3	20000	2800	1633.3	22000	3520
天台县	1162.4	30000	2800	1160	24400	4570	1160	30000	4605
山门县	4603.2	43345	5596	4696.5	37783	6412.9	4729.9	62000	8154
合计	35549.1	465015	81192.9	32169.4	376944	83871.6	30134	494460	104567

资料来源：台州市农业局

表 3-15 2004～2006 年黄岩区、临海市柑橘生产占全市的比重

单位:%

	2004			2005			2006		
	面积比重	产量比重	产值比重	面积比重	产量比重	产值比重	面积比重	产量比重	产值比重
黄岩区	20.60	16.06	12.19	18.01	16.51	16.01	17.35	13.55	13.10
临海市	30.83	38.38	45.96	34.76	42.81	46.20	38.41	44.83	46.83
合计	51.43	54.44	58.15	52.77	59.32	62.21	55.76	58.38	59.93

3.4.2.2 注重发展加工与销售

台州市橘果加工企业达 50 多家，年加工能力达 30 多万 t，通过加工后，产品销往国际市场。其中黄罐集团生产的柑橘罐头产量居世界第一，年外销柑橘罐头 8 万 t，占全国出口总量的 50%，占世界市场 25% 的份额。在柑橘销售方面，全市已建立果品交易市场 15 家，其中黄岩果品交易市场为农业部定点市场，配备了互联网信息服务系统，随时为果品购销者提供全国各地的信息。同时，组织成立果品产销协会和水果专业合作社，果品产销协会主要会员以农户为主，浙江省柑橘研究所、浙江黄罐集团、黄岩果树技术推广中心等作为团体会员。协会每月编印《果品产销简讯》，对会员提供产销信息。截至 2005 年 7 月，全市发展水果专业合作社 113 家，水果专业合作社在收购和销售柑橘方面发挥着一定的作用。再次，也注重民间贩运大户发展，培育了一批果品运销大户。对贩运大户开通“绿色通道”，在果品运销、植物检疫证签证等方面提供方便。最后，注重在外地建立直销点。为了促进柑橘销售，在上海、北京、杭州、南京、宁波、温州、青岛等 40 多个大中城市建立营销网点 100 多个，通过这些营销网点，使台州的柑橘运销到上海、江苏、山东、河北、黑龙江等省市。

3.4.3 余姚市杨梅产业发展状况

3.4.3.1 生产规模不断扩大，产量具有明显的大小年

1990～2005 年期间，余姚杨梅的种植面积有小幅波动。1990～2001 年总体上呈下降趋势，但从 2002 年开始逐渐上升，2005 年杨梅面积已超过 1990 年的种植规模。从产量和产值变化来看，呈现出明显的大小

年现象，但总体上增长迅速，同是大年，产量从1991年的9403t增长到2004年的30590t，小年比较，产量从1990年的3169t增加到2002年的14133t。若对大小年进行平均，产量从1990~1991年年均6286t增长到2004~2005年年均29567.5t，产值从1990~1991年年均2203万元增长到2004~2005年年均12500万元。值得一提的是，2003~2005年杨梅产量大小年不明显，具体分别见表3-16、如图3-6。

表3-16 1990~2005年余姚市杨梅生产情况

单位：hm^2，t，万元

	1990	1991	1992	1993	1994	1995	1996	1997
面积	3643	3643	2760.1	2816.9	2806.3	2738.7	2758.3	2712.9
产量	3169	9403	3113	11692	2875	12014	2700	14877
产值	1585	2821	1868	4677	2156	5406	2700	7439
大小年平均年产量	6286		7402.5		7444.5		8788.5	
大小年平均年产值	2203		3272.5		3781		5069.5	
	1998	1999	2000	2001	2002	2003	2004	2005
面积	2806.3	2738.7	2758.3	2712.9	3385.8	3630	3441	3662
产量	8443	16104	8000	21858	14133	20000	30590	28545
产值	7654	8052	5000	6588	8220	10000	12000	13000
大小年平均年产量	12273.5		14929		17066.5		29567.5	
大小年平均年产值	7853		5794		9110		12500	

资料来源：余姚市农林局

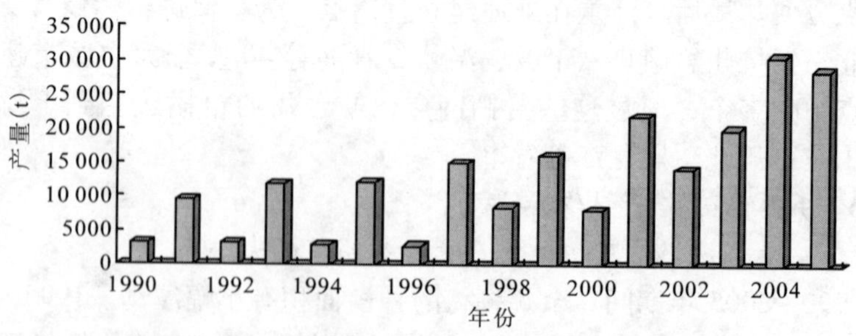

图3-6 1990~2005年余姚市杨梅大小年产量变化

3.4.3.2　单位面积产量增长迅速

1990～2005 年的 15 年间，余姚杨梅生产虽然由于大小年的原因，单位面积产量呈现波动态势，但整体上上升明显，如图 3-7。按大小年平均计算的单位面积产量从 1990～1991 年的 1.73 t/hm^2 上升为 2004～2005 年的 8.33 t/hm^2。主要原因是由于生产率提高，杨梅产量有较大幅度的增长，而生产面积变化不明显。

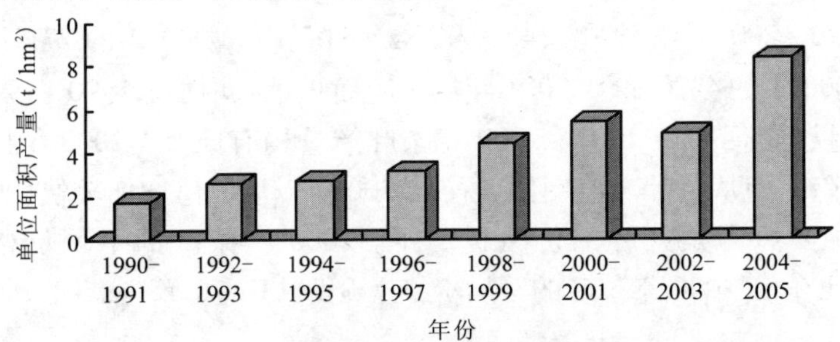

图 3-7　1990～2005 年余姚市杨梅单位面积产量变化情况

3.4.3.3　“杨梅节”促进了杨梅价格的提高，经济效益显著

余姚杨梅产值的增长与政府举办的“杨梅节”有着密切的关系。从 1989 开始，余姚市把每年的 6 月 26 日定为“杨梅节”，通过“杨梅节”的举办，吸引上海、杭州、宁波等周边大中城市的游客前来观光尝梅，并利用该平台大力宣传杨梅的食用价值和营养价值。这项活动，加上技术改进、品牌建设等使杨梅的价格不断攀升。同时，余姚市充分利用交通

表 3-17　1999～2003 年余姚市杨梅旅游经济效益

单位：万人，元/人，万元

	人数	人均消费	经济效益	其中杨梅门票收入
1999	10.3	358	3687.4	103
2000	3.5	371	1298.5	52.5
2001	6.1	333	2031.3	61
2002	5.2	366	1903.2	78
2003	6.2	353	2188.6	62

资料来源：余姚市农林局

便利、经济较为发达、民间资本丰富的优势，大力发展观光农业。目前，建有杨梅旅游观光点120余个，一批以经营杨梅为主的农庄纷纷成立。观光农业的发展不仅增加了梅农的收入，取得了较好的经济效益（见表3-17），而且促进了当地餐饮服务业的发展。

3.4.4 开化县茶叶产业发展状况

3.4.4.1 面积和产量总体上呈下降趋势，近几年产值增加明显

1990～2000年，开化茶叶面积不断下降，从1990年的7711hm^{2}下降到2000年的4420hm^2，2001年后茶叶面积稍有增加。1990～1996年，茶叶产量迅速下降，1997～1999年茶叶产量稍有回升，2000年以后又逐步下降。但从茶叶产值变化来看，2000年以后产值增加较快（见表3-18），主要原因是茶叶的价格提高了。2000年茶叶的平均价格仅为23.50元/kg，2006年茶叶的平均价格上升为132.78元/kg。

表3-18 1990～2006年开化县茶叶生产发展状况

单位：hm^2，t，万元

	1990	1991	1992	1993	1994	1995	1996	1997	1998
面积	7711	7540.5	7211.2	6357.7	6473.3	5946.6	5179.6	5043.1	4983.1
产量	3297	3088	3101	2498	1763	1505	940	1640	1721
产值	1714	1606	2049	1731	1075	1054	1446	2460	2754
	1999	2000	2001	2002	2003	2004	2005	2006	
面积	4775	4420	5608	4838	5193.3	5520	5413.3	5280	
产量	1846	1572	1596	1457	1383	1438	1651	1446	
产值	4368	3694	6384	7576	10373	11188	14859	19200	

资料来源：《开化县统计年鉴》(1991～2007年)

3.4.4.2 品牌建设初显成效

开化县在发展茶叶产业的过程中，突出抓品牌建设与管理。“开化龙顶”商标最早于1985年注册。1997年为了进一步保护该商标，又向国家商标局申请并成功注册了“开化龙顶”四个文字，组合成复合商标。在品牌建设过程中，开化县比较注重品牌的宣传、品牌的管理和品牌保护。

在品牌宣传方面，首先是充分利用各种展会开展宣传。先后组团参展了历届中国国际茶博览交易会、中国国际农博会、上海国际茶文化节、全国商品交易会、浙江省农博会等活动，每年定期在上海举办茶会。其次，充分利用各种媒体大力宣传。邀请了中央电视台、德国西方广播电视台、上海电视台、浙江电视台等，拍摄、播出了7部电视专题片。累计邀请105家电视台和86家报刊等新闻媒体为开化龙顶作新闻报道，还在多家电视台播出广告。再次，充分利用户外广告配套宣传。在县内的路牌、街道、中巴车、出租车上制作“钱江源头水，开化龙顶茶”的宣传广告。近10年来，每年县政府投入300多万元用于品牌宣传。通过品牌宣传，开化龙顶的知名度有了较大提高。截至2006年年底，“开化龙顶”茶累计获得省部级以上大奖46次。如，蝉联历届中国国际农博会金奖，2004年以总分第一入选“浙江省十大名茶”，2006年获浙江省十大特色农产品品牌，2006年获全国十佳茶叶品牌等。

在品牌管理方面，为了加强品牌管理，专门成立了“开化龙顶”品牌管理委员会、“开化龙顶”茶地理标志管理委员会。实行“四统一”管理，即统一品牌、生产、质量、包装管理。将县内原有的12个茶叶品牌统一为一个“开化龙顶”品牌，制定《开化龙顶茶》省级地方标准，制定《开化龙顶名茶品牌包装物管理办法》，并推广实施。

在品牌保护方面，为了更好地保护品牌，在美国、德国、英国、法国、俄罗斯等10多个《马德里条约》成员国和香港、台湾地区注册“开化龙顶”国际商标，向WTO成员国申请保护“开化龙顶”品牌，目前已成功通过了中国香港、台湾地区和俄罗斯、法国、意大利等国的注册。

3.5 浙江山区特色农林产业发展与山区经济发展的关系

3.5.1 在当地农业经济中的地位

山区特色农林产业在当地农村经济中占据着重要的地位，已成为当地农林业经济的主导产业，特色农业产值占农业总产值的比重较高。

(1)临安市山核桃产业、竹笋产业在当地农业经济中的地位。1990~2006年，临安市山核桃产值占农业总产值的比重最高达12.34%，占林业产值的比重最高达35.58%。2003~2006年，山核桃产值占农业总产值的比重均超过10%，占林业产值的比重均超过23%。1990~2006年，竹笋产值占农业总产值的比重最高达25.66%，占林业产值的比重最高达57.13%。2003~2006年，竹笋产值占农业总产值的比重均超过23%，占林业产值的比重超过50%(表3-19)。

表3-19　1990~2006年临安市山核桃产业、竹笋产业在当地农业经济中的地位

单位：万元,%

	农业总产值	林业产值	山核桃产值	竹笋产值	山核桃产值占农业总产值比重	山核桃产值占林业产值比重	竹笋产值占农业总产值比重	竹笋产值占林业产值比重
1990	42857	7355	1 210.8	3266	2.83	16.46	7.62	44.41
1991	48933	14090	3 366.3	4610	0.69	2.39	9.42	32.72
1992	50601	11430	1 448.1	4866.2	2.86	12.67	9.62	42.57
1993	62313	17370	6180	8343	9.92	35.58	13.39	48.03
1994	91531	21889	5070	12100	5.54	23.16	13.22	55.28
1995	109796	36061	7480	18294.4	6.81	20.74	16.66	50.73
1996	133375	49706	4002	23035	3.00	8.05	17.27	46.34
1997	144320	57479	9549.8	26252	6.62	16.61	18.19	45.67
1998	145468	58375	9847.2	27196.4	6.77	16.87	18.70	46.59
1999	146836	56947	6519	27518	4.44	11.45	18.74	48.32
2000	154096	61010	14237.6	31400	9.24	23.34	20.38	51.47
2001	149905	65576	13580.6	33398	9.06	20.71	22.28	50.93
2002	162402	75008	14973	33223	9.22	19.96	20.46	44.29
2003	186101	82717	19634.4	46637	10.55	23.74	25.06	56.38
2004	214389	96276	25920	55002	12.09	26.92	25.66	57.13
2005	238270	109851	27600	56017	11.58	25.12	23.51	50.99
2006	267339	127654	33000	64200	12.34	25.85	24.01	50.29

资料来源：《临安市统计年鉴》(1991~2007年)、临安市林业局

(2)台州及黄岩、临海柑橘产业在当地农业经济中的地位。2003～2006年，台州市柑橘产值占农业总产值的比重依次为5.11%、4.66%、4.54%和5.32%，该比例相对比较低。但2003～2006年临海市柑橘产值占农业总产值的比重分别达14.19%、14.25%、14.02%和17.30%，黄岩区柑橘产值占农业总产值的比重分别达21.85%、9.52%、11.93%和11.24%(表3-20)。显然，柑橘产业已成为临海市和黄岩区的农业主导产业。

表3-20 2003～2006年台州及黄岩、临海柑橘产业在当地农业经济中的地位

单位：万元,%

	台州市			黄岩区			临海市		
	柑橘产值	农业总产值	所占比重	柑橘产值	农业总产值	所占比重	柑橘产值	农业总产值	所占比重
2003	84977.3	1664300	5.11	17701	81025.6	21.85	36067.5	254170	14.19
2004	81192.9	1741200	4.66	9898.5	104000	9.52	37315.2	261852	14.25
2005	83871.6	1847900	4.54	13431	112600	11.93	38751.4	276462	14.02
2006	104567	1966700	5.32	13695	121800	11.24	48972.1	283000	17.30

资料来源：《台州市统计年鉴》(2004～2007年)、台州市农业局

(3)余姚杨梅产业在当地农业经济中的地位。余姚市杨梅产值占农业总产值的比重相对较小，最小为1.13%，最大也仅为3.94%。主要原因是余姚属于半山区，经济比较发达，农业发展水平较高。但杨梅产值占茶桑果的比重较大，最大为70.37%，最小也达到17.98%，说明余姚杨梅是当地最主要的水果之一(表3-21)。

(4)开化茶叶产业在当地农业经济中的地位。1990～1995年，开化县茶叶产值占农业总产值的比重逐年递减，1996年以后呈上升趋势，2005年达最高为15.40%，茶叶产业已成为开化县农业的主导产业。茶叶产值占茶桑果产值的比重更高，2000年以后，该比例在70%以上，2005年达87.31%(表3-21)。

表 3-21　1990～2005 年余姚杨梅产业、开化茶叶产业在当地农业经济中的地位

单位：万元，%

	余姚市					开化县				
	农业总产值	茶桑果产值	杨梅产值	占农业总产值比重	占茶桑果产值比重	农业总产值	茶桑果产值	茶叶产值	占农业总产值比重	占茶桑果产值比重
1990	78921	3744	1585	2.01	42.33	30006	3086	1714	5.71	55.54
1991	78286	4009	2821	3.60	70.37	30854	3508	1606	5.21	45.78
1992	90261	5617	1868	2.07	33.26	31237	2768	2049	6.56	74.02
1993	122148	6994	4677	3.83	66.87	39038	2802	1731	4.43	61.78
1994	159582	6911	2156	1.35	31.20	62467	2985	1075	1.72	36.01
1995	218870	10020	5406	2.47	53.95	70148	3729	1054	1.50	28.26
1996	238695	13918	2700	1.13	19.40	73960	2876	1446	1.96	50.28
1997	236785	13156	7439	3.14	56.54	74809	4707	2460	3.29	52.26
1998	247347	18284	7654	3.09	41.86	73396	5421	2754	3.75	50.80
1999	258449	24209	8052	3.12	33.26	75171	7074	4368	5.81	61.75
2000	266346	27806	5000	1.88	17.98	77200	4958	3694	4.78	74.51
2001	278167	28965	6588	2.37	22.74	80700	8603	6384	7.91	74.21
2002	262521	34617	8220	3.13	23.75	74600	10243	7576	10.16	73.96
2003	277571	38300	10000	3.60	26.11	78600	13262	10373	13.20	78.22
2004	304766	42295	12000	3.94	28.37	86900	14215	11188	12.87	78.71
2005	333022	54031	13000	3.90	24.06	96500	17018	14859	15.40	87.31

资料来源：《余姚市统计年鉴》、《开化县统计年鉴》(1991～2006 年)

3.5.2　对农户家庭收入的贡献

为了把握特色农业主产区农户经营特色产品收入占家庭总收入的比重，在特色农林产品生产的主产区抽取了 297 个农户进行了典型调查。调查结果见表 3-22，2003～2005 年，临安市主产区农户山核桃收入占家庭总收入的比例分别为 59.02%、64.46% 和 53.27%；临海市主产区和黄岩区主产区农户柑橘收入占总收入的比重分别为 53.20%、51.11% 和 57.65%。2004～2006 年余姚市主产区农户杨梅收入占家庭总收入的比例依次为 35.69%、27.44% 和 31.92%，开化县主产区农户茶叶收入占家庭总收入的比例依次为43.83%、51.22%和61.04%。从上述数据可知，在特色产业的主产区，农户经营特色产品的收入占家庭收入的比重较高，对提高农户收入贡献较大。

表3-22 主产区调查农户特产收入占总收入的比例（2003~2006年）

单位：万元,%

		2003	2004	2005	2006
临安市（98个农户）	户均山核桃收入	1.57	2.34	1.63	
	户均总收入	2.66	3.63	3.06	
	所占比重	59.02	64.46	53.27	
临海市、黄岩区（53个农户）	户均柑橘收入	1.08	1.15	1.47	
	户均总收入	2.03	2.25	2.55	
	所占比重	53.20	51.11	57.65	
余姚市（76个农户）	户均杨梅收入		1.16	1.04	1.43
	户均总收入		3.25	3.79	4.48
	所占比重		35.69	27.44	31.92
开化县（70个农户）	户均茶叶收入		0.71	1.05	1.88
	户均总收入		1.62	2.05	3.08
	所占比重		43.83	51.22	61.04

注：临安市、临海市和黄岩区调查的是2003~2005年数据，余姚市和开化县调查的是2004~2006年数据

资料来源：根据农户调查资料计算

3.5.3 与当地农民人均收入的相关关系

下面以临安山核桃、竹笋和开化茶叶为例，分析特色农林业发展与当地农民人均纯收入的相关关系。

表3-23、表3-24分别为临安市和开化县农民人均纯收入变化情况。1984~2006年，临安市农民人均纯收入年均增长率为12.02%。1990~2006年开化县农民人均纯收入年均增长率为13.54%。作为山区县（市），之所以有如此之快的经济发展速度，与当地特色农林业的快速发展密不可分。

表 3-23　1984～2006 年临安市农民人均纯收入

单位：元

年份	1984	1985	1986	1987	1988	1989	1990	1991
农民人均纯收入	659	785	916	1075	1331	1552	1686	1776
年份	1992	1993	1994	1995	1996	1997	1998	1999
农民人均纯收入	1745	2117	5401	4200	3620	4005	4199	4282
年份	2000	2001	2002	2003	2004	2005	2006	
农民人均纯收入	4568	4860	5362	5952	6602	7263	8011	

资料来源：《临安市统计年鉴》(1985～2007 年)

表 3-24　1990～2006 年开化县农民人均纯收入

单位：元

年份	1990	1991	1992	1993	1994	1995	1996	1997	1998
农民人均纯收入	630.40	694.14	705.20	905.89	1344	1516	2075	2275	2426
年份	1999	2000	2001	2002	2003	2004	2005	2006	
农民人均纯收入	2643	2868	3101	3320	3612	3958	4338	4811	

资料来源：《开化县统计年鉴》(1991～2007 年)

通过对 1984～2006 年临安市山核桃价格、产量、产值的历史变化数据(图 3-8、表 3-10)和同期临安市农民人均纯收入(表 3-23)的相关分析，以及竹笋价格、产量、产值的历史变化数据(图 3-9、表 3-10)和同期临安市农民人均纯收入的相关分析，可以得出如下结果：

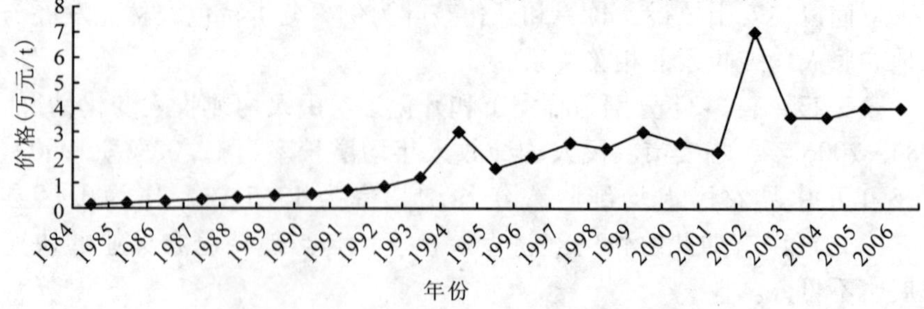

图 3-8　1984～2006 年临安市山核桃价格变化

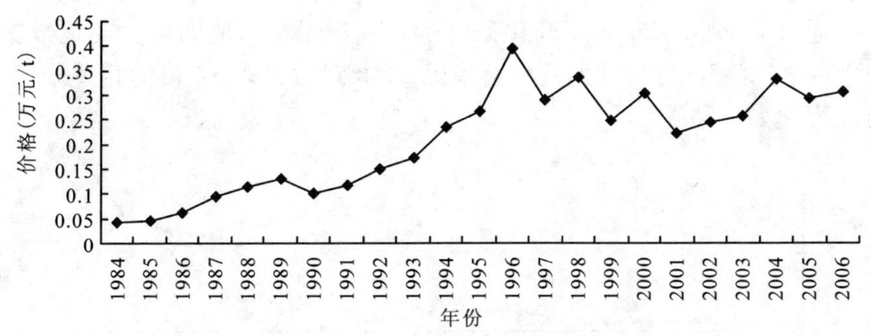

图 3-9 1984~2006 年临安市竹笋价格变化

(1)从山核桃产值、产量和价格与临安农民人均纯收入的相关性来看(表 3-25),农民人均纯收入和山核桃产值的相关系数为 0.914,显著相关,即随山核桃产值增加,农民人均纯收入增加;农民人均纯收入和山核桃价格的相关系数为 0.852,显著相关,即随山核桃价格增加,农民人均纯收入增加,说明临安山核桃产业的发展对临安山区农民收入的提高产生了巨大的促进作用。而农民人均纯收入和山核桃产量的相关系数较小(相关系数为 0.571),相关性不是很强,这似乎与常理相悖,其实,这与山核桃产量的大小年现象有关。

(2)从竹笋产值、产量和价格与临安农民人均纯收入的相关性来看(表 3-25),农民人均纯收入与竹笋产值、价格和产量均呈显著相关的关系(相关系数分别为 0.947、0.815、0.922),说明随着竹笋年产值、产量和价格的提高,农民人均纯收入逐年增加,竹笋收入也已成为临安山区农民的又一项主要收入来源。

表 3-25 临安市农民人均纯收入与山核桃竹笋产业发展之间的相关系数

	农民人均纯收入
山核桃产值	0.914**
山核桃价格	0.852**
山核桃产量	0.571**
竹笋产值	0.947**
竹笋价格	0.815**
竹笋产量	0.922**

** 表示在 0.01 水平下显著相关

通过对 1990～2006 年开化茶叶价格、产量、产值的历史变化数据(图 3-10、表 3-18)与同期开化县农民人均纯收入(表 3-24)的相关分析，可以得出如下结果：

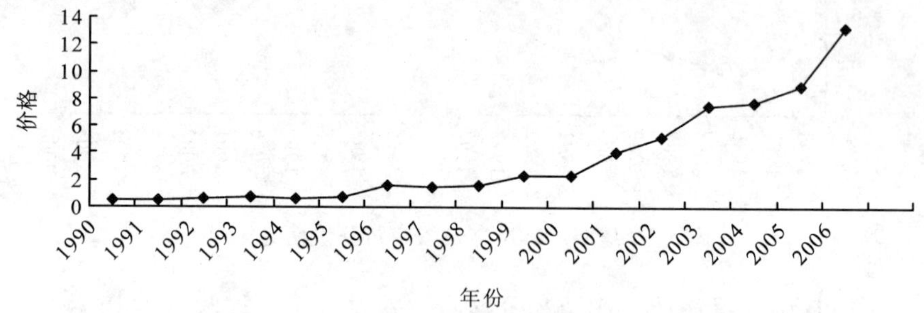

图 3-10　1990～2006 年开化县茶叶价格变化

从茶叶产值、产量和价格与开化县农民人均纯收入的相关性来看(表 3-26)，农民人均纯收入和茶叶产值的相关系数为 0.890，显著相关，即随茶叶产值增加，农民人均纯收入增加；农民人均纯收入和茶叶价格的相关系数为 0.906，显著相关，即随茶叶价格增加，农民人均纯收入增加。说明开化茶叶产业的发展对开化山区农民收入的提高产生了巨大的促进作用。而农民人均纯收入和茶叶产量的相关系数为负的显著相关(相关系数为 -0.708)，即产量越低，农民人均纯收入越高，主要原因是近年来开化的茶叶产量呈下降趋势，但价格却大幅度上升。

表 3-26　开化县农民人均纯收入与茶产业发展之间的相关系数

	农民人均纯收入
茶叶产值	0.890**
茶叶价格	0.906**
茶叶产量	-0.708**

** 表示在 0.01 水平下显著相关

浙江山区特色农林产品市场竞争力评价

从前述第3章的分析可知，浙江山区特色农林产业的发展取得了一定的成效，对山区农民增收和农村经济的发展发挥了重要的作用。但浙江山区特色农林产品的市场竞争力水平如何？需要通过定性与定量相结合的方法加以分析。本章在介绍当前农产品市场竞争力评价方法与指标的基础上，选择合适的方法和指标对浙江山区特色农林产品的市场竞争力进行评价，并从成本、质量、品牌和营销能力等方面对影响浙江山区特色农林产品市场竞争力的主要因素进行分析。

4.1 农产品市场竞争力评价方法与指标概述

农产品竞争力的测定主要包括测定生产和流通领域的比较优势。对于流通领域的比较优势重点是测定国际竞争力，一般采用国际市场占有率、显示性比较优势指数法、贸易竞争力指数法进行测定。而生产领域的比较优势，一般采用国内资源成本法、综合比较优势指数法等进行测定。另外，还应从效益层面进行比较分析。

4.1.1 国际市场占有率

国际市场占有率（PRIM，Possession Rate of International Market Index）指的是某年一国某产品的出口额占当年世界出口总额的百分比，用公式表示即：

$$\text{PRIM} = \frac{X_i}{X_w}$$

其中，X_i 为 i 国某产品的出口额，X_w 为同期该产品的世界出口总额。

4.1.2 贸易竞争力指数法

主要包括贸易竞争力指数和产业内贸易指数。

4.1.2.1 贸易竞争力指数

贸易竞争力指数(TC，Trade Special Coefficient)是指一国某种农产品的净出口额与进出口总额的比值。其计算公式为：

$$TC = \frac{X_{ij} - M_{ij}}{X_{ij} + M_{ij}}$$

X_{ij}表示 i 国 j 产品的出口额，M_{ij}表示 i 国 j 产品的进口额。TC 是一个相对数，在[-1，+1]间取值。TC＞0，说明该产品国际竞争力较强，TC 越接近于 1，说明国际竞争力越强；反之，TC＜0，说明国际竞争力较弱，TC 越接近于 -1，说明国际竞争力越弱。

4.1.2.2 产业内贸易指数

将贸易竞争力指数加以变形可以得到产业内贸易指数(ITT，Index of Intraindustry Trade)。经济学家认为，与基于各国资源禀赋差异的产业间贸易不同的是，产业内贸易正是基于国家间相近或相同的资源禀赋，规模经济越显著、市场不完全竞争的特征越明显，这种贸易形式就越常见。产业内贸易指数的计算公式为：

$$ITT = 1 - \frac{|X_{ij} - M_{ij}|}{X_{ij} + M_{ij}}$$

ITT 在[0，+1]间取值。ITT＝0，说明完全是产业间贸易，ITT＝1，说明完全是产业内贸易，ITT＝0.5，表示产业内贸易的份额与产业间贸易的份额相等。

4.1.3 显示性比较优势指数法

该方法主要包括显示性比较优势指数、显示性竞争优势指数。

4.1.3.1 显示性比较优势指数

显示性比较优势指数(RCA，Revealed Coparative Advantage)是指一国某种商品的出口占其出口总值的份额与世界该种产品出口占世界商品出口总值的份额的比例。计算公式为：

$$RCA = \frac{X_{ij}/X_{it}}{X_{wj}/X_{wt}}$$

式中，X_{ij}是 i 国 j 商品的出口额；X_{it}是 i 国在 t 时期所有商品的出口额；X_{wj}是世界 j 商品的出口额；X_{wt}是世界在 t 时期所有商品的出口额。RCA >1，说明该商品出口具有显性比较优势；RCA <1，说明该商品出口具有显性比较劣势；RCA =1，说明既无优势也无劣势。RCA 的值越大，表明该种商品的显性比较优势越强。一般认为，当 RCA 大于 2.5 时，表明该产品出口极具显性比较优势；当 RCA 指标小于 2.5 大于 1.25 时，则表明该产品具有较强的显性比较优势；当 RCA 指标小于 1.25 大于 0.8，则表明该商品具有中等比较优势；当 RCA 在 0.8 以下，则处于比较劣势。

4.1.3.2 显示性竞争优势指数

由于显示比较优势指数只考虑到出口没有考虑进口，为了消除单一出口数据的片面性，沃尔拉斯(Vollrath，1988)对 RCA 指标进行了修正，提出显示性竞争优势指数(CA，Copetitive Advantage)。计算公式为：

$$CA = RCA - \frac{M_{ij}/M_{it}}{M_{wj}/M_{wt}}$$

式中，M_{ij}是 i 国 j 商品的进口额；Mit 是 i 国在 t 时期所有商品的进口额；M_{wj}是世界 j 商品的进口额；M_{wt}是世界在 t 时期所有商品的进口额。若 CA >0，说明该国出口该商品显性比较优势大于进口该商品显性比较优势，则该国出口该商品具有较强的竞争力，数值越大，出口竞争力越强；CA <0，说明该国出口该商品显性比较优势小于进口该商品显性比较优势，则该国进口该商品具有较强的竞争力，数值越大，进口竞争力越强。

4.1.4 国内资源成本法

国内资源成本法是美国斯坦福大学皮尔逊(Pearson S. R.)教授与其他学者合作创立的衡量比较优势的方法，包括社会净收益、国内资源成本以及有效保护率。

4.1.4.1 社会净收益

社会净收益(NSP，Net Social Profitability)是指从资源配置效率来考察某一种农产品生产与出口是否具有比较优势，它表示一国充分利用国际、国内资源从事农业生产活动所获取的收益。它等于某一产品总价值减去全部投入要素的成本。一定程度上可反映该国生产该项产品的资源配置效率和相对比较优势。若 NSP >0，说明生产活动对资源的配置是有效率的，从事这项生产与贸易活动具有比较优势，从国际分工角度看适合发展该项农产品生产；若 NSP <0，说明此项生产活动对资源的利用缺乏效率，从事这项活动不具有比较优势；若 NSP =0，则该生产活动处在利益平衡点上，也即处于中间状况，资源配置效率为零。NSP 值越高，则表明该国该项产品在国际上的比较优势越大；NSP 值越低，则表明该国该项产品在国际上的比较优势越小。

4.1.4.2 国内资源成本系数

国内资源成本(DRC，Domestic Resource Cost)是指赚取(或节省)一边际单位外汇而从事某项产品的生产活动所需要消耗国内资源成本的价值。将外汇用影子汇率换算为本国货币，或将国内资源成本 DRC 除以影子汇率可得一系数，即国内资源成本系数，简称 DRCC。DRCC 实际上可看作生产活动过程中，国内资源使用转换成外汇的平均效率。DRCC 本身没有价值单位，不受货币单位限制，因此，可作为国际间利益比较的指标。如果 DRCC <1，表明使用国内资源进行生产，该产品如果是出口品，其成本小于净外汇所得，可以增加外汇收入；该产品如果是进口替代产品，则成本低于从国际市场购买这种商品的外汇支出，国内生产可以节约外汇支出，可见，该国在该产品的生产上具有比较优势。相反，当 DRCC >1 时，由于生产该产品的国内资源成本高于净外汇所得(或净外汇节省)，因而该国在这种产品生产上不具有比较优势，而应该进口。如果 DRCC =1，表明使用国内资源进行生产，生产处于利益均衡状态。产品生产的 DRCC 值越高，表明比较劣势越强，而 DRCC 值越低，则表明比较优势越强，按照 DRCC 值将不同产品进行排序或相比，可以得到各产品生产的相对比较优势。

4.1.4.3 有效保护率

有效保护率(ERP，Effective Rate of Protection)旨在衡量关税等贸易政策、国内生产保护政策等的作用。有效保护率是用征收进口关税后国内增加值的增加程度来度量的。其计算公式为：ERP =(国内加工增值 - 国外加工增值) ÷ 国外加工增值。式中，国内加工增值为成品国内市场价格减去投入品费用。计算时，成品国内市场价格为成品的到岸价格加上进口税额；投入品费用为投入品的到岸价格加上进口税额；国外加工增值为自由贸易条件下的国外成品价格减去投入品费用。为便于资料收集和计算方便，实际工作中，常采用名义保护率(NRP，Nominal Rate of Protection)来近似地反映有效保护率。NRP 为农产品国内市场价格与世界市场价格之间的差额同世界市场价格的比例。如果 NRP >0，表明该农产品受到正保护，现有比较优势高于潜在比较优势，即假如取消贸易保护，该产品在国际市场上的比较优势会下降甚至不再具有比较优势；如果 NRP <0，表明该产品受到负保护，现有比较优势低于潜在比较优势，也即取消贸易保护将增强该产品的比较优势；如果 NRP =0，表明政策措施对该产品没有正面或负面效果，其比较优势得到真实反映。

4.1.5 综合比较优势指数法

该方法适合于在一国范围内，不同区域之间某种产品或同一区域内不同种产品之间在生产领域比较优势的衡量和比较。一个地区一种农产品的单产水平是当地自然资源禀赋，以及各种物质投入水平和科技进步等因素的综合体现；而一种农产品的生产规模，即种植面积，则是劳动与物质可投入能力、市场需求、种植制度、政策支持以及自然资源禀赋等因素的综合体现。单产水平与种植规模相互作用所形成的农产品生产的综合实体，则是农业自然资源禀赋、社会经济及区位条件、科学技术、种植制度以及市场需求等因素综合作用的结果。为此，可以以农产品单产和种植规模作为区域农产品比较优势测定指标的关键因子，建立三个比较优势测定指标，即效率优势指数、规模优势指数和综合优势指数。

4.1.5.1 效率优势指数

效率优势指数(EAI，Efficiency Advantage Indices)是指一国内某区域某种农产品的平均单产与该区域所有农产品的平均单产之比与全国这一比值相比较的比率，该指数主要是从资源内涵生产力的角度来反映农作物的比较优势。计算公式为：

$$EAI_{ij} = \frac{AP_{ij}/AP_i}{AP_j/AP}$$

其中，EAI_{ij}为 i 区 j 种农产品的效率优势指标；AP_{ij}为 i 区 j 种农产

品单产；AP_i 为 i 区全部农产品平均单产；AP_j 为全国 j 种农产品平均单产；AP 为全国全部农产品平均单产。若 $EAI_{ij}>1$，则表明与全国平均水平相比，该区域该种农产品具有生产效率优势，且取值越大，效率优势越强；若 $EAI_{ij}<1$，则表明与全国平均水平相比，该区域该种农产品具有生产效率劣势；如果 $EAI_{ij}=1$，则表明与全国平均水平相比，该区域该种农产品的生产效率处于全国平均水平，既没有优势，也不存在劣势。

在一般情况下，往往生产规模越小，其单产水平越高，效率优势指数也就越高。因此，效率优势指数并不能客观地反映一个地区一种农产品的真正比较优势，而且也不能反映市场的需求和传统的种植制度概况。

4.1.5.2 规模优势指数

规模优势指数(SAI，Scale Advantage Indices)是指一国某区域某种农产品的种植面积占该区域所有农产品总面积的比重与全国该种农产品种植面积占全国所有农产品比重的比例。规模优势指数反映一个地区某一农产品生产的规模和专业化程度。计算公式为：

$$SAI_{ij}=\frac{GS_{ij}/GS_i}{GS_j/GS}$$

其中，SAI_{ij} 为规模优势指数；GS_{ij} 为 i 区 j 种农产品的播种面积；GS_i 为 i 区所有农产品的播种面积；GS_j 为全国 j 种农产品的播种面积；GS 为全国所有农产品的播种总面积。若 $SAI_{ij}>1$，说明该区域该种农产品在国内具有生产规模优势，且取值越大，规模优势越强；若 $SAI_{ij}<1$，则说明该区域该种农产品在国内生产处于规模劣势，且取值越小于1，劣势越显著；如果 $SAI_{ij}=1$，则表明与全国平均水平相比，该区域该种农产品既没有规模优势，也不存在规模劣势，处于全国平均水平。

4.1.5.3 综合优势指数

综合优势指数(AAI，Aggregated Advantage Indices)是效率优势指数与规模优势指数的综合结果，能够更为全面地反映一个地区某种农产品生产的优势度。效率优势和规模优势中如果只有单方面的比较优势，根本不存在另一方面的比较优势，就会导致比较优势的消失。因此，取效率优势指数与规模优势指数的几何平均数来反映区域综合比较优势。综合比较优势的计算公式如下：

$$AAI_{ij} = \sqrt{EAI_{ij} \times SAI_{ij}}$$

若 $AAI_{ij} > 1$，表明与全国平均水平相比，该区域该种农产品在国内具有综合比较优势，且取值越大，比较优势越强；若 $AAI_{ij} < 1$，则说明与全国平均水平相比，该区域该种农产品在国内生产处于劣势，且取值越小于1，劣势越显著；如果 $AAI_{ij} = 1$，则表明与全国平均水平相比，该区域该种农产品既没有优势，也不存在劣势，处于全国平均水平。

4.1.6 盈利水平

上述衡量比较优势或竞争力的方法多数集中在生产和流通层面。没有从效益层面进行分析。农产品市场竞争力，还必须考虑到效益层面。即市场份额与盈利能力必须同时考虑，不能盈利的农产品即使市场份额最大也不能说明市场竞争力强，因为没有利润支持的市场扩张是难以维持的。盈利水平一般用成本纯利润率（NPR）指标来衡量：

$$NPR = \frac{NP}{C} = \frac{P - C - T}{C}$$

式中，NP 为净利润，C 为农产品生产成本，P 为总产值，T 为税收。若一个地区的某种农产品的成本纯收益率大于全国平均水平，则说明，从盈利性角度，该地区该种农产品具有较强的国内市场竞争力，反之则说明市场竞争力较弱。如果该值小于零，说明该地区该种农产品生产无利可图。

4.2 特色农林产品市场竞争力评价

4.2.1 评价方法和指标的选择

鉴于资料的可获得性和评价方法的可行性、科学性，本项目从生产、流通、效益三个层面对浙江山区特色农林产品的比较优势和竞争力进行评价，重点在生产领域。流通领域着重在国际竞争力方面，采用国际市场占有率和显示性比较优势指数进行评价；生产领域选择综合比较优势指数法进行分析；效益层面采用盈利水平（纯收益和成本利润率）进行分析。另外，鉴于本项目所选择的山区特色农林产品大多经营周期较长的特点，种植经济树种应作为投资项目，因此还采用技术经济分析方法对其经济效益作出评价，并与用材林作对比分析。

4.2.2 利用 PRIM、RCA 对特色农林产品的国际竞争力进行评价

鉴于本项目涉及的特色农林产品中多数产品的主要市场集中在国内的现状，仅选择茶叶和橘、橙类水果，利用国际市场占有率和显示性比较优势指数对浙江省茶叶和橘、橙类水果的国际市场竞争力进行分析，并且与国内出口茶叶和橘、橙类水果的主要省份进行比较。根据《中国统计年鉴》、《中国农业年鉴》、联合国粮农组织(FAO)数据库数据计算，得出2002~2005年我国出口茶叶的主要省份的PRIM、RCA值，我国出口橘、橙类水果的主要省份的PRIM、RCA值，具体见表4-1、4-2。

表 4-1 2002~2005 年我国出口茶叶的主要省份的 PRIM、RCA 值

	2002		2003		2004		2005		4年平均值	
	PRIM/%	RCA	PRIM/%	RCA	PRIM/%	RCA	PRIM/%	RCA	PRIM/%	RCA
江苏	0.15	0.24	0.11	0.14	0.18	0.18	0.36	0.29	0.2	0.21
浙江	5.15	10.97	5.47	9.59	6.44	9.87	10.74	14.21	6.95	11.16
安徽	0.46	11.88	0.64	15.13	0.65	14.80	1.24	24.27	0.75	16.52
福建	1.58	5.69	1.08	3.71	1.01	3.05	1.84	5.38	1.38	4.46
江西	0.22	13.34	0.10	4.76	0.22	10.02	0.50	20.89	0.26	12.25
湖北	0.09	2.57	0.11	3.12	0.15	4.03	0.31	7.01	0.16	4.18
湖南	0.55	19.34	0.59	19.90	0.77	22.16	1.30	35.32	0.8	24.18
广东	1.30	0.69	1.23	0.59	1.22	0.57	1.33	0.57	1.27	0.6
广西	0.08	3.43	0.09	3.39	0.07	2.61	0.16	5.61	0.1	3.76
重庆	0.32	18.42	0.20	9.12	0.22	9.17	0.27	10.97	0.25	11.92
四川	0.03	0.58	0.02	0.39	0.03	0.73	0.06	1.26	0.03	0.74
云南	0.34	14.92	0.33	14.21	0.37	14.83	0.72	27.81	0.44	17.95

资料来源：根据《中国统计年鉴》、《中国农业年鉴》(2003~2006年)、FAO数据库数据计算所得

(1)2002~2005年浙江茶叶PRIM的平均值为6.95%，居全国第一，远高于排在第二的福建省。从显示性比较优势指数来看，2002~2005年浙江茶叶的RCA平均值为11.16，位居全国第六。但RCA值远大于2.5，表明浙江茶叶出口极具显性比较优势。从近四年的变化情况

表 4-2　2002~2005 年我国出口橘、橙类水果的主要省份的 PRIM、RCA 值

	2002		2003		2004		2005		4 年平均值	
	PRIM/%	RCA	PRIM/%	RCA	PRIM/%	RCA	PRIM/%	RCA	PRIM/%	RCA
上海	0.03	0.06	0.01	0.02	0.00	0.00	0.03	0.03	0.02	0.03
浙江	0.09	0.20	0.06	0.10	0.11	0.17	0.20	0.26	0.11	0.18
福建	1.18	4.25	1.00	3.46	0.83	2.53	1.89	5.52	1.23	3.94
江西	0.00	0.00	0.01	0.05	0.01	0.04	0.02	0.06	0.01	0.04
河南	0.00	0.00	0.00	0.00	0.00	0.00	0.03	0.08	0.01	0.02
湖北	0.00	0.11	0.00	0.02	0.00	0.00	0.03	0.59	0.01	0.18
湖南	0.06	1.69	0.05	1.42	0.03	0.92	0.03	0.73	0.04	1.19
广东	0.51	17.90	0.75	25.36	1.22	34.84	1.01	27.50	0.87	26.4
广西	0.34	13.95	0.65	24.14	0.71	26.69	1.05	37.01	0.69	25.45
重庆	0.00	0.00	0.00	0.02	0.02	0.85	0.01	0.59	0.01	0.37
四川	0.00	0.01	0.00	0.03	0.00	0.06	0.01	0.14	0	0.06
云南	0.01	0.23	0.02	0.67	0.03	1.02	0.05	1.86	0.02	0.95

资料来源：根据《中国统计年鉴》、《中国农业年鉴》(2003~2006 年)、FAO 数据库数据计算所得

来看，浙江省茶叶的 PRIM 值逐渐增加，尤其是 2004 至 2005 年上升幅度很大，PRIM 值由 6.44% 增加为 10.74%。RCA 值呈现先下降后上升的趋势，2005 年与 2002 年比较，RCA 值从 10.97 增加为 14.21。

(2)2002~2005 年浙江橘、橙类水果 PRIM 平均值仅为 0.11%，国际市场占有率很低，说明浙江生产的橘、橙类水果以内销为主，出口量很小。同时，2002~2005 年浙江橘、橙类水果 RCA 平均值仅为 0.18，远小于 1，说明浙江橘、橙类水果出口具有显性比较劣势。与其他省份比较，PRIM 值高于浙江的有福建、广东、广西，RCA 值高于浙江的有广东、广西、福建、湖南、云南、重庆。说明，浙江橘、橙类水果出口与国内其他省份比较，在国际市场上缺乏竞争力。

4.2.3　利用 SAI、EAI、AAI 对特色农林产品的比较优势进行分析

主要从全国省域和省内县域两个不同的尺度进行分析。由于全国和除浙江以外的其他省份生产山核桃与杨梅数据难以获得，在全国省域尺度仅分析茶叶、柑橘与竹笋干三种产品的比较优势。并且从纵向和横向

两个方面展开，横向是指分析比较浙江省与其他主要产区(省、市)生产农林产品的比较优势，纵向是指分析浙江省生产特色农林产品的比较优势在时间序列上的变化情况。在横向比较方面，利用2002~2005年各年份我国生产农林产品各省份的SAI、EAI、AAI值，及按4年平均面积、产量计算的SAI、EAI、AAI值进行分析，后者主要是考虑到特色农林产品生产上的不稳定性，甚至存在明显的大小年。在纵向比较方面，采用计算1985~2005年历年浙江省生产特色农林产品的SAI、EAI、AAI值的变化进行分析。在省内县域尺度上，主要是分析比较特色农林产品在浙江省内山区不同县(市、区)之间的比较优势，即进行横向比较。鉴于茶桑果是浙江省重要的农产品大类，茶叶、杨梅、柑橘均属于茶桑果，对这三种产品主要分析其在全省茶桑果中的比较优势和所有农作物中的比较优势。

4.2.3.1 茶叶比较优势分析

4.2.3.1.1 全国省域尺度上比较优势分析

(1)横向比较。2002~2005年，浙江与其他产茶省份生产茶叶的SAI、EAI、AAI值及按4年的平均面积、产量计算的SAI、EAI、AAI值见表4-3。

从按2002~2005年4年的平均面积与产量计算的SAI、EAI、AAI数值来看，全国产茶省份AAI值大于1的省份有10个，它们依次为福建、浙江、云南、湖北、四川、湖南、安徽、贵州、广东、重庆，说明这些省份生产茶叶具有比较优势；SAI值大于1的省份有9个，排序依次为福建、浙江、云南、湖北、四川、陕西、安徽、贵州、湖南，说明这些省份与全国平均水平相比具有规模比较优势；EAI值大于1的省份有7个，排序依次为福建(与湖南并列第一)、浙江、重庆、广东、湖北、四川，说明这些省份与全国平均水平相比具有效率比较优势；浙江省的SAI、EAI、AAI数值均排列第二。浙江省和福建省生产茶叶的SAI值大于6，说明具有显著的规模比较优势，而EAI值仅为1.28和1.45，说明浙江和福建生产茶叶的比较优势主要是由规模优势带来的。云南省SAI值虽然为4.22，但EAI值为0.60，导致AAI值仅为1.59，说明云南省仅有规模优势，而缺乏效率优势，由于规模优势显著，致使云南生产茶叶具有综合比较优势。

表 4-3 2002~2005 年我国生产茶叶的各省份比较优势指数

	2002			2003			2004			2005			按 4 年平均值计算		
	SAI	EAI	AAI	SAI	EAI	AAI	SAI	EAI	AAI	SAI	EAI	AAI	SAI	EAI	AAI
江苏	0.37	0.86	0.56	0.37	0.89	0.58	0.37	0.71	0.51	0.36	0.75	0.52	0.37	0.80	0.54
浙江	6.00	1.49	2.99	6.36	1.24	2.81	6.48	1.19	2.77	6.27	1.23	2.78	6.26	1.28	2.83
安徽	1.67	0.78	1.14	1.57	0.97	1.23	1.50	0.89	1.15	1.47	0.93	1.17	1.55	0.89	1.17
福建	6.84	1.38	3.07	6.95	1.42	3.14	7.00	1.47	3.21	7.19	1.51	3.29	6.99	1.45	3.18
江西	0.91	0.70	0.80	0.86	0.72	0.79	0.81	0.69	0.75	0.84	0.75	0.79	0.85	0.72	0.78
山东	0.14	0.56	0.28	0.14	0.42	0.24	0.15	0.46	0.26	0.16	0.54	0.29	0.15	0.50	0.27
河南	0.23	074	0.42	0.23	0.77	0.42	0.23	0.73	0.41	0.27	0.74	0.45	0.24	0.75	0.43
湖北	2.14	1.06	1.50	2.11	1.07	1.51	2.15	1.05	1.50	2.19	1.03	1.50	2.15	1.05	1.50
湖南	1.27	1.42	1.34	1.21	1.42	1.31	1.19	1.48	1.33	1.15	1.49	1.31	1.20	1.45	1.32
广东	1.12	0.94	1.03	1.00	1.08	1.04	0.99	1.05	1.02	0.86	1.21	1.02	0.99	1.07	1.03
广西	0.65	0.42	0.52	0.86	0.32	0.53	0.65	0.43	0.53	0.65	0.44	0.54	0.70	0.40	0.53
重庆	0.95	1.07	1.01	0.88	1.15	1.01	0.85	1.27	1.04	0.86	1.19	1.01	0.88	1.17	1.02
四川	1.46	1.00	1.21	1.68	1.01	1.30	1.81	1.07	1.39	1.84	1.07	1.40	1.71	1.04	1.33
贵州	1.39	0.87	1.10	1.31	0.93	1.10	1.36	0.90	1.10	1.43	0.93	1.16	1.37	0.91	1.12
云南	4.34	0.52	1.50	4.22	0.55	1.53	4.17	0.60	1.58	4.15	0.72	1.73	4.22	0.60	1.59
陕西	1.41	0.28	0.63	1.58	0.27	0.65	1.67	0.28	0.68	1.63	0.28	0.68	1.58	0.28	0.66

资料来源：根据《中国农业年鉴》(2003~2006 年)数据计算所得

从 2002~2005 年各年份的 SAI、EAI、AAI 值来看，浙江茶叶的规模优势指数 SAI 值和综合比较优势指数 AAI 值均排在第二位，仅次于福建省。浙江茶叶的效率优势指数 EAI 值，2002~2005 年分别排在全国的第一、第二、第四和第三位。同时，在具有比较优势的 10 个省份中有些省份的比较优势变化比较明显。如安徽省的 SAI 值不断下降，EAI、AAI 值存在波动，福建省的 SAI、EAI、AAI 值均上升，四川省的 SAI、AAI 值均上升，云南省的 SAI 值下降，EAI、AAI 值上升。

(2)纵向比较。1985~2005 年，浙江茶叶生产的 SAI、EAI、AAI 值及其变化情况如图 4-1。1985~2005 年，浙江茶叶的 AAI 值变化比较平缓，在 2.12~2.99 之间，均大于 2，表明与全国平均水平相比，浙江茶叶历年具有极强的综合比较优势，但近 4 年有下降趋势。1985 年浙江茶叶的 SAI 达最高值为 7. 21，其他年份在 4. 43 ~ 6. 48 之间波动，表明具有极强的规模比较优势，1985 ~ 1999 年呈下降趋势，2000 年后有所上升。从 EAI 值的变化情况看，1985 ~ 1986 年，该数值小于 1，其余年份在 1. 14 ~ 1. 68 之间波动，波动幅度相对较小，表明具有一般的效率优势，即效率优势不显著。

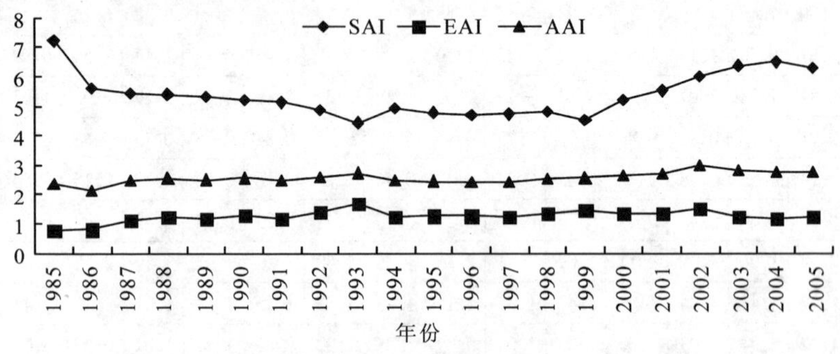

图 4-1 1985 ~ 2005 年浙江茶叶比较优势变化情况

资料来源：根据《中国农业年鉴》(**1986 ~ 2006** 年)数据计算所得

4. 2. 3. 1. 2 省内县域尺度上比较优势分析

主要计算在茶桑果中的比较优势和在所有农作物中的比较优势。

(1) 在茶桑果中的比较优势分析。2002 ~ 2005 年，浙江省主要产茶县(市、区)在全省茶桑果中的 SAI、EAI 和 AAI 值和按 4 年平均面积和产量计算的 SAI、EAI 和 AAI 值见表 4-4。

从按 2002 ~ 2005 年 4 年平均面积与产量计算的 SAI、EAI、AAI 值来看，全省产茶县(市、区)中的 AAI 值大于 1 的县(市、区)有 25 个，说明这些县(市、区)生产茶叶具有综合比较优势，其中 AAI 数值大于 2 的有 9 个县(市、区)，依次为泰顺县、遂昌县、绍兴县、武义县、新昌县、嵊州市、余杭区、磐安县、淳安县；SAI 值大于 1 的有 24 个县(市、区)，说明这些县(市、区)与全省平均水平相比生产茶叶具有规模比较优势，其中 SAI 值大于 2 的有 9 个县(市、区)，它们依次为绍兴县、泰顺县、遂昌县、安吉县、新昌县、诸暨市、嵊州市、磐安县、开化县；EAI 值大于 1 的有 27 个县(市、区)，说明这些县(市、区)生产茶叶具有效率优势，其中大于 2 的有 13 个县(市、区)，排在前 5 位的依次为德清县、泰顺县、余杭区、遂昌县、武义县，这些县市生产茶叶

表4-4 2002~2005年浙江茶叶主产区在茶桑果中的比较优势指数

	2002			2003			2004			2005			按4年平均值计算		
	SAI	EAI	AAI	SAI	EAI	AAI	SAI	EAI	AAI	SAI	EAI	AAI	SAI	EAI	AAI
杭州余杭区	1.30	3.35	2.09	1.37	3.72	2.25	1.39	3.98	2.36	1.39	3.70	2.26	1.36	3.70	2.24
建德市	1.33	0.73	0.99	1.32	0.84	1.05	1.25	0.82	1.01	1.14	0.86	0.99	1.26	0.81	1.01
桐庐县	1.51	0.62	0.97	1.49	0.80	1.09	1.44	0.73	1.03	1.40	0.59	0.91	1.46	0.68	0.99
富阳市	1.61	1.07	1.31	1.45	1.15	1.29	1.62	1.13	1.35	1.60	1.06	1.30	1.57	1.10	1.32
临安市	2.08	1.70	1.88	1.87	1.68	1.77	1.80	1.57	1.68	1.66	1.42	1.53	1.85	1.58	1.71
淳安县	1.81	3.11	2.38	1.77	2.84	2.24	1.67	2.40	2.00	1.58	1.75	1.66	1.70	2.50	2.06
湖州德清县	0.39	4.51	1.33	0.41	5.64	1.51	0.40	6.63	1.64	0.42	4.98	1.45	0.40	5.39	1.48
长兴县	0.99	0.56	0.74	0.98	0.72	0.84	0.97	0.76	0.86	1.21	0.56	0.83	1.05	0.64	0.82
安吉县	2.14	1.97	2.05	2.31	1.69	1.98	2.32	1.87	2.08	2.30	1.47	1.84	2.28	1.71	1.98
宁波北仑区	1.30	1.13	1.21	1.53	1.14	1.32	1.34	1.29	1.31	1.26	0.98	1.11	1.35	1.14	1.24
余姚市	1.40	1.10	1.24	1.31	1.20	1.26	1.33	1.26	1.30	1.28	1.19	1.24	1.33	1.19	1.26
奉化市	0.57	1.51	0.93	0.57	1.79	1.01	0.54	1.74	0.97	0.56	1.57	0.94	0.56	1.65	0.96
象山县	0.33	1.32	0.66	0.32	1.43	0.68	0.29	1.40	0.64	0.28	1.64	0.68	0.30	1.44	0.66
宁海县	1.01	0.81	0.90	0.93	0.58	0.74	0.92	0.65	0.78	0.90	0.72	0.80	0.94	0.67	0.79
绍兴诸暨市	2.25	1.51	1.84	2.24	1.70	1.95	2.21	1.52	1.83	2.20	1.44	1.78	2.22	1.53	1.85
上虞市	0.78	0.92	0.85	0.92	0.88	0.90	0.93	0.85	0.89	0.96	0.82	0.88	0.90	0.87	0.88
嵊州市	2.04	3.87	2.81	2.16	2.50	2.32	2.18	2.61	2.38	2.12	2.29	2.20	2.13	2.79	2.44
绍兴县	2.73	1.92	2.29	2.73	2.20	2.45	2.73	2.82	2.78	2.76	2.66	2.71	2.73	2.37	2.55
新昌县	2.20	2.33	2.26	2.23	2.88	2.53	2.32	3.03	2.65	2.30	2.51	2.40	2.26	2.68	2.46
金华婺城区	1.50	1.57	1.54	1.63	1.66	1.65	1.69	1.40	1.53	1.64	1.37	1.50	1.61	1.51	1.56
兰溪市	0.38	1.18	0.67	0.36	1.67	0.77	0.35	1.60	0.75	0.34	1.87	0.80	0.36	1.56	0.75
东阳市	1.69	1.55	1.62	1.58	1.58	1.58	1.62	1.62	1.62	1.57	1.36	1.46	1.61	1.51	1.56
义乌市	0.87	0.63	0.74	1.79	0.43	0.88	0.86	0.91	0.89	0.82	0.98	0.90	0.98	0.74	0.85
武义县	1.86	3.43	2.52	1.90	3.54	2.59	1.88	3.39	2.52	1.99	3.23	2.53	1.91	3.39	2.55
浦江县	1.58	1.86	1.72	1.58	1.38	1.47	1.60	0.99	1.26	1.49	0.91	1.16	1.56	1.17	1.35
磐安县	2.10	2.52	2.30	2.10	2.84	2.44	2.14	2.14	2.14	2.15	1.89	2.02	2.13	2.29	2.21
衢州江山市	0.63	2.21	1.18	0.60	2.99	1.34	0.67	2.38	1.26	0.64	2.49	1.27	0.64	2.50	1.26
开化县	1.88	1.20	1.50	2.06	1.21	1.58	2.14	1.01	1.47	2.04	1.90	1.97	2.03	1.27	1.61
龙游县	0.81	1.87	1.23	0.79	2.24	1.33	0.84	1.96	1.29	1.00	1.77	1.33	0.86	1.95	1.30
台州天台县	1.34	0.67	0.94	1.30	0.75	0.99	1.26	0.81	1.01	1.25	0.72	0.95	1.28	0.74	0.97
温州泰顺县	2.62	3.76	3.14	2.42	5.13	3.53	2.40	4.42	3.26	2.34	4.10	3.10	2.44	4.33	3.25
丽水缙云县	0.73	2.27	1.29	0.87	2.29	1.41	0.93	2.23	1.44	0.91	1.85	1.30	0.87	2.13	1.36
遂昌县	2.29	2.94	2.60	2.37	3.76	2.99	2.45	3.81	3.06	2.49	3.99	3.15	2.41	3.63	2.96
松阳县	1.55	1.80	1.67	1.65	2.19	1.90	1.75	2.26	1.99	1.81	2.22	2.00	1.70	2.11	1.90

资料来源：根据浙江省农业厅《浙江省农业统计资料》(2002~2005年)数据计算所得

的 EAI 值均大于 3。在具有综合比较优势的县(市、区)中，一些县(市、区)规模比较优势的贡献较大，主要有临安市、安吉县、诸暨市、绍兴县、开化县。多数县(市、区)效率比较优势贡献较大，如德清县、杭州余杭区、淳安县、泰顺县、武义县、江山市、龙游县、缙云县、遂昌县等。

从 2002~2005 年各年份的 SAI、EAI、AAI 值可见，在具有比较优势的 25 个县(市、区)中，部分县(市、区)的比较优势变化比较明显。如临安市、淳安县的 SAI、EAI 和 AAI 值均呈下降趋势，遂昌县、松阳县的 SAI、EAI 和 AAI 值均呈上升趋势。

(2)在所有农作物中的比较优势分析。2002~2005 年，浙江省产茶县(市、区)在全省农作物中的 SAI、EAI 和 AAI 值和按 4 年平均面积和产量计算的 SAI、EAI 和 AAI 值见表 4-5。

从按 2002~2005 年 4 年平均面积和产量计算的 SAI、EAI 和 AAI 值可以看出，AAI 值大于 1 的有 26 个县(市、区)，其中 AAI 值大于 2 的有 6 个县(市、区)，依次为嵊州市、武义县、淳安县、遂昌县、新昌县、松阳县；SAI 值大于 1 的有 23 个县(市、区)，其中 SAI 值大于 2 的有 12 个县(市、区)，它们依次为淳安县、新昌县、嵊州市、松阳县、磐安县、泰顺县、开化县、遂昌县、安吉县、武义县、临安市、绍兴县；EAI 值大于 1 的有 23 个县(市、区)，其中 EAI 值大于 2 的有 6 个县(市、区)，它们依次为龙游县、余杭区、德清县、奉化市、武义县、北仑区。在具有综合比较优势的县(市、区)中，大多数县(市、区)的综合比较优势是由规模优势带来的，其中有 7 个县(市、区)的 EAI 值小于 1，但由于 SAI 值较大，导致综合比较优势大于 1，如建德市、临安市、泰顺县、宁海县、浦江县、开化县等。仅有杭州余杭区、富阳市、宁波北仑区、奉化市、德清县、龙游县等 8 个县(市、区)的效率优势指数大于规模优势指数。

从 2002~2005 年各年份的 SAI、EAI、AAI 值可见，在具有比较优势的 26 个县(市、区)中，有些县(市、区)的比较优势变化比较明显，如临安市的 SAI、AAI 呈下降趋势，淳安县的 SAI、EAI、AAI 均下降，松阳县的三个指数值均上升，绍兴县的 SAI 下降，EAI 和 AAI 值上升。

综上分析可知，浙江省茶叶的主要生产地区在全省茶桑果和所有农

表 4-5 2002~2005 年浙江茶叶主产区在农作物中的比较优势指数

	2002			2003			2004			2005			按4年平均值计算		
	SAI	EAI	AAI	SAI	EAI	AAI	SAI	EAI	AAI	SAI	EAI	AAI	SAI	EAI	AAI
杭州余杭区	0.98	2.12	1.44	1.04	2.39	1.57	1.04	2.46	1.60	1.03	30.23	5.57	1.02	3.15	1.79
建德市	2.07	0.78	1.27	1.93	0.89	1.31	1.77	0.91	1.27	1.70	0.89	1.23	1.86	0.86	1.27
桐庐县	2.22	0.41	0.96	1.99	0.51	1.01	1.76	0.52	0.95	1.67	0.47	0.89	1.90	0.47	0.95
富阳市	0.95	1.33	1.13	0.83	1.44	1.09	0.93	1.41	1.14	0.94	10.87	3.20	0.92	1.82	1.29
临安市	2.90	0.83	1.55	2.29	0.99	1.50	2.11	0.90	1.38	1.94	0.95	1.35	2.29	0.91	1.44
淳安县	3.85	1.72	2.58	3.77	1.58	2.44	3.64	1.20	2.09	3.57	0.92	1.81	3.71	1.33	2.22
湖州德清县	0.65	2.63	1.30	0.67	2.83	1.37	0.60	2.96	1.33	0.64	2.97	1.38	0.64	2.85	1.35
长兴县	0.63	1.12	0.84	0.62	1.26	0.88	0.59	1.32	0.88	0.75	0.98	0.86	0.65	1.15	0.87
安吉县	2.75	1.06	1.71	2.87	1.08	1.76	2.85	1.14	1.80	2.75	1.06	1.71	2.82	1.08	1.74
宁波北仑区	1.57	1.75	1.66	1.61	2.52	2.01	1.48	2.31	1.85	1.48	1.89	1.67	1.53	2.08	1.78
余姚市	1.29	0.91	1.08	1.29	0.93	1.10	1.23	0.96	1.09	1.18	1.09	1.13	1.25	0.97	1.10
奉化市	0.72	2.37	1.31	0.76	2.62	1.41	0.72	2.72	1.40	0.74	2.69	1.42	0.73	2.61	1.38
象山县	0.69	1.00	0.83	0.62	1.24	0.88	0.57	1.22	0.83	0.58	1.26	0.85	0.61	1.17	0.85
宁海县	1.45	0.88	1.13	1.37	0.75	1.02	1.32	0.83	1.05	1.30	0.88	1.07	1.36	0.83	1.06
绍兴诸暨市	1.98	1.29	1.60	1.91	1.66	1.78	1.81	1.50	1.65	1.81	1.44	1.62	1.87	1.47	1.66
上虞市	0.56	0.95	0.73	0.59	0.98	0.76	0.58	1.00	0.76	0.58	1.05	0.78	0.58	0.99	0.76
嵊州市	3.40	2.57	2.96	3.64	1.47	2.31	3.61	1.60	2.40	3.38	1.66	2.37	3.52	1.81	2.52
绍兴县	2.46	1.01	1.58	2.23	1.25	1.66	2.21	1.34	1.72	2.17	1.49	1.80	2.26	1.26	1.69
新昌县	3.27	1.28	2.04	3.59	1.41	2.25	3.88	1.27	2.22	3.84	1.20	2.14	3.64	1.28	2.16
金华婺城区	1.20	1.85	1.49	1.27	1.87	1.54	1.23	1.76	1.47	1.16	1.73	1.42	1.21	1.81	1.48
兰溪市	0.54	1.19	0.80	0.51	1.64	0.91	0.49	1.54	0.87	0.46	1.84	0.92	0.50	1.53	0.88
东阳市	1.11	1.35	1.23	1.05	1.50	1.25	1.00	1.56	1.25	0.98	1.52	1.22	1.03	1.48	1.24
义乌市	0.75	0.82	0.78	0.75	0.95	0.85	0.68	1.09	0.86	0.60	1.35	0.90	0.69	1.04	0.85
武义县	2.28	2.19	2.23	2.46	2.13	2.29	2.38	2.23	2.30	2.64	2.01	2.31	2.45	2.13	2.28
浦江县	1.75	0.89	1.25	1.80	0.97	1.32	1.53	0.90	1.18	1.59	0.82	1.14	1.66	0.89	1.22
磐安县	3.13	1.35	2.05	3.09	1.48	2.14	3.04	1.25	1.95	3.05	1.08	1.82	3.09	1.27	1.98
衢州江山市	0.54	1.56	0.92	0.48	1.93	0.96	0.51	1.64	0.91	0.47	1.72	0.90	0.50	1.71	0.92
开化县	3.03	0.55	1.29	2.95	0.57	1.30	3.03	0.55	1.29	2.84	0.67	1.38	2.96	0.58	1.32
龙游县	0.55	3.05	1.30	0.57	3.71	1.46	0.55	3.48	1.38	0.61	3.31	1.42	0.57	3.38	1.39
台州天台县	0.89	0.77	0.82	0.90	0.80	0.85	0.93	0.86	0.89	0.96	0.86	0.91	0.92	0.82	0.87
温州泰顺县	3.45	0.79	1.65	3.00	0.99	1.72	2.93	0.96	1.68	3.02	0.89	1.64	3.09	0.90	1.67
丽水缙云县	1.20	0.99	1.09	1.42	1.04	1.22	1.55	1.04	1.27	1.57	0.96	1.23	1.45	1.00	1.20
遂昌县	2.65	1.42	1.94	2.87	1.72	2.22	2.81	1.80	2.25	3.01	1.74	2.29	2.85	1.67	2.18
松阳县	2.83	1.10	1.77	3.21	1.16	1.93	3.43	1.33	2.13	3.65	1.32	2.20	3.30	1.22	2.01

资料来源：根据浙江省农业厅《浙江省农业统计资料》(2002~2005 年)数据计算所得

作物中的AAI值均大于2的有嵊州市、武义县、淳安县、遂昌县、新昌县等5个县(市、区)。从表4-4、4-5还可以发现，另有泰顺县、绍兴县、余杭区、磐安县、安吉县、松阳县、诸暨市等7个县(市、区)的AAI值均大于1.5。通过对茶叶主产区浙西茶区、浙东茶区、浙南茶区的比较优势进行比较，可以看出浙南茶区的泰顺县、遂昌县和松阳县的比较优势指数均大于1.5，比较优势明显；浙西茶区的余杭区、淳安县和安吉县比较优势指数均大于1.5；其余比较优势指数均大于1.5的县(市、区)均属于浙东茶区。因此，总体上浙东茶区的比较优势较为显著。

4.2.3.2 柑橘比较优势分析

4.2.3.2.1 全国省域尺度上比较优势分析

(1)横向比较。2002～2005年，浙江与其他省份生产柑橘的SAI、EAI、AAI数值及按4年平均面积与平均产量计算的SAI、EAI、AAI数值见表4-6。

表4-6 2002～2005年我国生产柑橘的各省份比较优势指数

	2002			2003			2004			2005			按4年平均值计算		
	SAI	EAI	AAI	SAI	EAI	AAI	SAI	EAI	AAI	SAI	EAI	AAI	SAI	EAI	AAI
上海	1.39	3.62	2.24	2.29	1.72	1.99	2.66	1.48	1.98	1.95	1.99	1.97	2.06	2.01	2.03
江苏	0.05	1.72	0.28	0.04	2.02	0.29	0.04	1.46	0.25	0.05	1.48	0.26	0.04	1.65	0.27
浙江	4.45	1.49	2.58	4.46	1.34	2.45	4.21	1.47	2.49	3.92	1.19	2.16	4.24	1.37	2.41
安徽	0.03	0.48	0.12	0.02	0.76	0.14	0.02	0.73	0.13	0.04	0.41	0.13	0.03	0.56	0.31
福建	6.78	1.17	2.82	6.59	1.11	2.70	6.20	1.17	2.70	6.21	1.19	2.72	6.42	1.16	2.73
江西	3.42	0.43	1.22	3.77	0.45	1.30	3.96	0.51	1.42	3.71	0.65	1.55	3.72	0.52	1.39
河南	0.03	0.72	0.15	0.06	0.50	0.17	0.07	0.43	0.17	0.07	0.38	0.16	0.06	0.47	0.16
湖北	1.50	1.31	1.40	1.55	1.43	1.49	1.64	1.32	1.47	1.78	1.28	1.51	1.63	1.34	1.47
湖南	3.70	0.74	1.65	3.40	0.82	1.67	3.31	0.84	1.66	3.36	0.88	1.72	3.43	0.82	1.68
广东	2.36	0.81	1.38	3.11	0.66	1.43	3.45	0.67	1.52	3.68	0.69	1.59	3.18	0.69	1.48
广西	2.06	0.56	1.08	1.97	0.58	1.07	1.99	0.61	1.10	1.97	0.62	1.11	2.00	0.60	1.09
海南	0.33	0.42	0.38	0.28	0.35	0.31	0.35	0.43	0.39	0.43	0.35	0.39	0.35	0.38	0.37
重庆	2.94	1.01	1.72	2.90	1.07	1.76	2.69	1.12	1.74	2.86	1.12	1.79	2.84	1.08	1.75
四川	2.08	1.16	1.55	2.07	1.20	1.58	2.03	1.23	1.58	1.98	1.28	1.59	2.03	1.22	1.57
贵州	0.83	0.72	0.77	0.74	0.78	0.76	0.71	0.79	0.75	0.73	0.80	0.77	0.75	0.78	0.76
云南	0.44	0.45	0.44	0.44	0.47	0.45	0.41	0.59	0.49	0.42	0.77	0.57	0.43	0.57	0.49
陕西	0.38	0.54	0.46	0.41	0.72	0.55	0.42	0.73	0.55	0.42	0.97	0.64	0.41	0.77	0.56
甘肃	0.01	2.77	0.13	0.01	2.54	0.12	0.01	2.62	0.12	0.00	2.53	0.00	0.01	2.60	0.12

资料来源：根据《中国农业年鉴》(2003～2006年)数据计算所得

按2002~2005年4年的平均面积与产量计算的SAI、EAI、AAI值来看，全国柑橘生产省份的AAI值大于1的有10个省份，排序依次为福建、浙江、上海、重庆、湖南、四川、广东、湖北、江西、广西，说明与全国平均水平相比，这些省份生产柑橘历年具有比较优势；SAI值大于1的省份也有10个，但排序与AAI不同，依次为福建、浙江、江西、湖南、广东、重庆、上海、四川、广西、湖北，说明这些省份生产柑橘具有规模比较优势；EAI值大于1的省份有8个，依次为甘肃、上海、江苏、浙江、湖北、四川、福建、重庆，说明具有效率优势。浙江省生产柑橘的SAI、EAI、AAI值在全国各省市中分别排在第二、第四和第二位。浙江省生产柑橘的SAI值为4.24，说明具有显著的规模比较优势，而EAI值仅为1.37，说明浙江省生产柑橘的效率优势不显著，比较优势主要由规模优势带来。甘肃省EAI值虽然为2.60，但由于SAI值为0.01，导致AAI值仅为0.12，处于比较劣势。江西省和广西壮族自治区的SAI值分别为3.72和2.00，而EAI值分别为0.52和0.60，导致AAI值仅为1.39和1.09，即虽然规模比较优势明显，但由于缺乏效率优势，导致综合比较优势不显著。湖南省与广东省也存在同样的现象。

从2002~2005年各年份SAI、EAI、AAI值来看，浙江柑橘的规模优势指数SAI值和综合比较优势指数AAI值均排在第二位，仅次于福建省。浙江柑橘的效率优势指数EAI值，2002~2005年分别排在全国第三、第五、第三和第四位。同时，在具有比较优势的10个省份中有些省份的比较优势变化比较明显。如福建省生产柑橘的SAI值不断下降，江西省的EAI和AAI值呈不断上升趋势，广东省的SAI、AAI值逐渐上升。

(2)纵向比较。1985~2005年，浙江生产柑橘的SAI、EAI、AAI值及其变化情况如图4-2，浙江生产柑橘的SAI、EAI、AAI值存在一定的波动。相对而言，SAI值除1993年有较大幅度的上升外，其余年份波动幅度不大，并均大于2，表明与全国平均水平相比，浙江柑橘历年具有极强的规模比较优势。从浙江柑橘的效率比较优势指数EAI值来看，2000年达到最小值1.56，1996年达最大值2.72，1985~1993年均在1~2之间，1994~2005年间除2000年与2005年外，均大于2。说明浙江柑橘的效率优势总体上呈上升趋势。浙江柑橘的综合比较优势指数AAI值除1986年与1988年小于2外，其余年份均大于2，说明1985年以来，与全国平均水平相比，浙江柑橘生产历来具有显著的比较优势。

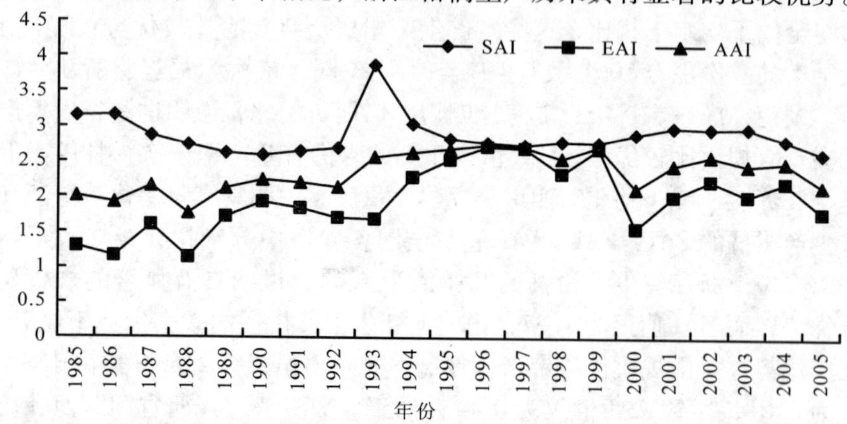

图4-2 1985～2005年浙江生产柑橘比较优势指数变化情况

资料来源：根据《中国农业年鉴》(1986～2006年)数据计算所得

4.2.3.2.2 省内县域尺度上比较优势分析

主要分析省内各县(市、区)生产柑橘在全省茶桑果中的比较优势和在所有农作物中的比较优势。

(1)在茶桑果中的比较优势分析。2002～2005年浙江省柑橘主产区在全省茶桑果中的SAI、EAI、AAI值和按4年平均面积和产量计算的SAI、EAI、AAI值见表4-7。

从按2002～2005年4年平均面积和产量计算的SAI、EAI、AAI值可以看出，AAI值大于1的有22个县(市、区)，说明与浙江省平均水平相比，这些县(市、区)生产柑橘在全省茶桑果中具有比较优势，但AAI值均小于2，其中大于1.5的有6个县(市、区)，它们依次为常山县、衢州衢江区、温州瓯海区、龙游县、衢州柯城区、丽水莲都区；SAI值大于1的有23个县(市、区)，说明与浙江省平均水平相比，这23个县(市、区)生产柑橘具有规模比较优势，其中SAI值大于2的有12个县(市、区)，它们依次为衢州柯城区、常山县、衢江区、 台州椒

表 4-7 2002~2005 浙江柑橘主产区在茶桑果中的比较优势指数

	2002			2003			2004			2005			按 4 年平均值计算		
	SAI	EAI	AAI	SAI	EAI	AAI	SAI	EAI	AAI	SAI	EAI	AAI	SAI	EAI	AAI
杭州建德市	1.52	1.07	1.28	1.59	1.02	1.27	1.68	0.98	1.29	1.63	1.06	1.31	1.61	1.03	1.29
淳安县	0.61	2.05	1.12	0.67	2.27	1.23	0.68	2.18	1.21	0.71	2.48	1.33	0.67	2.24	1.22
宁波北仑区	1.70	0.94	1.27	1.44	1.07	1.24	1.57	1.02	1.27	1.59	1.28	1.43	1.59	1.06	1.30
奉化市	0.89	0.75	0.82	0.83	0.94	0.88	0.82	0.91	0.86	0.83	0.86	0.84	0.84	0.86	0.85
象山县	1.98	0.96	1.38	1.90	0.89	1.30	1.81	1.03	1.36	1.82	1.30	1.54	1.87	1.03	1.39
宁海县	1.30	0.99	1.13	1.20	0.82	0.99	1.15	0.78	0.95	1.14	1.02	1.08	1.20	0.87	1.02
金华婺城区	1.55	0.92	1.19	1.56	0.89	1.18	1.67	0.81	1.16	1.68	0.76	1.13	1.61	0.85	1.17
金华金东区	2.39	0.75	1.34	2.48	0.65	1.27	2.45	0.68	1.29	2.54	0.61	1.24	2.47	0.68	1.30
兰溪市	1.16	1.07	1.11	1.14	1.06	1.10	1.10	1.11	1.11	1.07	1.14	1.10	1.12	1.10	1.11
衢州柯城区	3.85	0.81	1.77	3.91	0.85	1.82	4.01	0.08	0.57	4.17	0.96	2.00	3.99	0.60	1.55
衢州衢江区	3.02	0.94	1.68	3.29	0.91	1.73	3.41	0.83	1.68	3.53	0.93	1.81	3.32	0.90	1.73
江山市	1.56	1.30	1.42	1.77	1.15	1.43	1.81	1.18	1.46	1.96	1.19	1.52	1.77	1.20	1.46
常山县	3.55	0.85	1.73	3.67	0.87	1.79	3.78	0.82	1.76	3.93	0.95	1.93	3.73	0.87	1.80
龙游县	2.16	1.04	1.50	2.41	1.02	1.57	2.50	0.95	1.54	2.51	1.11	1.67	2.40	1.02	1.57
台州椒江区	3.01	0.31	0.96	2.69	0.27	0.85	2.78	0.21	0.77	2.81	0.26	0.86	2.82	0.26	0.85
台州黄岩区	2.38	0.83	1.40	2.29	0.91	1.45	2.25	0.80	1.34	2.14	1.15	1.57	2.26	0.91	1.44
玉环县	2.61	0.59	1.25	2.65	0.55	1.20	2.59	0.53	1.18	2.56	0.60	1.24	2.61	0.57	1.22
三门县	2.50	0.44	1.05	2.52	0.51	1.13	2.52	1.74	2.09	2.53	0.68	1.31	2.52	0.68	1.30
天台县	0.92	1.47	1.16	0.91	1.67	1.23	0.85	1.68	1.19	0.84	1.99	1.30	0.87	1.69	1.22
温岭市	2.24	0.25	0.75	2.15	0.22	0.69	1.84	0.17	0.57	1.75	0.22	0.62	2.02	0.22	0.66
临海市	2.81	0.61	1.31	2.54	0.79	1.42	2.86	0.68	1.39	2.99	0.63	1.37	2.80	0.68	1.38
温州瓯海区	1.91	1.21	1.52	1.80	1.28	1.52	1.81	1.31	1.54	1.82	1.71	1.76	1.84	1.36	1.58
乐清市	1.45	0.57	0.91	1.35	0.55	0.86	1.16	0.54	0.79	1.06	0.64	0.82	1.25	0.57	0.85
丽水莲都区	2.70	0.82	1.49	2.59	0.88	1.51	2.57	0.90	1.52	2.47	0.98	1.56	2.58	0.90	1.52
青田县	1.70	1.26	1.46	1.61	1.21	1.39	1.43	1.41	1.42	1.31	1.74	1.51	1.50	1.37	1.44
松阳县	1.22	1.57	1.38	1.10	1.71	1.37	0.99	1.90	1.37	0.90	2.33	1.45	1.05	1.85	1.39

资料来源：根据浙江省农业厅《浙江省农业统计资料》(2002~2005 年)数据计算所得

江区、临海市、玉环县、丽水莲都区、三门县、金华金东区、龙游县、台州黄岩区和温岭市；EAI 值大于 1 的有 11 个县(市、区)，说明这 11 个县(市、区)生产柑橘具有效率比较优势，其中 EAI 值大于 2 的仅淳安县，1.5~2.0 之间的仅松阳县和天台县，多数县(市、区)的 EAI 值位于 1~1.5 之间，说明大多数县(市、区)生产柑橘效率优势不显著。在具有综合比较优势的县(市、区)中，大多数县(市、区)的综合比较优势是由规模优势带来的，其中有 10 个县(市、区)的 EAI 值小于 1，即不具有效率优势，但由于 SAI 值较大，即规模优势较显著，导致综合比较优势大于 1，这些县(市、区)分别为金华婺城区和金东区、衢州柯城区和衢江区、常山县、台州黄岩区、玉环县、三门县、临海市、丽水莲都区。仅有淳安县、天台县、松阳县的比较优势中效率优势的贡献较大。

从 2002 ~ 2005 年各年份的 SAI、EAI、AAI 值可见，在具有比较优势的 22 个县(区)中，有些县(市、区)的比较优势变化比较明显。如衢州市柯城区和衢江区、江山县、常山县、龙游县 SAI 值均逐年上升，AAI 值也不同程度的缓慢上升，而黄岩区的 SAI 值逐年在下降，从 2002 年的 2.38 下降到 2005 年的 2.14。

(2)在所有农作物中的比较优势分析。2002 ~ 2005 年浙江省柑橘主产区在全省农作物中的 SAI、EAI 和 AAI 值和按 4 年平均面积和产量计算的 SAI、EAI 和 AAI 值见表 4-8。

从按 2002 ~ 2005 年 4 年平均面积和产量计算的 SAI、EAI 和 AAI 值可以看出，AAI 值大于 1 的有 24 个县(市、区)，但 AAI 值大于(或等于)2 的仅有衢州柯城区、常山县、衢州衢江区、丽水莲都区、金华金东区；SAI 值大于 1 的也有 24 个县(市、区)，其中 SAI 值大于 2 的有 13 个县(市、区)，它们依次为衢州柯城区、常山县、台州黄岩区、丽水莲都区、玉环县、临海市、金华金东区、象山县、衢州衢江区、三门县、青田县、建德市、松阳县；EAI 值大于 1 的有 12 个县(市、区)，但 EAI 值均小于 2，其中 1.5 ~ 2.0 之间的仅宁波北仑区、天台县、衢江区、龙游县，多数县(市、区)的 EAI 值位于 1 ~ 1.5 之间。在具有综合比较优势的 24 个县(市、区)中，大多数县(市、区)的规模优势指数大于效率优势指数，其中有 12 个县(市、区)的 EAI 值小于 1，即不具有效率优势，但由于 SAI 值较大，即规模优势较显著，导致综合比较优势大于 1，这些县(市、区)分别为象山县、温州瓯海区、金华金东区、衢州柯城区、江山市、台州椒江区和黄岩区、玉环县、三门县、临海市、丽水莲都区、青田县。仅有天台县的比较优势来源于效率优势，奉化县与龙游县的效率优势指数大于规模优势指数。

表 4-8 2002～2005 浙江柑橘主产区在农作物中的比较优势指数

	2002			2003			2004			2005			按4年平均值计算		
	SAI	EAI	AAI	SAI	EAI	AAI	SAI	EAI	AAI	SAI	EAI	AAI	SAI	EAI	AAI
杭州建德市	2.35	1.00	1.54	2.32	1.16	1.65	2.39	0.85	1.43	2.43	1.33	1.79	2.37	1.10	1.62
淳安县	1.29	1.18	1.23	1.43	1.04	1.22	1.47	1.09	1.27	1.61	1.37	1.48	1.45	1.19	1.32
宁波北仑区	2.07	1.80	1.93	1.51	1.99	1.73	1.74	1.71	1.73	1.87	2.19	2.03	1.80	1.94	1.87
奉化市	1.13	1.37	1.24	1.10	1.15	1.13	1.10	1.20	1.15	1.10	1.72	1.38	1.11	1.35	1.22
象山县	4.18	0.86	1.90	3.68	0.80	1.72	3.56	0.66	1.54	3.73	1.27	2.18	3.78	0.84	1.78
宁海县	1.85	1.59	1.72	1.76	0.79	1.18	1.64	0.95	1.25	1.65	1.33	1.48	1.73	1.09	1.37
金华婺城区	1.25	0.92	1.07	1.22	1.08	1.14	1.21	0.89	1.04	1.19	1.43	1.30	1.22	1.02	1.11
金华金东区	4.52	1.16	2.29	4.02	1.17	2.17	4.09	0.67	1.66	4.01	1.30	2.29	4.16	0.96	2.00
兰溪市	1.66	0.95	1.26	1.63	1.11	1.35	1.57	0.88	1.17	1.44	1.50	1.47	1.58	1.08	1.30
衢州柯城区	11.30	0.91	3.20	11.89	1.14	3.68	12.09	0.93	3.36	13.36	0.23	1.73	12.12	0.86	3.24
衢州衢江区	2.62	0.19	0.71	3.64	2.23	2.85	3.32	1.48	2.21	3.30	2.49	2.86	3.24	1.79	2.41
江山市	1.34	7.49	3.17	1.40	0.88	1.11	1.37	0.61	0.91	1.44	1.11	1.26	1.39	0.82	1.07
常山县	7.74	0.89	2.63	9.07	0.98	2.98	8.78	0.91	2.82	8.34	1.94	4.03	8.47	1.16	3.13
龙游县	1.47	1.37	1.42	1.73	1.67	1.70	1.62	1.44	1.53	1.52	2.27	1.86	1.59	1.77	1.68
台州椒江区	1.56	1.19	1.36	1.54	0.84	1.14	1.86	0.67	1.11	1.80	0.87	1.25	1.68	0.81	1.17
台州黄岩区	5.03	1.09	2.34	5.11	0.68	1.87	5.01	0.67	1.83	4.88	0.77	1.94	5.01	0.67	1.84
玉环县	5.18	0.46	1.55	4.88	0.42	1.43	4.15	0.37	1.24	3.97	0.62	1.57	4.55	0.46	1.45
三门县	3.13	0.94	1.72	3.22	0.46	1.22	3.18	0.81	1.61	3.12	1.08	1.84	3.16	0.79	1.58
天台县	0.61	1.70	1.02	0.63	1.57	0.99	0.63	1.72	1.04	0.65	2.43	1.26	0.63	1.88	1.09
温岭市	1.85	0.54	1.00	1.64	0.33	0.74	1.28	0.31	0.63	1.17	0.38	0.67	1.49	0.35	0.72
临海市	4.21	0.87	1.92	4.33	0.57	1.58	4.58	0.80	1.91	4.94	0.93	2.14	4.53	0.72	1.81
温州瓯海区	2.28	0.99	1.51	2.05	0.61	1.12	1.86	0.59	1.05	1.72	1.07	1.35	1.97	0.80	1.26
乐清市	1.18	0.77	0.96	1.08	0.64	0.83	0.89	0.68	0.78	0.81	1.11	0.95	0.99	0.76	0.87
丽水莲都区	4.70	0.84	1.98	4.74	0.89	2.06	4.47	0.83	1.92	4.41	1.22	2.32	4.58	0.90	2.03
青田县	3.35	0.48	1.27	3.46	0.52	1.34	2.87	0.38	1.05	2.56	0.83	1.46	3.05	0.59	1.34
松阳县	2.23	0.95	1.45	2.14	0.90	1.38	1.93	0.92	1.33	1.82	1.48	1.64	2.03	1.07	1.47

资料来源：根据浙江省农业厅《浙江省农业统计资料》(2002～2005 年)数据计算所得

从 2002～2005 年各年份的 SAI、EAI、AAI 值可见，在具有比较优势的 24 个县(市、区)中，有些县(市、区)的比较优势变化比较明显，尤其是 SAI 值的变化。如衢州市各县(市、区)的 SAI 值均上升，而台州市的黄岩区、玉环县、温岭市的 SAI 值逐年在下降，仅有临海市的 SAI 值在上升。

以上分析可知，浙江柑橘生产的重要产区衢州与台州相比，衢州柑橘生产的比较优势显著于台州主产区，主要原因是衢州的柑橘面积不断扩大，而台州市(除临海市外)的柑橘面积相对在缩小。这一现象还导致了衢州市各县(市、区)的SAI值均上升，而台州市的黄岩区、玉环县、温临市的SAI值在逐年下降。在茶桑果和所有农作物中的AAI值均大于1.5的有常山县、衢江区、龙游县、衢州柯城区、丽水莲都区。

4.2.3.3　杨梅比较优势分析

由于缺乏全国和其他省份杨梅生产的面积和产量数据，杨梅的比较优势主要在省内县域尺度上进行比较分析。即主要分析省内各县(市、区)生产杨梅在全省茶桑果中的比较优势和在所有农作物中的比较优势。

(1)在全省茶桑果中的比较优势分析。2002～2005年浙江省杨梅主产区在全省茶桑果中的SAI、EAI和AAI值和按4年平均面积和产量计算的SAI、EAI和AAI值见表4-9。

表4-9　2002～2005浙江杨梅主产区在茶桑果中的比较优势指数

	2002			2003			2004			2005			按4年平均值计算		
	SAI	EAI	AAI	SAI	EAI	AAI	SAI	EAI	AAI	SAI	EAI	AAI	SAI	EAI	AAI
湖州长兴县	0.53	0.14	0.27	0.51	0.35	0.43	0.45	1.65	0.86	0.33	2.13	0.84	0.45	1.04	0.68
安吉县	0.35	1.05	0.61	0.35	4.98	1.32	0.19	8.39	1.27	0.23	5.67	1.15	0.27	5.08	1.18
宁波余姚市	3.26	0.68	1.48	3.02	1.09	1.82	2.72	1.23	1.83	2.73	1.28	1.87	2.91	1.10	1.79
慈溪市	4.89	0.68	1.83	3.59	0.74	1.63	3.40	0.69	1.53	3.33	0.96	1.78	3.75	0.77	1.69
奉化市	0.84	1.19	1.00	0.76	1.59	1.10	0.68	1.14	0.88	0.66	0.79	0.72	0.73	1.13	0.91
象山县	2.45	0.47	1.07	2.56	0.72	1.36	2.84	0.59	1.29	2.63	0.51	1.16	2.64	0.58	1.23
宁海县	1.76	1.13	1.41	2.00	0.45	0.95	1.91	0.53	1.01	1.92	0.56	1.03	1.90	0.60	1.07
绍兴上虞县	1.23	0.84	1.02	1.23	0.41	0.71	1.13	0.60	0.82	1.25	0.39	0.70	1.20	0.53	0.80
舟山定海区	4.71	3.53	4.08	4.74	0.46	1.48	4.49	0.46	1.44	4.29	0.44	1.37	4.54	0.97	2.10
金华兰溪市	1.27	0.62	0.89	1.19	1.24	1.21	1.23	1.29	1.26	1.44	1.25	1.34	1.28	1.13	1.20
台州黄岩区	1.96	2.07	2.02	2.15	1.83	1.99	2.36	1.82	2.08	2.61	1.30	1.85	2.31	1.66	1.96
台州路桥区	2.83	1.08	1.75	2.59	0.86	1.49	2.27	0.69	1.25	2.12	0.57	1.10	2.42	0.75	1.35
仙居县	4.33	1.07	2.15	4.43	0.93	2.03	4.51	0.96	2.09	4.52	0.97	2.09	4.48	0.98	2.10
温岭市	1.99	0.35	0.84	1.69	0.66	1.06	1.89	0.66	1.11	1.93	0.60	1.08	1.86	0.58	1.04
临海市	1.25	2.06	1.61	1.21	1.80	1.47	1.24	2.13	1.62	1.15	1.83	1.45	1.21	1.94	1.54
温州龙湾区	4.96	0.58	1.70	4.99	0.52	1.61	4.80	1.42	2.61	4.57	2.05	3.06	4.88	1.18	2.40
温州瓯海区	3.71	1.52	2.38	3.68	1.39	2.26	3.47	1.43	2.23	3.30	1.15	1.95	3.52	1.35	2.18
瑞安市	6.69	0.56	1.93	6.31	0.46	1.71	6.07	0.43	1.62	6.09	0.57	1.86	6.27	0.49	1.76
乐清市	2.59	0.93	1.55	2.49	1.09	1.65	2.64	0.93	1.57	2.60	1.01	1.62	2.58	0.99	1.60
永嘉县	2.45	2.15	2.30	2.14	1.90	2.01	2.15	1.86	2.00	2.16	1.62	1.88	2.22	1.84	2.02
平阳县	2.62	0.69	1.34	2.74	0.68	1.37	2.23	0.77	1.31	2.04	0.66	1.16	2.39	0.70	1.29
丽水莲都区	0.41	0.80	0.58	0.38	0.96	0.60	0.40	0.90	0.60	0.50	1.13	0.75	0.43	0.95	0.64
青田县	3.63	0.35	1.12	3.51	0.49	1.31	3.34	0.41	1.17	3.50	0.46	1.27	3.49	0.44	1.24
缙云县	1.33	1.35	1.34	1.48	1.41	1.44	1.40	1.63	1.51	1.29	1.45	1.37	1.37	1.49	1.43

资料来源：根据浙江省农业厅《浙江省农业统计资料》(2002～2005年)数据计算所得

从按2002~2005年4年平均面积和产量计算的SAI、EAI和AAI值可以看出，AAI值大于1的有20个县(市、区)，说明与浙江省平均水平相比，这些县(市、区)生产杨梅在全省茶桑果中具有比较优势，其中AAI值大于2的依次为温州龙湾区、瓯海区、舟山定海区、仙居县、永嘉县；SAI值大于1的也有20个县(市、区)，说明与浙江省平均水平相比，这些县(市、区)生产杨梅具有规模比较优势，其中SAI值大于2的有14个县(市、区)，排在前6位的依次为瑞安市、温州龙湾区、舟山定海区、仙居县、慈溪市、温州瓯海区，这6个县(市、区)生产杨梅的SAI值均大于3.5；EAI值大于1的有11个县(市、区)，说明这些县(市、区)生产杨梅具有效率优势，其中EAI值大于2的仅安吉县，1.5~2.0之间的仅临海市、永嘉县、台州黄岩区，说明多数县(市、区)生产杨梅效率优势不显著。在具有综合比较优势的县(市、区)中，大多数县(市、区)的综合比较优势是由规模优势带来，有11个县(市、区)的EAI值小于1，但由于SAI值较大，导致综合比较优势大于1，这些县(市、区)分别为慈溪市、象山县、宁海县、瑞安市、乐清市、平阳县、台州路桥区、温岭市、仙居县、青田县、舟山定海区。仅安吉县、临海市、缙云县的比较优势中效率优势的贡献较大。

从2002~2005年各年份的SAI、EAI、AAI值可见，在具有比较优势的20个县(市、区)中，部分县(市、区)的比较优势变化比较明显。如余姚市生产杨梅的SAI值不断下降，而EAI和AAI值却在上升，相反，仙居县的SAI值和EAI值分别呈上升和下降趋势。

(2)在全省所有农作物中的比较优势分析。2002~2005年浙江省杨梅主产区在全省农作物中的SAI、EAI和AAI值和按4年平均面积和产量计算的SAI、EAI和AAI值见表4-10。

从按2002~2005年4年平均面积和产量计算的SAI、EAI和AAI值可以看出，AAI值大于1的有21个县(市、区)，其中AAI值大于2的依次为黄岩区、温州龙湾区、舟山定海区、仙居县、临海市、永嘉县；SAI值大于1的也有19个县(市、区)，其中SAI值大于2的有13个县(市、区)，排在前6位的依次为舟山定海区、青田县、仙居县、温州龙湾区、象山县、台州黄岩区，这6个县(市、区)生产杨梅的SAI值均大于5；EAI值大于1的有11个县(市、区)，其中EAI值大于2的

表 4-10 2002～2005 浙江杨梅主产区在农作物中的比较优势指数

	2002			2003			2004			2005			按4年平均值计算		
	SAI	EAI	AAI	SAI	EAI	AAI	SAI	EAI	AAI	SAI	EAI	AAI	SAI	EAI	AAI
湖州长兴县	0.34	0.28	0.31	0.32	0.61	0.45	0.27	2.88	0.88	0.21	3.71	0.88	0.28	1.86	0.72
安吉县	0.46	0.56	0.51	0.44	3.17	1.17	0.24	5.12	1.10	0.28	4.08	1.07	0.34	3.20	1.04
宁波余姚市	3.00	0.56	1.30	2.96	0.85	1.59	2.50	0.93	1.53	2.53	1.16	1.71	2.72	0.90	1.57
慈溪市	2.33	1.56	1.91	1.52	2.31	1.88	1.69	1.59	1.64	1.84	2.24	2.03	1.82	1.91	1.87
奉化市	1.07	1.86	1.41	1.00	2.32	1.53	0.90	1.78	1.27	0.88	1.35	1.09	0.95	1.78	1.30
象山县	5.16	0.35	1.35	4.96	0.63	1.76	5.58	0.51	1.69	5.39	0.40	1.46	5.33	0.47	1.58
宁海县	2.51	1.24	1.76	2.94	0.59	1.32	2.73	0.68	1.36	2.79	0.69	1.38	2.75	0.75	1.43
绍兴上虞县	0.88	0.86	0.87	0.79	0.46	0.60	0.70	0.70	0.70	0.76	0.50	0.62	0.78	0.61	0.69
舟山定海区	7.74	2.19	4.12	7.99	0.29	1.51	7.12	0.30	1.46	7.08	0.33	1.54	7.44	0.64	2.19
金华兰溪市	1.82	0.62	1.06	1.70	1.21	1.44	1.74	1.25	1.47	1.96	1.23	1.55	1.81	1.11	1.41
台州黄岩区	4.14	1.88	2.79	4.81	1.43	2.62	5.25	1.20	2.51	5.95	0.83	2.22	5.12	1.23	2.51
台州路桥区	1.01	3.11	1.77	1.27	1.90	1.55	1.14	1.85	1.45	1.03	1.54	1.26	1.11	1.98	1.48
仙居县	5.34	0.91	2.21	6.05	0.69	2.04	5.93	0.74	2.09	6.02	0.77	2.15	5.90	0.77	2.13
温岭市	1.64	0.56	0.96	1.29	0.96	1.11	1.32	1.05	1.17	1.29	1.09	1.19	1.37	0.93	1.13
临海市	1.88	2.23	2.05	2.06	1.94	2.00	1.99	2.20	2.09	1.90	1.94	1.92	1.96	2.07	2.01
温州龙湾区	2.84	0.91	1.61	6.72	0.32	1.46	5.97	1.09	2.55	5.39	1.44	2.78	5.34	0.95	2.26
温州瓯海区	4.43	0.93	2.03	4.19	0.72	1.74	3.57	0.80	1.69	3.12	0.80	1.58	3.77	0.80	1.73
瑞安市	3.20	0.78	1.58	3.22	0.63	1.42	3.12	0.62	1.39	3.04	0.77	1.53	3.13	0.68	1.46
乐清市	2.11	1.16	1.56	2.00	1.49	1.73	2.03	1.29	1.61	2.01	1.33	1.64	2.04	1.32	1.64
永嘉县	3.30	1.82	2.45	2.64	1.42	1.94	2.75	1.32	1.91	2.87	1.25	1.90	2.87	1.41	2.01
平阳县	1.51	1.11	1.29	1.64	1.06	1.32	1.28	1.33	1.30	1.20	1.11	1.16	1.39	1.15	1.26
丽水莲都区	0.72	0.93	0.82	0.69	0.93	0.81	0.69	0.90	0.79	0.89	1.00	0.94	0.76	0.95	0.85
青田县	7.15	0.13	0.98	7.55	0.18	1.15	6.71	0.19	1.14	6.83	0.22	1.23	7.09	0.19	1.15
缙云县	2.20	0.59	1.14	2.41	0.64	1.24	2.34	0.76	1.33	2.21	0.75	1.29	2.30	0.70	1.27

资料来源：根据浙江省农业厅《浙江省农业统计资料》(2002～2005 年)数据计算所得

仅安吉县和临海市。在具有综合比较优势的县(市、区)中，大多数县(市、区)的综合比较优势是由规模优势带来的。仅安吉县、临海市、路桥区、奉化市、慈溪市的比较优势中效率优势的贡献较大。

从 2002～2005 年各年份的 SAI、EAI、AAI 值可见，在具有比较优势的 21 个县(市、区)中，有些县(市、区)的比较优势变化比较明显。如余姚市和台州黄岩区。

综上分析可知，浙江省杨梅的主要生产区在全省茶桑果和所有农作物中的 AAI 值均大于 2 的有温州龙湾区、永嘉县、舟山定海区、仙居县。由表 4-9、4-10 可见，另有温州瓯海区、乐清市、黄岩区、余姚市、慈溪市、临海市的 AAI 值均大于 1.5。从杨梅的主产区宁波、温州、台州比较优势的平均水平看，排在第一位的是温州，其次是台州，再次是宁波。从变化态势分析，个别县市的比较优势变化明显，如仙居县的SAI值和EAI值分别呈上升和下降趋势，而余姚市的SAI值下降，EAI和AAI值却上升，主要原因是近年来杨梅价格上升，杨梅生产传统产区的余姚市，农民经营杨梅从粗放经营向集约经营转变，提高了单位面积产量，而仙居是属于新发展的地区，由于杨梅种植到产果需要一定的年限，目前新种的杨梅尚未挂果，因此单位面积产量较低，影响了EAI和AAI的数值。

4.2.3.4　竹笋比较优势分析

竹笋属于林产品范畴，因此，比较不同区域竹笋产品的比较优势是指在全部林产品中的比较优势。由于缺乏竹笋及林产品的面积数据，所以仅计算规模优势指数，并且用产量指标替代面积指标。

4.2.3.4.1　全国省域尺度上比较优势分析

(1)横向比较。2002~2005年，浙江与其他生产竹笋省份的SAI数值及按4年平均产量计算的SAI数值见表4-11。

表4-11　2002~2005年我国生产竹笋的各省份比较优势指数(SAI)

	江苏	浙江	安徽	福建	江西	湖北	湖南	广东
2002	0.50	4.50	1.13	3.00	0.25	3.23	0.24	0.75
2003	0.44	5.30	1.73	3.62	0.27	0.13	0.26	0.79
2004	0.63	5.48	1.39	3.47	0.19	0.13	0.23	0.82
2005	0.28	5.10	1.27	3.58	0.18	0.15	0.33	0.73
按4年平均产量计算	0.46	5.09	1.35	3.41	0.22	1.23	0.27	0.77
	广西	海南	重庆	四川	贵州	云南	陕西	
2002	0.28	0.36	0.34	0.90	0.25	0.16	0.04	
2003	0.31	1.01	0.43	1.15	0.46	0.20	0.04	
2004	0.30	0.27	1.21	2.07	0.48	0.21	0.07	
2005	0.31	1.53	0.97	3.06	0.62	0.21	0.05	
按4年平均产量计算	0.30	0.68	0.78	1.72	0.44	0.19	0.05	

资料来源：根据《中国农业年鉴》(2003~2006年)数据计算所得

从按 2002～2005 年 4 年平均产量计算的 SAI 数值来看，全国竹笋生产省份的 SAI 值大于 1 的有 5 个省份，排序依次为浙江、福建、四川、安徽、湖北，说明与全国平均水平相比，这些省份生产竹笋具有比较优势。浙江省生产竹笋的 SAI 值为 5. 09，说明在全国林产品生产中具有显著的规模比较优势。

从 2002～2005 年各年份的 SAI 值来看，浙江竹笋的规模优势指数 SAI 值均排在第一位。同时，在具有比较优势的 5 个省份中部分省份的比较优势变化比较明显。如四川省生产竹笋的 SAI 值不断上升，海南省的 SAI 值波动明显。

(2)纵向比较。1985～2005 年，浙江竹笋的 SAI 值及其变化情况如图 4-3。浙江竹笋生产的 SAI 值存在一定程度的波动，同时总体上呈现下降的趋势。1992 年，浙江竹笋在全国林产品中 SAI 值最大为 9. 64；2002 年为最小值 4. 50，仅为最大值的 46. 68%；1998 年后，浙江竹笋的 SAI 值均小于 6，但各年的 SAI 值均大于 4，说明与全国平均水平相比，浙江竹笋历来具有明显的比较优势。

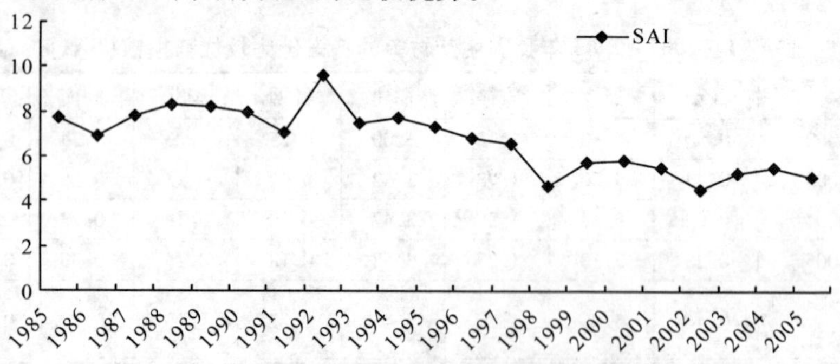

图 4-3　1985～2005 年浙江竹笋比较优势指数变化

资料来源：根据《中国农业年鉴》(1986～2006 年)数据计算所得

4. 2. 3. 4. 2　省内县域尺度上比较优势分析

2002～2005 年浙江省竹笋主产区在全省林产品中的 SAI 值和按 4 年平均产量计算的 SAI 值见表 4-12。

从按 2002～2005 年 4 年平均产量计算的 SAI 值可以看出，SAI 值大于(或等于)1 的有 17 个县(市、区)，说明与浙江省平均水平相比，这 17 个县(市、区)生产竹笋在全省林产品中具有比较优势，但 SAI 值均小于 2，

表4-12　2002~2005年浙江竹笋主产区比较优势指数

	2002	2003	2004	2005	按4年平均值计算
杭州余杭区	1.58	1.58	1.60	1.80	1.64
桐庐县	0.89	0.80	0.81	0.90	0.85
淳安县	0.27	0.32	0.22	0.21	0.25
富阳市	1.44	1.41	1.43	1.52	1.45
临安市	1.54	1.36	1.26	1.43	1.40
湖州吴兴区	1.57	1.60	1.63	1.82	1.65
德清县	1.61	1.57	1.59	1.77	1.63
长兴县	1.25	1.26	1.29	1.38	1.29
安吉县	1.10	1.00	1.09	1.12	1.08
宁波鄞州区	1.47	1.44	1.62	1.83	1.60
宁海县	1.42	1.41	1.41	1.61	1.46
余姚市	1.49	1.52	1.43	1.68	1.54
奉化市	1.57	1.55	1.57	1.74	1.61
绍兴县	1.50	1.45	1.38	1.60	1.48
新昌县	0.45	0.60	0.24	0.50	0.44
诸暨市	1.12	0.90	0.95	1.22	1.05
上虞市	0.99	0.96	0.97	1.07	1.00
嵊州市	1.50	1.43	1.36	1.57	1.47
衢州衢江区	0.51	0.52	0.51	0.33	0.47
开化县	0.05	0.21	0.63	0.12	0.29
龙游县	0.48	1.02	0.85	1.00	0.77
平阳县	1.60	1.60	1.64	1.81	1.66
丽水莲都区	0.50	0.44	0.41	0.33	0.41
遂昌县	0.49	0.89	0.70	0.69	0.71
松阳县	0.59	0.54	0.46	0.47	0.51
庆元县	1.45	1.41	0.78	0.93	0.98
龙泉市	1.19	1.26	1.24	1.26	1.52

资料来源：根据浙江省林业厅《林业综合统计年报》(2002~2005年)计算所得

在1.5~2之间的有8个县(市、区)，它们依次为平阳县、吴兴区、杭州余杭区、德清县、奉化市、宁波鄞州区、余姚市、龙泉市，说明这8个县(市、区)的竹笋生产在林产品生产中具有较强的比较优势。

从2002~2005年各年份的SAI值变化可见，在具有比较优势的17个县(市、区)中，部分县(市、区)的比较优势变化比较明显。如余杭区、鄞州区、平阳县、吴兴区、长兴县生产竹笋的SAI值呈上升趋势，而庆元县有下降趋势，龙游县、嵊州市、诸暨市有较明显的波动。

从竹笋主产区——杭州湖州产区、宁波绍兴产区、衢州丽水产区比较优势的平均水平看，宁波绍兴产区的比较优势水平相对较高，其次是杭州湖州产区，最后是衢州丽水产区。

4.2.3.5 山核桃比较优势分析

与杨梅相同，山核桃的比较优势分析由于缺乏全国和其他省份的山核桃生产数据，山核桃的比较优势主要在省内县域尺度进行分析，同时山核桃属于林产品，因此，比较不同区域的山核桃产品的比较优势是指在全部林产品中的比较优势。另外，由于山核桃的分县市面积数据难以取得，所以仅计算规模优势指数，并且用产量指标替代面积指标。

2003~2005年浙江省凡有山核桃生产的县市在全省林产品中的SAI值和按3年平均产量计算的SAI值见表4-13。

从按2003~2005年3年平均产量计算的SAI值可以看出，SAI值大于(或等于)1的有4个县(市、区)，它们依次为淳安县、临安市、桐庐县、宁海县，说明与浙江省平均水平相比，这些县(市、区)生产山核桃在全省林产品中具有比较优势，其中淳安县、临安市、桐庐县山核桃生产的SAI值分别为5.83、4.47、2.05，规模优势较为显著。2003~2005年临安市的山核桃年均生产量为6518t，淳安县的平均年产量为2742.67t，浙江省平均年产量为9926.7t，临安市山核桃产量和淳安县山核桃产量占浙江全省的比例分别为65.66%和27.63%，但由于临安市其他林产品的产量较高，尤其是竹笋的产量，导致了临安山核桃生产的SAI值不及淳安山核桃。

从2003~2005年各年份的SAI值变化可见，比较优势指数有一定程度的波动，主要原因是山核桃生产目前还存在着大小年现象。

表 4-13 2003～2005 年浙江省生产山核桃县(市、区)比较优势指数(SAI)

	2003	2004	2005	按3年平均产量计算
杭州余杭区	0.07	0.06	0.04	0.05
桐庐县	1.64	2.32	2.00	2.05
淳安县	6.50	5.06	5.83	5.83
建德市	0.07	0.08	0.28	0.17
富阳市	0.11	0.08	0.17	0.13
临安市	4.62	4.86	4.12	4.47
湖州安吉县	1.32	0.94	0.75	0.96
宁波宁海县	0.00	3.47	0.00	1.03
绍兴诸暨市	0.01	0.01	0.01	0.01
金华浦江县	0.48	0.32	0.29	0.35
台州三门县	0.00	0.03	0.00	0.01
丽水缙云县	0.02	0.00	0.00	0.01

资料来源：根据浙江省林业厅《林业综合统计年报》(2002～2005 年)计算所得

4.2.4 盈利水平比较分析

根据《全国农产品成本收益资料汇编》的有关数据，主要对茶叶、橘子的生产盈利水平在全国省域尺度上进行比较分析。

4.2.4.1 茶叶生产盈利水平比较

2004～2005 年，全国生产绿毛茶的主要省份成本收益情况见表 4-14、表 4-15 所示。从单位面积的纯收益(净利润)来看，2004～2005 年全国平均水平分别为 6435.75 元/hm^2 和 4280.7 元/hm^2，浙江省分别为 5247.3 元/hm^2 和 7719.6 元/hm^2。可见，2004 年浙江省生产绿毛茶的纯收益低于全国平均水平，2005 年高于全国平均水平。与其他省份比较，2004 年浙江省生产绿毛茶的纯收益低于福建、江苏、湖南省，位居全国第四位；2005 年低于江苏与福建省，位居全国第三位。从成本利润率来看，2004～2005 年全国平均水平分别为 40.70% 和 22.67%，浙江省分别为 29.52% 和 35.24%。可见，2004 年浙江省生产绿毛茶的成本利润率低于全国平均水平，2005 年高于全国平均水平。与其他省份相比，2004 年浙江省生产绿毛茶的成本利润率低于湖南、福建、江苏省，位居全国第四位；2005

年低于福建、江苏与广东省，同样位居第四位。

表 4-14　2004 年浙江省与其他主要省份生产绿毛茶的成本收益情况

单位：t/hm²，元/hm²，%

	全国平均	江苏	浙江	福建	湖北	湖南	广东	四川	陕西
主产品产量	1.44	0.68	1.68	5.98	0.71	11.34	0.44	0.55	0.35
产值合计	22247.4	40495.95	23024.85	39985.65	13517.85	21637.35	16084.35	16433.25	11297.85
主产品产值	22242.3	40469.4	23017.05	39985.65	13517.85	21579.75	16084.35	16433.25	11297.85
副产品产值	5.1	26.55	7.8	0		57.6	0	0	0
总成本	15811.65	24587.25	17777.55	21322.35	10864.2	10863.45	13519.95	13244.7	9913.95
生产成本	13991.25	22939.2	15787.5	20274.15	9667.65	10095.9	12380.55	10236.75	8724.6
土地成本	1820.4	1648.05	1990.05	1048.2	1196.55	767.55	1139.4	3007.95	1189.35
净利润	6435.75	15908.7	5247.3	18663.3	2698.65	10773.9	2564.4	3188.55	1383.9
成本利润率	40.70	64.7	29.52	87.53	24.43	99.18	18.97	24.07	13.96

资料来源：《全国农产品成本收益资料汇编》(2005 年)

表 4-15　2005 年浙江省与其他主要省份生产绿毛茶的成本收益情况

单位：t/hm²，元/hm²，%

	全国平均	江苏	浙江	福建	湖北	湖南	广东	四川	陕西
主产品产量	0.77	0.5	0.57	1.41	0.85	0.76	0.38	0.53	0.25
产值合计	23164.05	47820.45	29626.65	38106.15	17613.15	20209.5	17730.15	10170.9	9417.6
主产品产值	23066.85	47805.3	28865.55	37982.85	17613.15	20209.5	17730.15	10170.9	9417.6
副产品产值	97.2	15.15	761.1	123.3	0	0	0	0	0
总成本	18883.35	28810.95	21907.05	22069.2	17153.85	18777.9	11038.65	10591.35	8806.05
生产成本	17429.7	24357.3	20351.25	20388.75	16357.35	17176.5	10239.75	10262.4	7743.3
土地成本	1453.65	4453.65	1555.8	1680.45	796.5	1601.4	798.9	328.95	1062.75
净利润	4280.7	19009.5	7719.6	16036.95	459.3	1431.6	6691.5	-420.45	611.55
成本利润率	22.67	65.98	35.24	72.67	2.68	7.62	60.62	-3.96	6.94

资料来源：《全国农产品成本收益资料汇编》(2006 年)

4.2.4.2　橘子生产盈利水平比较

2004～2005 年，全国生产橘的主要省份成本收益情况见表 4-16、

表4-17所示。从单位面积的纯收益来看，2004～2005年全国平均水平分别为18284.7元/hm^{2}和25778.85元/hm^2， 浙江省分别为51358.65

表4-16 2004年浙江省与其他主要省份生产橘的成本收益情况

单位：t/hm^2，元/hm^2,%

	全国平均	浙江	福建	湖北	湖南	广东	重庆
主产品产量	24.35	52.48	43.43	22.72	48.82	12.93	17.95
产值合计	39530.25	72639	38951.55	18362.1	47635.05	53142.45	14508
主产品产值	39511.35	72318.3	38951.55	18362.1	47635.05	53142.45	14508
副产品产值	18.9	320.7	0	0	0	0	0
总成本	21245.55	21280.05	26839.95	8909.7	14594.55	31850.25	12296.85
生产成本	18845.7	19235.4	23367.6	7222.65	13524.6	28728.3	11669.85
土地成本	2399.85	2044.95	3472.35	1687.05	1069.95	3121.95	627
净利润	18284.7	51358.65	12111.6	9452.4	33040.5	21292.2	2211.15
成本利润率	86.06	241.34	45.13	106.09	226.39	66.85	17.98

资料来源：《全国农产品成本收益资料汇编》(2005年)

表4-17 2005年浙江省与其他主要省份生产橘的成本收益情况

单位：t/hm^2，元/hm^2,%

	全国平均	浙江	福建	湖北	湖南	广东	重庆
主产品产量	24.70	28.84	39.06	22.20	18.55	24.12	15.53
产值合计	48348.45	51620.7	56112	20742.45	20828.85	77531.4	12707.85
主产品产值	48326.1	51230.7	56112	20742.45	20828.85	77531.4	12707.85
副产品产值	22.35	390	0	0	0	0	0
总成本	22569.6	20776.95	17770.35	13538.1	11724.75	35424.15	11145.45
生产成本	20843.55	18116.85	17234.55	12907.95	10722.3	32316.9	10770.45
土地成本	1726.05	2630.1	535.8	630.15	1002.45	3107.25	375
净利润	25778.85	30843.75	38341.65	7204.35	9104.1	42107.25	1562.4
成本利润率	114.22	148.45	215.76	53.22	77.65	118.87	14.02

资料来源：《全国农产品成本收益资料汇编》(2006年)

元/hm² 和 30843.75 元/hm²。可见，浙江省生产橘的纯收益均高于全国平均水平。与其他生产橘的主要省份比较，2004 年浙江省生产橘的净利润位居全国第一位；2005 年位居第三位，低于广东和福建省。从成本利润率来看，2004～2005 年全国平均水平分别为 86.06% 和 114.22%，浙江省分别为 241.34% 和 148.45%。可见，浙江省生产橘的成本利润率均高于全国平均水平。与其他省份比较，2004 年浙江省生产橘的成本利润率位居第一位；2005 年位居全国第二位，仅低于福建省。

4.2.5 投资项目的经济效益分析——个案分析

鉴于浙江山区特色农林产品大多数生产周期较长，多数产品种植在山地上的情况，本项目采用技术经济分析方法，对其经济效益作出评价，并与用材林作对比分析。现选择台州黄岩的本地早柑橘和余姚丈亭镇的荸荠种杨梅，在对特色产品栽培抚育等各项成本及产量、市场价格进行调查的基础上，对特色产品投资项目的经济效益进行评价。

4.2.5.1 *数据来源和研究方法*

4.2.5.1.1 数据来源

本地早柑橘的数据获得综合采用了参与式访谈和农户调研两种方法，经过甄别筛选后应用于分析。参与式访谈源于目前国际上较为流行的参与式农村评估方法(PRA, Participatory Rural Appraisal)，参与式农村评估是在农村项目设计、实施、评估中应用的一种半结构式农村调查研究方法，突出特点是整个过程都强调农户的积极参与，来自农户，了解农村，实现农村可持续发展。参与式访谈也是体现上述宗旨的半结构式访谈形式，但是访谈的缺点是面窄，容易以偏概全，因此与农户抽样调查相结合，使数据更有代表性。调研于 2006 年 8 月进行，参与式访谈在种植本地早柑橘有代表性的台州市黄岩区头陀镇断江村进行。断江村是黄岩最大的本地早基地，并且村民和政府认为本地早市场前景好。20 世纪 80 年代分山时该村百姓分到 20hm² 柑橘，1984 年开始开荒种本地早柑橘，柑橘面积开始大幅增加，1990 年发展到 67hm²，2005 年达 80hm²。参与式访谈共有 8 个农户的户主参与，其中有 5 个户主年龄在 60 岁以上。通过参与式访谈了解了从 1984 年开始柑橘种植的投入、产量和价格情况。农户调研是对该村村民进行随机抽样调查，共抽取了

25 个农户。本研究的经济效益分析旨在针对散户的小规模经营，因为小规模经营仍是目前我国农林业，尤其是浙江农林业的主要经营形式，为了使数据能更真实反映小规模经营情况，柑橘历年产量和价格、农药与化肥的价格、整地与苗木费用、人工工资主要采用参与式访谈所获数据，农药与化肥投入数量及人工投入数量根据农户调研获得数据作了均值处理。

本地早小树苗 1984 年种植，7 年开始结果，初产产量 22.50t/hm^2，第 10～25 年为盛果期，每公顷稳产 33.75t。由于调查数据截至 2005 年，即生长周期的第 22 年，第 23～25 年的数据是参照第 22 年的相关数据。同时投入情况没有考虑农业税费投入，当地的农业税和特产税在减免之前农民也基本没有缴纳过，主要由销售部门承担，目前农业特产税已免除。另外投入情况也没有考虑土地租金，因为当地落实家庭联产承包责任制和林业生产责任制后一直没有缴纳土地使用费。

余姚丈亭镇的荸荠种杨梅的数据主要来源于一种植户的记录，该农户在当地比较有代表性，据当地村干部介绍，该农户的经营水平在当地属中等。该农户 1995 年开发种植了一块面积为 2hm^2 的山地，第 5 年开始投产，产量为盛果期的 10%，第 6 年为 20%，第 7 年为 50%，第 8 年至第 15 年为盛果期。杨梅生产周期按 15 年来计算，杨梅生产分为大小年，大年每公顷产梅量大，小年每公顷产梅量稍少，同时考虑了落果等因素，盛果期杨梅产量按大小年平均 7.5t/hm^2 计算。同时杨梅大年市场价格稍低，小年市场价格稍高，而且杨梅上市跟下市价格有周期性，一般为一个月，上市时价格比较高，下市时稍便宜。当地杨梅市场收购价格一般为每千克 6～14 元，设杨梅价格为平均价格每千克 10 元(不考虑不同年份的价格不同)。杨梅的生产成本包括整地、苗木、化肥、农药、人工等各项费用。另外据调查所知，农户无土地承包费用，无所得税及其他税费等。

4.2.5.1.2 研究方法

综合运用技术经济学的经济效益分析方法和指标进行分析。根据是否考虑资金的时间价值，经济效益分析方法可以分为静态分析方法与动态分析方法。即采用不考虑资金时间价值的净现金流量分析方法和考虑资金时间价值的净现值和内部收益率分析方法。

(1)静态经济分析法。采用净现金流量法，生产投资成本按自有资本投入核算，通过现金流量分析出净现金流量，以不同年份所发生各项经济活动投入与产出，计算生产成本和销售收入，由此计算累计净现金流量、投资回收期、产投比等经济指标，以便直观地反映出此项目的经济可行性。

投资回收期的计算公式为：

$$T_P = T - 1 + \frac{\text{第}(T-1)\text{年累计净现金流量的绝对值}}{\text{第}\,T\,\text{年的净现金流量}}$$

式中，T 为项目累计净现金流量开始出现正值或零的年份，T_P 为投资回收期。投资回收期越短资金周转越快，经济效益也就越好。

(2)动态经济分析法。采用净现值法，净现值(NPV)是指将整个计算期内各年的净现金流量，按某个给定的折现率，折算到计算期期初的现值之和。该方法考虑了资金的时间因素，可以使不同时期的收益与成本具有可比性。计算公式为：

$$\mathrm{NPV} = \sum_{t=1}^{n} \frac{\mathrm{TB}_t - \mathrm{TC}_t}{(1+i)^t}$$

式中，NPV 为净现值，i 为贴现率，TB_t 为某年的收益，TC_t 为某年的成本，n 为周期年数。

内部收益率是使上述净现值等于零时的利率。计算公式为：

$$\sum_{t=1}^{n} \frac{\mathrm{TB}_t - \mathrm{TC}_t}{(1+\mathrm{IRR})^t} = 0$$

式中，IRR 为内部收益率。

4.2.5.2 经济效益分析

(1)生产成本构成及经济效益静态分析。

柑橘的生产成本构成及净现金流量分析：现金流入即柑橘销售收入，根据价格和产量数据整理而得。现金流出包括初种时整地和苗木的一次性投入，以及每年的化肥、农药和人工投入。其中人工投入包括两大块，抚育人工和采摘人工。从第 7 年即 1990 年初产开始有现金流入，到第 25 年(2008 年)一个生命周期结束。一个生产周期内，历年的投入产出情况以及每年的净现金流量和累计净现金流量见表4-18。现金流出(仅包括化肥、农药和人工投入)第25 年较第 1 年增长了 0.94 倍；化肥

表 4-18　柑橘整个生命周期的投入产出和现金流量情况

单位：元/hm^2

年份	总支出	整地	苗木	化肥	农药	人工	总收入	净现金流量	累计净现金流量
1	34470	12000	6000	2925	12000	1545	0	－34470	－34470
2	16470			2925	12000	1545	0	－16470	－50940
3	16470			2925	12000	1545	0	－16470	－67410
4	16470			2925	12000	1545	0	－16470	－83880
5	17220			2925	12750	1545	0	－17220	－101100
6	17220			2925	12750	1545	0	－17220	－118320
7	21859			4875	12750	4234	112500	90641	－27679
8	21859			4875	12750	4234	90000	68141	40463
9	21859			4875	12750	4234	67500	45641	86104
10	21859			4875	12750	4234	67500	45641	131745
11	27165			8775	12750	5640	101250	74085	205830
12	28365			8775	13500	6090	101250	72885	278715
13	28365			8775	13500	6090	101250	72885	351600
14	28365			8775	13500	6090	101250	72885	424485
15	28365			8775	13500	6090	168750	140385	564870
16	28365			8775	13500	6090	87750	59385	624255
17	28365			8775	13500	6090	87750	59385	683640
18	31909			11475	13500	6934	87750	55841	739481
19	31909			11475	13500	6934	87750	55841	795323
20	31909			11475	13500	6934	87750	55841	851164
21	31909			11475	13500	6934	87750	55841	872535
22	31909			11475	13500	6934	128250	96341	1003346
23	31909			11475	13500	6934	128250	96341	1099688
24	31909			11475	13500	6934	128250	96341	1196029
25	31909			11475	13500	6934	128250	96341	1292370
合计	658380	12000	6000	190275	326250	123855	1950750	1292370	
各种支出占比(%)		1.82	0.91	28.90	49.55	18.81			

资料来源：参与式访谈，农户调查

投入增长了2.92倍(施肥量增长了2倍，化肥价格增长了0.31倍)；农药投入较稳定，25年增长了0.13倍，农药数量历年几乎没有变化，只是农药价格略有提升。人工投入中，抚育人工投入增长了0.43倍，采摘人工投入较第7年(第7年初产)增长了1.14倍，采摘工资增长了0.76倍。计算出各种成本占总成本的比例，农药和化肥占比较高，分别为49.55%和28.90%，总人工占比18.81%，其中采摘人工费用远高于抚育人工，即柑橘生产的人工费用大部分是柑橘成熟时的采摘费用。

现金流入每年都能保持在65000元/hm^{2}以上，但是波动较大，主要由价格变化引起。第11年进入盛产期之后，产量每年保持在33.75t/hm^{2}左右，但是最高一年(第15年)的现金流入为168750元，较最低的第16~21年的87750元，高出1.92倍，主要是由于柑橘价格从第15年的5元/kg下降为第16年的2.6元/kg。初产期产量是盛产期的2/3，但是初产期第1年收入为112500元，高于盛产期的大多数年份，主要原因是当年价格同第15年价格相同也达到5元/kg。所以可以看出，柑橘销售价格是影响总收入的决定性因素。

在整个25年的生产周期中，累计销售收入为1950750元/hm^2，累计成本为658380元/hm^2，投入产出比为1∶2.96；累计净现金流量从初产第2年即为正值，25年累计净现金流量1292370元/hm^2，年均51694.8元/hm^2；投资回收期为$T_p = 8 - 1 + 27679/68141 = 7.41$年。

杨梅的生产成本构成及净现金流量分析(表4-19)：杨梅生产的现金流出包括初种时整地和苗木的一次性投入，以及每年的化肥、农药和人工投入，收获季节的包装费用。其中人工投入包括两大块，抚育人工和采摘人工。其中苗木投入3000元/hm^2，整地主要是栽种时整地、挖坑和种植人工，按当地雇佣小工工资每天50元计算，共3500元/hm^2。苗木和整地成本占总成本的2.19%。杨梅种植第1年花费成本比较大，除了苗木和整地人工之外，主要是苗木的看护成本。杨梅的初产期，其生长情况对生产成本的投入量影响较大，而盛果期成本投入比较均匀。15年的生产周期中，各年度杨梅各项成本累计每公顷投入为29.58万元，其中人工投入占比最高，占到总成本的73.36%，人工投入除了抚育人工，还包括采摘人工以及成熟期的看管人工。抚育人工主要为每年对杨梅种植林的看护、除草、灌溉、修剪等一些劳动成本，调查得知第

表 4-19 杨梅整个生命周期的投入产出和现金流量情况

单位：元/hm^2

年份	总支出	整地	苗木	化肥	农药	人工	包装	总收入	净现金流量	累计净现金流量
1	20900	3500	3000	2250	150	12000			-20900	-20900
2	8400			2250	150	6000			-8400	-29300
3	8400			2250	150	6000			-8400	-37700
4	8400			2250	150	6000			-8400	-46100
5	13600			3000	300	10000	300	7500	-6100	-52200
6	14900			3000	300	11000	600	15000	100	-52100
7	18800			3000	300	14000	1500	37500	18700	-33400
8	25300			3000	300	19000	3000	75000	49700	16300
9	25300			3000	300	19000	3000	75000	49700	66000
10	25300			3000	300	19000	3000	75000	49700	115700
11	25300			3000	300	19000	3000	75000	49700	165400
12	25300			3000	300	19000	3000	75000	49700	215100
13	25300			3000	300	19000	3000	75000	49700	264800
14	25300			3000	300	19000	3000	75000	49700	314500
15	25300			3000	300	19000	3000	75000	49700	364200
合计	295800	3500	3000	42000	3900	217000	26400	660000	364200	
各种支出占比(%)		1.18	1.01	14.20	1.32	73.36	8.92			

资料来源：农户调查

1 年刚种植时为每周一次，往后生长期为每月两次，投入人力一般为 5 人/hm^2。其次为杨梅采收工资支出，采工工资为每天 100 元，由于用工时间集中，所以采工工资明显高于平时的小工工资，采收劳动投入随着杨梅产量的增加而增加，采收成本的投入也与产量成同等比例增加，成熟期采摘人工约占到总人工的一半左右。成熟期看管主要是对果实的看护，一般为杨梅成熟期的半个月时间，每公顷每天需要 2～3 个工，每天人工投入约为 200 元。生产资料化肥的投入量占总成本的 14.20%，而且随着杨梅生长而增加，盛果期各年投入比较均衡，每年一般 3000 元/hm^2。杨梅的抗病虫害能力比较强，每年在病虫害防治上投入比较少，杨梅挂果后一般为每年 300 元/hm^2，之前一般为 150 元/hm^2。在销售过程中增加的包装成本为 26400 元/ hm^2，约占了总成本的 8.92%，据调查，包装费用主要为容量 5kg 的包装筐以及所增加的劳动成本。

在整个 15 年的杨梅生产周期中，每公顷杨梅果实累计销售收入为 660000 元，累计成本投入 295800 元/ hm^2，投入产出比为 1∶2.23。累计净现金流量在投产后的第 4 年，即种植后的第 8 年出现正值，累计净现金流量为 364200 元/hm^2，年均 24280 元/ hm^2。投资回收期为 $T_p = 8 - 1 + 33400/49700 = 7.67$ 年。

另外，调研过程中发现，杨梅落果很严重，销售数量只能占到果实总量的一半。同时正在进行的技术改良，使杨梅的投产期已经缩短至 3 年，这样投资回收期会相应缩短。这说明余姚杨梅是一个利润丰厚、经济效益较好的农业生产项目，适合于长期投资。

(2)净现值和内部收益率——考虑资金的时间价值。计算净现值首先必须选择一个标准贴现率。标准贴现率，是衡量方案是否可行的标准，一般以项目所在行业的平均收益率为基础，综合考虑银行的借贷利率、投资风险、物价变动及资金限制等因素确定。设标准贴现率为 10%。根据表 4-18、4-19 数据，按社会平均贴现率 10% 计算，黄岩本地早柑橘每公顷净现值 $NPV = 250333$ 元，内部收益率为 27.18%。余姚荸荠种杨梅每公顷净现值 $NPV = 103936$ 元，内部收益率为 28.07%。

由以上分析可以看出，虽然柑橘、杨梅的投资回收期均比较长，分别为 7.41 年和 7.67 年，但是按远高于银行贷款利率的贴现率 10% 计算，净现值分别达到 250333 元/hm^2 和 103936 元/hm^2，内部收益率分别为 27.18% 和 28.07%，说明本地早柑橘品种和荸荠种杨梅是内部收益率较高、现金流入较可靠的优质项目。

(3)与用材林的经济效益对比分析。桉树是用材林中经济效益较高的树种。据茅于轼、唐杰(2002)对广东省湛江市桉树造林项目的经济效益分析，得出其内部收益率为 11.6%(具体见表 4-20)。

表 4-20　广东湛江桉树项目的内部收益率

单位：元/ hm²

年份	1	2	3	4	5	6	7
种植、管护成本	3000	300	300	300	300	300	0
砍伐、采运成本	0	0	0	0	0	0	9900
税费	0	0	0	0	0	0	11880
总收入	0	0	0	0	0	0	29700
年度净利润	-3000	-300	-300	-300	-300	-300	7920
内部收益率	11.6%						

资料来源：茅于轼，唐杰．商品林业发展中的产权和税费问题．管理世界，2002，(7)

注：1. 轮伐期 6 年

2. 出材量：99 立方米

3. 价格：每立方米木材 300 元

4. 砍伐、采运成本：每立方米 100 元

5. 税费比例：总收入的 40%（在南方集体林区，这是比较低的，其他地区一般要达到 50%）

另外，据叶绍明、张丽群对广西沿海地区桉树外商营林投资效益进行分析。该营林投资项目是金钦州公司的一个投资项目，金钦州公司由印尼金光集团 1995 年在钦州注册成立，金钦州公司从 1996 年开始投资造林，投资造林是以与中方合作方式进行，中方出土地，金钦州公司出资金、技术和人员。采伐时，林木由金钦州公司统一销售。该投资项目按 12% 的贴现率计算，累计净现值为 2374.66 元/hm²，内部收益率为 23.64%（表 4-21）。

综上分析可知，通过浙江山区典型的特色农林产品——柑橘和杨梅投资项目与用材林项目进行比较，可以发现柑橘和杨梅具有较好的经济效益。

表 4-21 金钦州公司投资桉树项目财务现金流量表

单位：元/ hm²

年份	1	2	3	4	5	6
现金流入	0	0	0	0	0	23664.96
现金流出	3411.6	554.25	554.25	554.25	34.5	10580.7
净现金流量	-3411.6	-554.25	-554.25	-554.25	-34.5	13084.26
累计净现金流量	-3411.6	-3965.85	-4520.1	-5074.35	-5108.85	7975.41
净现值	-3046.07	-441.84	-394.50	-352.24	-19.58	6628.89
累计净现值	-3046.07	-3487.91	-3882.41	-4234.65	-4254.23	2374.66
内部收益率	23.64%					

资料来源：叶绍明，张丽群. 广西沿海地区桉树外商营林投资效益分析. 中南林业调查规划，2002，(1)

4.3 特色农林产品竞争力的构成要素分析

特色农林产品的市场竞争力取决于产品的价格、质量、成本、品牌和营销能力，但这些因素重要性程度是各不相同的。

4.3.1 来自消费者需求的调查

消费者是产品价值的最终实现者，农产品市场竞争的过程与消费者购买决策过程是密切相关的，消费者需求影响产品的供给，谁能最大限度地迎合消费者的需求，谁就具有市场竞争优势。为了把握价格因素和非价格因素对消费者购买行为的影响，本项目在临安市对消费者进行了随机抽样调查，共调查了 106 位消费者。主要设计了以下 3 个问题：①是否同意“只要农产品的质量有保证(如经过检测合格)，价格高一点我也会接受”。②是否同意“有品牌的农产品比没有品牌的产品质量更可靠”。③你选择农产品时优先考虑的因素是什么，问卷给出了 7 项选择：安全程度、售货员介绍、产品的价格、产品的品牌、产品的产地、包装、是否为绿色环保型，请消费者打分，每项共 5 分，1 代表最重要，2 代表次重要，依此类推，5 代表最不重要。从表 4-22 可知，有

78.3%的消费者同意只要农产品的质量有保证，价格高一点也能接受，有65.1%的消费者同意有品牌的农产品比没有品牌的农产品质量更可靠。表4-23是根据消费者的打分情况进行平均处理后的排序情况，其排序结果依次为：安全程度(产品质量)、是否为绿色产品、产品的品牌、产品的价格、产品的包装、产品的产地、售货员的介绍。价格因素仅排在第四位，消费者对农产品非价格特征的关注要高于对价格的关注，消费者更关注农产品的环保性、安全性等。调查表明，消费者在做出购买决策时更多地考虑农产品的质量方面因素，而非产品的价格。

表4-22　消费者购买农产品时对质量与品牌的认识

	不同意		同意		不清楚/不好说	
	总数	比例	总数	比例	总数	比例
只要农产品的质量有保证(如经过检测合格),价格高一点我也会接受	12	11.3%	83	78.3%	11	10.4%
有品牌的农产品比没有品牌的产品质量更可靠	20	18.9%	69	65.1%	17	16.0%

资料来源：消费者调查

表4-23　消费者对影响农产品购买决策因素的评价

影响因素	安全程度	售货员的介绍	产品的价格	产品的品牌	产品的包装	产品的产地	是否为绿色产品
打分	1.2	3.5	2.6	2.4	3.1	3.1	1.8

数据来源：消费者调查

4.3.2　构成要素分析

根据上述调查结果，主要选择农产品的成本、质量、品牌和营销能力进行分析。

4.3.2.1　成本因素

成本是农产品价格的重要组成部分，虽然目前农产品的竞争由价格竞争转向质量竞争，但成本也是影响农产品盈利能力的重要因素。某种农产品只要其个别生产成本低于行业平均成本，其个别生产价格就会低于社会生产价格，在按照由社会生产价格决定的市场价格出售时，不仅可以获得平均利润，而且还可以获得超额利润，反之，如个别生产成本高于行业平均成本，则个别生产价格就会高于市场价格，只能获得低于平均利润的利润，甚至亏损。所以成本的高低决定了竞争力的强弱，即在其他条件相同的情况下，成本低则竞争力强，成本高则竞争力弱。

浙江山区特色农林产品的生产大多是劳动密集型产业，如茶叶和柑橘的生产，尤其是采茶和制茶，约占茶叶生产用工量的80%，需要投入大量的劳动力。因此劳动力成本是影响竞争力的重要因素。表4-24是2004~2005年全国各省份农业劳动力价格情况，由表4-24可知，浙江省的劳动力价格位居全国第三位，仅次于北京和上海。浙江省农业劳动力成本较高，主要是由于工业化、城镇化进程较快，经济的快速增长，劳动力的机会成本上升，本地大量人口弃农经商，而大量的乡镇企业也使得本地的农业劳动力转移。

表4-24　2004~2005年不同省份的农业劳动力价格

单位：元/日

	2004	2005	两年平均		2004	2005	两年平均
全国平均	13.7	15.3	14.5	河南省	10.3	11.8	11.05
北京市	28.8	29	28.9	湖北省	13.1	14.5	13.8
天津市	17	20	18.5	湖南省	14.5	15.6	15.05
河北省	15	15	15	广东省	19.6	21.1	20.35
山西省	14.5	16.3	15.4	广西	12.2	13	12.6
内蒙古	8.5	13.5	11	海南省	15	16	15.5
辽宁省	15	18	16.5	重庆市	12.4	13	12.7
吉林省	12	12	12	四川省	12.6	13.7	13.15
黑龙江省	14	16	15	贵州省	10	10	10
上海市	26.1	28.5	27.3	云南省	9.7	10.3	10
江苏省	17.5	18.2	17.85	陕西省	9.9	10.5	10.2
浙江省	23	25	24	甘肃省	9.3	9.8	9.55
安徽省	12.3	12.3	12.3	青海省	9	10	9.5
福建省	16.9	18.5	17.7	宁夏	10.9	12.5	11.7
江西省	13.5	15.4	14.45	新疆	14.4	15.2	14.8
山东省	14.2	15.2	14.7				

资料来源：《全国农产品成本收益资料汇编》(2005~2006年)

同样，土地成本也是生产成本的组成部分，从2004～2005年生产绿毛茶和橘的主要省份的土地成本的比较来看(表4-25、4-26)，浙江省生产绿毛茶的土地成本为1772.93元/hm^2，位居全国第二，仅次于江苏省；浙江省生产橘的土地成本为2337.53元/hm^2，也居全国第二，仅次于广东省。可见，浙江省生产特色农林产品的土地成本相对较高，这主要源于高速发展的民营经济所带来的产业升级和城镇化的推进。随着浙江工业化不断升级，土地紧缺的现象将表现得更加明显。

表4-25　2004～2005年生产绿毛茶的主要省份的土地成本

单位：元/hm^2

	全国平均	江苏	浙江	福建	湖北	湖南	广东	四川	陕西
2004	1820.4	1648.05	1990.05	1048.2	1196.55	767.55	1139.4	3007.95	1189.35
2005	1453.65	4453.65	1555.8	1680.45	796.5	1601.4	798.9	328.95	1062.75
两年平均	1637.03	3050.85	1772.93	1364.33	996.53	1184.48	969.15	1668.45	1126.05

资料来源：《全国农产品成本收益资料汇编》(2005～2006年)

表4-26　2004～2005年生产橘的主要省份的土地成本

单位：元/hm^2

	全国平均	浙江	福建	湖北	湖南	广东	重庆
2004	2399.85	2044.95	3472.35	1687.05	1069.95	3121.95	627
2005	1726.05	2630.1	535.8	630.15	1002.45	3107.25	375
两年平均	2062.95	2337.53	2004.08	1158.6	1036.2	3114.6	501

资料来源：《全国农产品成本收益资料汇编》(2005～2006年)

4.3.2.2　质量因素

从经济学意义上讲，农产品质量是农产品适合一定用途、满足社会需要所具有的特性，其实质是农产品的使用价值。农产品质量的好坏，体现了农产品使用价值的大小和满足消费者需要的程度。目前农产品的市场竞争日趋剧烈，许多农产品在市场上已经接近或处于饱和状态，消费者对农产品和食品的需求，逐渐从数量方面转变为质量方面，即对农产品质量提出了更高的要求。因此，农产品的市场竞争已从单纯的价格竞争转变为价格和质量的双重竞争，而且对越来越多的农产品来说，正在转向以质量竞争为主。上述对消费者需求的调查也充分验证了此观点。也就是说农产品质量的高低决定了农产品在市场竞争中的地位，决定了农产品市场竞争力的高低。一般来说，在价格一定的情况下，质量越好，竞争力越强，质量越差，竞争力越弱，二者呈正相关。在特色农林产品市场上，甚至出现价格高、质量高，竞争力很强的现象。

农产品的质量主要指农产品内在的营养品质和适口性，以及农产品的外观特征和安全性。浙江山区特色农林产品营养价值和安全性基本状况如下：

(1)营养价值较高。在内在的营养品质方面，浙江山区特色农林产品均具有较高的营养价值，富含多种维生素和矿物质。①茶叶中含有300多种化学成分，如蛋白质、脂肪、氨基酸、碳水化合物、维生素和茶多酚、茶素、芳香油、脂多糖等，这都是人体不可缺少且各具功效的重要营养和药用物质。这中间有些成分实际是一个大类，如茶多酚就包括30多种酚类物质，维生素又可具体分为维生素和肌醇等10多种成分。茶还具有防病和治病方面的作用，如茶对于防治痢疾、肠胃炎、肾炎、肝炎、糖尿病、高血压、动脉硬化、冠心病、癌症、白细胞减少和辐射损伤等都具有不同程度的功效。茶叶在国内外享有“安全饮料”、“保健饮料”、“健康长寿饮料”等美誉。②山核桃果肉中有7.8%~9.6%的蛋白质，氨基酸含量高达25%，其中人体必需的氨基酸占7种。山核桃果肉中含有22种矿物元素，其中对人体有重要作用的钙、镁、锌及磷、铁含量十分丰富，有很高的营养价值，并有润肺强肾、降低血脂、预防心病之功效。长期食用，还对癌症具有一定的预防效果。山核桃干仁含油率达69.8%~74.1%，其油质优良，其脂肪酸组成以油酸和亚油酸等不饱和脂肪酸为主，不饱和脂肪酸含量达88.38%~95.78%，是易消化和预防高血脂、冠心病的优良实用油。③竹笋含有丰富的蛋白质、氨基酸、脂肪、糖类、钙、磷、铁、胡萝卜素、维生素B1、维生素B2、维生素C。每100g鲜竹笋含干物质9.79g、蛋白质3.28g、碳水化合物4.47g、纤维素0.9g、脂肪0.13g、钙22mg、磷56mg、铁0.1mg，多种维生素和胡萝卜素含量比大白菜含量高一倍多。而且竹笋的蛋白质比较优越，人体必需的赖氨酸、色氨酸、苏氨酸、苯丙氨酸，以及在蛋白质代谢过程中占有重要地位的谷氨酸和有维持蛋白质构型作用的胱氨酸，都有一定的含量，为优良的保健蔬菜。④杨梅果实富含维生素C，含糖量高达11%~13%，含果酸0.5%~1.2%，同时还含有17种矿物质元素和8种人体必需的氨基酸。与其他水果相比，所含的矿物质元素要高出几倍至100倍。杨梅的营养价值非常高，是天然的绿色保健食品，能增进健康，延年益寿。杨梅具有消食、御寒、消暑、止泻、利尿、治痢疾以及生津止渴、清肠胃等多种药用功效。李时珍在《本草纲目》中说："杨梅酸、甘、温，酸甘化为阴，甘温养阳。杨梅有从阴补阳，从阳补阴之妙，故可止渴，补五脏，能涤肠胃，除烦愦恶气。"民间常以浸泡的烧酒杨梅，作为夏季食补药疗，有提神、强骨壮筋之效。此外，根据现代医学研究，杨梅种仁中含有的不饱和脂肪酸、维生素B17还具有抗胃癌的作用。

(2)质量安全状况不容乐观。由于特色农林产品大多数种植在山地上，总体来看，产品的质量安全状况要好于大田作物。但也存在不容忽视的问题，主要是重金属含量和农药残留超标。据2004年农业部农产品质量监督检验测试中心对浙江省40个柑橘样品中的28种污染物和54个杨梅样品中的16种污染物进行检测，柑橘中毒死蜱、镉、汞、铅、砷和硝酸盐的检出率分别为8.33%、60.00%、44.83%、68.97%、48.28%和100%，其余项目均未检出。杨梅的硫磷检出率为26.67%，超标率也为26.67%，超标样品平均超标15.7倍，最高达54倍；氰戊菊酯的检出率为35.29%，超标率为5.88%；镉、铅、砷的检出率为100%，其中镉的超标率为1.89%；汞的检出率为60.78%，超标率为1.96%，其余项目未检出。2005~2006年，浙江省林产品质量检测站对竹笋、山核桃等干果类产品质量安全检测显示：2005年抽取了230批次食用笋，合格223批次，综合合格率为97.0%，其中鲜笋合格率为98.6%，笋干合格率为94.0%；2006年抽取了150批次食用笋，合格149批次，综合合格率为99.3%。出现不合格的检测指标是笋干中的铜(如2005年有4批次)、铅(如2005年有1批次)和鲜笋中的亚硝酸盐(如2005年有2批次)。2005年抽取的114批次干果类产品中，合格112批次；2006年抽取的165批次干果类产品中，合格154批次，综合合格率为93.3%。出现不合格的检测指标主要是铅，如2006年共有10批次的铅超标，铅的合格率为93.9%。浙江省茶叶质量安全状况也不容乐观。2007 年第二季度，国家质检总局对全国 47 种 2785 家企业的 3103 批次产品进行监督抽查，其中抽查了浙江省 8 家企业的 8 批次茶叶产品，合格仅 3 批次，合格率仅为 37.5%。在不合格的 5 批次产品中，有 3 批次产品农药残留超标，2 批次产品的铅含量超出标准 4 倍。农业部在 1997 年和 1999 年分别下文，禁止三氯杀螨醇和氰戊菊酯等农药用于茶叶生产。但在 3 批次农药残留超标的产品中，都检出了这两种农药。此外，5 批次不合格茶叶的色、香、味、形等感官性状均不符合标准要求。

4.3.2.3 营销能力因素

农产品的价值必须通过市场交换来实现，农产品的成本优势和质量优势能否转化为竞争优势也需要由市场来检验和衡量。市场营销是农产品市场竞争力实现的载体，市场营销能力如何决定了农产品在市场上的地位和份额，从而直接体现了农产品市场竞争力的大小。一个拥有成本优势和质量优势的农林产品，完全可能因为其市场营销能力欠缺而无法实现较高的市场竞争力；而有市场营销能力优势的农产品，即使成本和质量优势不那么明显，也完全可能取得竞争优势，体现出较强的市场竞争力。特色农林产品生产具有很强的地域性，带有强烈的区域色彩，一种产品在某个地方市场饱和，并不意味着其他地方市场也饱和。因此，需要通过一系列的营销活动，不断地拓展销售空间，提高其市场覆盖率和市场占有率。健全的营销体系、新的营销手段和营销方式及品牌化经营都是营销能力的体现。

浙江山区在发展特色农林产业的过程中，注重品牌建设，实施名牌化策略，但营销体系建设滞后，营销方式较为传统。具体如下：

(1)注重品牌建设，实施名牌化策略。目前，浙江山区特色农林产品的品牌运作主要有两种模式。一种是由政府注册商标，企业、合作组织、农户共同使用。如余姚杨梅的“鹤顶”牌商标和开化茶叶的“龙顶”牌商标。1998 年余姚市由政府出面为杨梅申报注册了“鹤顶”牌商标，并作为重点农产品品牌加以扶持。“开化龙顶”商标最早于 1985 年注册，1997 年开化县政府为了进一步保护该商标，又向国家商标局申请并成功注册“开化龙顶”四个文字，组合成复合商标。另一种是由企业、合作组织或经营大户注册商标。临安山核桃主要是加工企业注册商标，截至2005年底，在调查的144家加工企业中，共有53个注册商标。临海市柑橘、杨梅分别由企业、合作组织和经营大户注册商标，共有41个注册商标。其中，15个由合作社注册，农庄、农场、公司注册商标11个，技术服务部门注册3个，经营大户注册商标12个。第一种模式在运行过程中存在较大的内在风险。例如，在华东茶叶市场上出现了“开化龙顶”茶叶的冒牌产品，影响了整个开化茶叶的声誉。第二种运作模式导致品牌多、效益难以发挥的后果。过多的品牌容易引起品牌间的竞争，难以形成核心品牌和拳头产品，阻碍了品牌经营规模效益的有效发挥，削弱了特色农林产品的市场竞争力。另外，过多的品牌增加了注册成本和品牌管理的难度。浙江山区各地在注重品牌建设的同时，实施名牌化策略。名牌战略是市场经济条件下各种经济竞争主体普遍采用的战略，不仅适用于工商企业，也同样适用于农业。浙江山区在发展特色农林产业过程中，为了提高产品的市场竞争力，充分发挥舆论导向作用，利用各种媒体加强对品牌的宣传力度，使多个农产品成为国内和省内的名牌产品。如2004～2006年，临安市山核桃和竹笋产品中，有8个产品分别获得杭州市、浙江省和国家名牌产品、著名商标等称号(表4-27)。但总体上，名牌产品的档次较低。

表4-27 临安市山核桃、竹笋品牌情况

企业名称	品牌	获得称号
杭州市临安人长久食品有限公司	“人长久”牌山核桃	浙江省名牌产品(2004)
杭州临安天目山绿色食品有限公司	“郭氏”牌山核桃、笋干	浙江省名牌产品(2004)
杭州深宝绿色食品有限公司	“深宝”牌山核桃	浙江省名牌产品(2006) 浙江省著名商标(2005)
杭州康鑫食品有限公司	“文同”牌水煮笋	浙江省名牌产品(2006) 浙江省著名商标(2006)
杭州临安桃源绿色食品有限公司	“世外桃源”牌山核桃	杭州市名牌产品(2004)
杭州临安东升绿色食品有限公司	“东升”牌山核桃	杭州市名牌产品(2006)
杭州松友食品有限公司	“浙福”牌水煮笋	杭州市名牌产品(2006)
杭州临安林佳旅游食品有限公司	“林佳”牌山核桃	2006年国家炒货食品博览会名牌

资料来源：临安市林业局

(2)营销体系尚未建立，营销方式较为传统、缺乏创新性。目前，浙江山区特色农林产品营销组织主要包括批发市场、经销点、在全国各省市设立的销售点、中间商或贩销队伍、龙头企业和合作经济组织等。但大多数批发市场交易规模小，设施及配套建设落后，档次不高，还停留在出租铺面的简单物业管理模式阶段。市场在价格发现、辐射能力、信息服务、物流服务、检验检测等功能方面非常薄弱和欠缺，尤其是在农产品质量安全保障方面存在严重的缺陷；在一些特色农林产品集中生产的乡镇市场，大多是露天、马路边市场，有的甚至没有固定的位置；在外省和全国范围设立的直销点数量较少，大多集中在江苏、上海等地，销售规模较小；中间商或贩销大军以农民为主体，以追求利润最大化为目的，人员素质普遍较低，营销能力较弱；龙头企业和合作组织收购和销售特色产品的功能尚未充分发挥。另外，在特色农林产品的主产区，还发展了一定数量的经销点，这些经销点或是企业的直销点，或是直接收购和销售特色产品。经销点的销售方式较为传统，缺乏创新性。为了了解经销点的销售方式，在临安市锦城镇范围内随机抽取 20 家山核桃、竹笋干的经销商，对其销售方式进行了调查，问卷采用了多项选择的方法，提供了 5 项选择：顾客上门来购买、固定的营销网络、电子商务、参加各种博览会、其他。调查结果如图 4-4，从中可以看出，山核桃、竹笋干的销售方式主要以顾客上门购买为主，其次是固定的营销网络和其他，其他一般指亲戚朋友介绍，而参加博览会和运用电子商务销售的经销商很少。顾客上门购买是一种被动的销售方式，只能等待顾

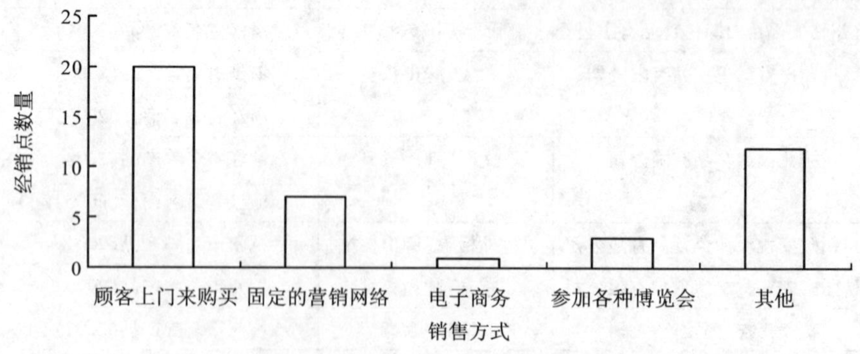

图 4-4 临安市 20 家山核桃、竹笋经销点销售方式

资料来源：调查问卷

客的出现，这说明临安山核桃、竹笋干经销点的销售方式普遍落后。另外，通过对龙头企业和合作组织的调查也发现，特色农林产品的销售很少应用现代化的电子商务进行网上交易。交易方式缺乏创新性还表现在几乎所有的特色农林产品交易仍然沿用传统的现货交易，即买主现场看货，实物交易。这种交易方式增加了物流负担和储运损耗，限制了交易的时间和地域范围，使得交易效率低下。

4.4 结　论

从上述分析中，可以得到如下结论：

(1)2002~2005 年浙江茶叶的国际市场占有率平均为 6.95%，位居全国第一位，同期浙江茶叶的 RCA 平均值为 11.16，远大于 2.5，茶叶出口极具显性比较优势。全国不同省份和省内不同区域茶叶生产的比较优势存在显著差异。按 2002~2005 年平均面积、产量计算的浙江茶叶生产的 SAI、EAI、AAI 数值分别为 6.28、1.18、2.83，均位居全国第二，浙江茶叶具有极强的综合比较优势，且综合比较优势主要是由规模优势带来的。从纵向比较来看，1985~2005 年，浙江茶叶生产的 AAI 值变化比较平缓，在 2.12~2.99 之间，均大于 2，但近 4 年有下降趋势。省内浙西茶区、浙东茶区、浙南茶区进行比较发现，总体上浙东茶区的比较优势较为显著。从效益比较看，2004 年浙江省生产绿毛茶的单位面积纯收益和成本利润率低于全国平均水平，位居全国第四位；2005 年浙江省生产绿毛茶的单位面积纯收益位居全国第三位，成本利润率位居全国第四位，但两项指标均高于全国平均水平。

(2)2002~2005 年浙江橘、橙类水果国际市场占有率平均仅为 0.11%，说明浙江生产的橘、橙类水果以内销为主，出口量很小，同期 RCA 平均值仅为 0.18，远小于 1，说明浙江橘、橙类水果出口具有显性比较劣势。全国省域尺度上柑橘生产的比较优势差异明显，按2002~2005 年平均面积、产量计算的浙江柑橘生产的 SAI、EAI、AAI 值分别为 4.24、1.37 和 2.41，排在全国的第二、第四和第二位，浙江柑橘生产具有综合比较优势。从纵向比较来看，1985~2005 年，浙江柑橘生产的 SAI 值波动幅度不大，并均大于 2，效率优势指数 EAI 总体上呈上升趋势，综合比较优势指数 AAI 大多数年份大于 2，说明历年来浙江柑橘生产具有显著的比较优势。省内主产区衢州与台州比较，衢州主产区柑橘生产的比较优势显著于台州主产区，并且衢州市各县(市、区)的 SAI 值不断上升，而台州市的黄岩县、玉环县、温岭市的 SAI 值在逐年下降。从效益比较看，2004～2005 年浙江省生产橘的单位面积纯收益分别位于全国的第一和第三位，成本利润率分别位居第一、第二位。两项指标均高于全国平均水平，说明浙江省生产橘与全国其他省份比较，经济效益比较好。

(3) 杨梅生产的比较优势主要在省内县域尺度上进行比较分析。从杨梅主产区宁波、温州、台州比较优势的平均水平看，排在第一位的是温州，其次是台州，再次是宁波。从变化态势分析，个别县市的比较优势变化明显，比较典型的为仙居县和余姚市。仙居县的 SAI 值和 EAI 值分别呈上升和下降趋势，主要原因是仙居属于杨梅新发展的地区，杨梅种植到产果需要一定的年限，目前新种的杨梅尚未挂果，因此单位面积产量较低，影响了 EAI 和 AAI 的数值。余姚市的 SAI 下降，EAI 和 AAI 上升，主要原因是近年来杨梅价格上升，作为杨梅生产传统产区的余姚市，农民经营杨梅从粗放经营向集约经营转变，提高了单位面积产量。

(4) 竹笋和山核桃属林产品，生产的比较优势是指该产品在全部林产品中的比较优势。按 2002～2005 年平均产量计算的浙江竹笋生产的 SAI 值为 5.09，说明在全国林产品生产中具有显著的规模比较优势。从纵向比较来看，1985～2005 年，浙江竹笋生产的 SAI 值存在一定程度的波动，同时总体上呈现下降的趋势。省内主要产区比较，竹笋生产比较优势排在前八位的依次为平阳县、湖州市、吴兴区、杭州余杭区、德清县、奉化市、宁波鄞州区、余姚市、龙泉市。按 2003～2005 年平均产量计算的山核桃生产的 SAI 值大于(或等于)1 的有 4 个县(市、区)，它们依次为淳安县、临安市、桐庐县、宁海县，其中淳安县、临安市、桐庐县山核桃生产的 SAI 值分别为 5.83、4.47、2.05，规模优势较为显著。

(5) 对台州黄岩的本地早柑橘和余姚丈亭镇的荸荠种杨梅的投资项目进行经济效益分析，发现柑橘、杨梅的投资回收期均比较长，分别为 7.41 年和 7.67 年。但如果按远高于银行贷款利率的贴现率 10% 计算，净现值分别达到 250333 元/hm^2 和 103936 元/hm^2，内部收益率分别为 27.18%和 28.07%，说明本地早柑橘品种和荸荠种杨梅是内部收益率和经济效益较高的投资项目。

(6)浙江山区特色农林产品市场竞争力的提升受到成本、品质和营销能力的制约。在成本方面表现为浙江山区农业劳动力成本、土地成本相对较高。虽然从《全国农产品成本收益资料汇编》计算的数据看，浙江生产茶叶和橘的经济效益比较好，但是该数据在计算家庭投入人工成本时，是按全国统一的标准计算的，如果按照实际劳动力成本计算，浙江生产茶叶和橘的经济效益会大大降低。在品质方面，浙江山区特色农林产品的营养价值较高，但质量安全状况不容乐观。在营销能力方面，注重品牌建设，实施名牌化策略，但品牌过多、档次太低，且营销体系建设滞后，营销方式较为传统。

浙江山区特色农林产品标准化研究

农业标准化是农业科技成果转化和应用的重要途径，也是保证农产品质量安全，提高农产品市场竞争力的重要举措。浙江山区在发展特色农林业的过程中，同样必须注重标准化生产。本章分析了农业标准化对提升农产品市场竞争力的作用，介绍了国内外农业标准化的现状与发展，着重对浙江农业（含特色农林业）标准化现状、问题进行分析，并提出对策与建议。

5.1 农业标准化概念及作用

5.1.1 农业标准化概念与特点

农业标准化是指种植业、林业、畜牧业、渔业、农用微生物业的标准化，包括生产、加工、流通与相关的标准体系及其系统的应用，即以农业科学技术和实践经验为基础，运用简化、统一、协调、选优的原理，把科研成果和先进技术转化成标准，制定标准并加以实施，把农业生产的产前、产中、产后全过程纳入标准生产和标准管理的轨道，取得良好的经济效益和社会效益。

农业标准化具有以下一些特征：①标准性。标准性是农业标准化的首要特点，从农产品生产、加工到流通全过程都按照标准化机制运行。②体系性。农产品准入市场之前，必须符合质量安全标准，这种保证是用农业标准化体系网络来严格控制实现的。它一般由农产品质量标准体系、农业标准化推广体系、农产品质量检测体系等构成。③先进性。农业标准化的先进性在于它的标准制定和操作的科学性。一切技术标准和生产操作规程都是经过科学分析、筛选、优化和论证确定的，在标准制定上是先进的。④统一性和适用性。我国的农业标准既反映市场对产品质量安全水平要求，又结合我国农业生产实际特点而制定。从已制定的国家标准、农业行业标准、地方标准看都体现统一性特点。正是统一性使得农业标准在我国各地农业生产中具有可操作性，农业标准可在各地得到普遍推广应用，又呈现适应性特点。⑤公信力和权威性。农业标准化实施的国家标准、行业标准、地方标准都是代表国家的政府制定的。政府代表的又是人民大众公共利益，代表人民意志，并对人民和整个社会负责，因而政府能得到人民的信任，在人民心目中具有权威性。由此，政府制订和要求实施的农业标准化就具有公信力和权威性。

5.1.2 农业标准化对提升农产品市场竞争力的作用

5.1.2.1 农业标准化有利于提高农产品质量、创建农产品品牌

实施农业标准化能够控制农产品生产的全过程，确保农产品质量的提高。首先，在育种上就会围绕农业发展的方向(比如优质)选育良种，优化同类农产品的品种和品质，使得产品结构更趋合理。其次，在生产过程中，农民是通过追求质量而达到提高效益的目标，这样他们要选择具有生产优势的优良品种，充分发挥地方的比较优势，按照作物生产的要求使用规定的化肥、农药，按照操作规程进行作业，改善、保证产品质量。最后，对收获的农产品按照产后标准和要求进行贮藏、保鲜、加工等实现产品标准化，就可以凭借基本统一的品质和规格，进入各级农产品市场，成为通用加工原料，使得农产品具有了更大的市场空间，更长的产业链，从而扩展了营销渠道和途径，通过更多种的形式和渠道进入市场。可见，通过全过程的控制，实施农业标准化能够保证农产品的安全卫生和规格质量，满足消费者的需求，在更高的质量水平层次上实现农产品的供需平衡。

农业标准化同样有利于创建农产品品牌。品牌化经营是变农产品质量优势为竞争优势的有效手段。一个农产品品牌的形成，必须建立在对资源、市场、科技、生产经营、配套服务体系充分论证的基础上，克服传统农业经济的盲目性、随意性，要求从农产品生产的产前、产中、产后各环节均实现标准化的生产与管理。没有严格的质量标准体系，就形不成高质量的过硬品牌，在市场上就不可能享受到与质量相符的价格与效益。

5.1.2.2 农业标准化有利于提高农业的生产效率

农业生产效率的提高，从生产要素看，很大程度上取决于农业科技的应用和农业劳动者素质的提高。科技是第一生产力，科学技术对农业发展具有显著的促进作用。但如何把农业科研成果转化为现实的生产力，一条重要的措施就是大力发展农业标准化生产。因为农业标准化本身源于科技创新，标准化的实施就是一个将大量的农业科技成果、科学技术经过"标准化"后转化为适用技术标准，应用到农业生产中形成现实的农业生产力的实践过程；另一方面，农业劳动者在农业标准化实施过程中不断学习，不断受到培训和现场传授指导，从而提高农业劳动者自身对标准化科技知识和标准化技术的应用能力。这将大大提高农业生产者的素质和劳动能力，进一步提高农业的生产效率。

5.1.2.3 农业产业化离不开农业标准化

农业产业化是目前我国市场经济条件下发展农业产业的组织形式，也是提高农产品市场竞争力的有效保证。农业产业化的实质是市场化与社会化，按照市场需求组织农业生产是产业化农业的发展方向。在我国以家庭经营为主体的农业生产模式中，如何将市场对农产品的具体需求(种类、包装、质量、品牌等)量化为农民可操作的标准，就成为具体而现实的问题。首先，农业标准化是农业产业化的基础工作。农业标准化包括农业基础标准、种子种苗标准、产品标准、生产资料标准、生产和管理技术标准、环境保护标准等，是完善、系统的综合技术系统。农业产业化是以市场为导向，以农户为基础，以龙头企业或农民自主决策的合作组织等中介组织为纽带，通过将农业再生产过程的产前、产中、产后诸环节联结为一个完整的产业系统，实现种养加、产供销、农工商一体化经营的经济组织方式。农业标准化对农业经济、技术、科学、管理活动中需要统一、协调的各类对象制定并实施标准，使之实现必要而合理的统一活动，由此看来，标准化是产业化的基础工作。其次，农业产业化的实施离不开农业标准化。农业生产不同于工业生产，农业生产的主要对象是生物材料，即动植物体，它们是活的有机体，种类繁多，各有其独特的生长发育规律，受土壤、环境、气候等因素的制约程度大，生产季节性强，这就要求我们在实施产业化过程中，运用标准化手段，选择最佳的技术方案，因地制宜，充分考虑农业生产的特殊性，加强标准化工作，制定切实可行的标准，用以指导农业生产。

综上所述，农业标准化有利于提高农产品市场竞争力。因为农产品市场竞争力的提高，主要源于农业生产效率的提高和农产品质量安全水平保障机制的建立。由于农业标准化的推行，农业生产能力增强，形成效率增长的长效机制，农产品的生产不仅在量的增长方面满足市场需求，也在质的提高方面提供能力保证。

5.2　国际农业标准化现状与发展

5.2.1　国际农业标准化总体情况

标准不是从来就有的，某种标准也不是永恒不变的，标准是随着生产力的发展、科技的进步和人类文明程度的提高，由无到有，由低到高，与时俱进地发展演化。现代标准化是伴随着社会化大生产而诞生，随着市场经济的发展而完善的。农业标准化的发展是由工业标准化的发展引申而来的。1921 年，英国、美国等七国标准化机构在伦敦召开联席会议，拉开了各国标准化合作的序幕，1928 年，正式成立了国际标准化协会，第二次世界大战期间工作中断。1947 年，国际标准化组织(ISO)以非政府性国际组织的性质成立，目前国际标准化组织是世界上最大、最有影响的国际标准制定机构。ISO 的 224 个技术委员会(TC)中有 3 个负责农业标准的制定工作：TC23 分成 11 个分委员会(SC)共同制定农作物耕作、灌溉、防护、收获和贮藏等农用机械国际标准，TC34 分成 13 个分委员会(SC)共同制定农业动植物产品及其加工制品食品国际标准，TC190 分成 6 个分委员会(SC)制定化学、生物、物理方法和土壤质量等内容国际标准。ISO 国际标准总体来看侧重于工业标准的制定，针对这一情况，1961 年，联合国由 FAO 成立了国际食品法典委员会(CAC)，专门负责农业方面的标准化工作。1962 年，世界卫生组织(WHO)共同加入管理，使 CAC 成为政府间制定、协调、管理农产品国际标准化的机构，即由 CAC 负责协调制定农产品和食品标准、卫生或技术规程、农药残留限量、污染物准则、添加剂和兽药的评价。从保护消费者健康与安全，保证农产品和食品的国际贸易免受非公平贸易影响出发，CAC 要求各成员方在国际贸易中的农产品和食品中不得含有有毒、有害或有损健康的任何成分，不得含有不洁、变质、腐败、腐烂或致病的物质及异物，标识不得有错误、误导内容，不得掺假，不得在不卫生条件下加工、包装、贮藏、运输和销售。

5.2.2　主要国家和地区农业标准化现状

在国外一些农业发达国家，农业标准化生产已经像工业生产一样严密。如美国、以色列等发达国家在现代农业建设中，从一开始就非常重视标准化工作。从产前的生产资料供应，产中几乎每个环节的操作规程和技术服务，再到产后农产品的分级、加工、包装、储运等各个方面，都制定有非常明确的标准系列，并在生产过程中严格规范进行，有力地促进了这些国家现代农业的快速发展。下面主要介绍美国、日本及欧盟的农业标准化现状。

5.2.2.1　美国农业标准化

美国农业标准化体系由国家标准协会(ANSI)为协调中心的国家标准体系、联邦政府机构的标准体系、非政府机构的标准体系组成。美国农业部主要负责农作物、畜禽的生产过程、成分、质量和市场销售等环节的技术法规制定；卫生部主要负责动植物的卫生、微生物、害虫等方面的技术法规制定；环境保护局主要负责农产品种植、养殖和加工过程中的农药、有害物质等技术法规的制定。此外，还有大量的推荐性标准，包括农产品等级划分、成熟度、尺寸、色泽、水分、重量、成分等规定。这些都由如柑橘协会、花生协会、蔬菜协会等民间农业组织负责制定，经过一定程序成为世界或国际标准。标准监督分别由美国农业部食品安全局(FSIS)、美国药品和食品管理局(FDA)、美国农业部联邦谷物检验局(FGIS)负责。

美国还于1990年颁布了《有机食品生产条例》(*Organic Food Production* Act)，组成了由种植业者、加工业者、零售业者、科学家、消费者或公共利益倡导者及环境保护主义者等14人参加的国际有机标准委员会(NOS)。农业部(USDA)根据OFPA建立了国家统一有机规则，实施有机标准，开展危害分析与关键点控制认证(HACCP)。

5.2.2.2　日本农业标准化

日本是开展农业标准化工作较早的国家之一，它的农业标准化管理制度，即JAS(Japanese Agricultural Standards)制度，是基于日本农林水产省制定的《关于农林物质标准化及质量标识正确化的法律》(简称“JAS法”)所建立的对日本农林产品及其加工产品进行标准化管理的制度，任何在日本市场上销售的农林产品及其加工品(包括食品)都必须接受JAS制度的监管，遵守JAS制度的管理规定。因此，JAS制度成为日本农业标准化最重要的管理制度。JAS法包括“农林物质标准化”和“质量标识标准化”两大内容，由农林水产大臣指定需制定JAS标准的物品目录。利益相关方可向农林水产大臣申请制定某一JAS标准，由“农林物质规格调查委员会”审议批准是否制定该标准。JAS调查委员会由来自消费、生产和流通各环节的代表和专家组成。JAS标准复审时应考虑到国际标准(食品法典标准)的发展趋势以及生产、贸易、应用和消费各方面的现状及未来发展方向。JAS标准覆盖的产品种类包括：食品、饮料和油脂；农业、林业、家畜和水产品及以此为原料的加工品。所有属于这两大门类的农产品都包括在JAS标准系统中，不管它是国产的还是进口的。至2004年1月，JAS标准已经为81类产品制定了292个标准。

5.2.2.3　欧盟农业标准化

欧盟有比较健全的农业标准化法律，对ISO、CAC等大多数是直接采用，其原因在于欧盟国家直接参与了上述国际标准的制定工作，从而使国内标准与国际标准结合在一起。欧盟各国在进行农产品生产过程中，严格依据国际统一标准(ISO9001)、欧盟统一标准(HACCP)、国家标准(BRC)、行业标准(EUREP/GAP)等，并把这些标准贯穿于生产、加工、流通全过程，而且其标准覆盖率达到98%~100%，使农产品生产的过程，包括从农作物种子选育和育苗时候的培土到使用的肥料、农药和农产品加工过程中车间的卫生条件、加工设备的条件、包装材料、储运时间、温度以及储存的天数等都要遵守有关食品安全检查和质量保证标准。法国的农业标准化工作在欧盟具有代表性，该国从事农业标准化的机构有两类：一是政府的，如法国消费部反诈骗质量管理处、生产交换局、国立农业研究院等；二是民间的，如法国标准化协会，该协会设有农业、卫生和包装处，从事农业方面的标准化工作，并与法国农业部有密切合作关系，受农业部委托承担该部赋予的标准制定任务，或在政府的支持下，承担ISO、CAC、欧盟等有关农业方面的标准制定任务。

尤其值得一提的是，法国建立起了完善的农产品质量识别标志制度，其主要内容是：优质产品，使用优质标签；载入生产加工技术条例和标准的特色产品，使用认定其符合条例和标准的合格证书；以特殊方式生产符合生物农业要求的产品，使用生物产品标志；来自特定产地、具有该地区典型特征的产品，以某产地产品命名。该制度是建立在自愿参与、自觉遵守产品质量承包协议和有第三方监督基础之上的，它强调的是对农产品品质真实情况的证明。

5.3 农业标准化在农产品贸易中的应用：技术性贸易壁垒

实施农产品标准化的目的除了保护消费者的合法利益，保护环境和居民、动物、植物的健康外，世界各国为了保护本国生产者的经济利益，还纷纷利用农产品的技术标准和质量标准来限制进口，形成以技术法规、技术标准、合格评定程序和标签标志制度为主要表现形式的国际贸易技术壁垒。特别是近几年，西方发达国家如美国、日本及欧盟等主要资本主义国家纷纷采用这种隐蔽性较强、透明度较低、不易监督和预测的保护措施，给我国的农产品出口造成很大的负面影响。

5.3.1 不断颁布新的技术法规

美国对农产品和食品进口管制职能部门主要是美国食品与药物管理局(FDA)，与FDA相关的法律包括《食品、药品、化妆品法》、《公共卫生服务法》、《公平包装和标签法》、《茶叶进口法》、《婴儿食品法》等，其他部门制定的法律有《植物检验法》、《联邦植物虫害法》、《动物福利法》、《家庭冷藏法》等。2001年1月，美国FDA又颁布新法规，对果蔬汁产品实施HACCP(风险分析和关键点控制)管理。美国是中国最大的果汁输出市场，中国浓缩果汁加工量约每年20万t左右，出口占生产总量的85%，FDA颁布的新法规必然对中国浓缩果汁向美国的出口产生影响。日本是我国的近邻，也是我国的贸易大国，日本同样是技术法规繁多的国家。重要的法规有：《食品卫生法》、《药物管理法》等。欧盟食品卫生法(93/43/EC)对食品生产各个环节的安全措施与技术标准都进行了详细的规定。

5.3.2 制定严格的安全卫生标准，不断增加对农产品的检测项目并提高标准水平

发达国家近年来提出所谓的“有机食品”以及类似的“生态食品”、“自然食品”、“健康食品”，对农产品中化学物质的限量更加苛刻。食品法典委员会(CAC)有关农药残留限量标准包括两类：CAC/MRL1，即食品中农药限量最大标准。该标准共给出了197种农药在289种食品中的2374个农药最大残留限量值；CAC/MRL3，即农药再残留限量标准，该标准给出了148种再残留限量值。1993年4月第24届联合国农药残留法典委员会上，讨论了176种农药在各种商品中的最高残留限量和指导性残留限量。欧盟据此对在食品中22种主要农药残留限量制定新的更高的标准，从严控制其在食物中残留限量。从2001年11月开始，欧盟对中国茶叶的农药残留检测项目，从原来的6项增加到62项。欧盟从2004年1月1日开始正式禁止320种农药在欧盟销售，其中涉及中国的农药产品达60余种。日本厚生省规定食品中不得含有有害、有毒物质，严格控制食品中的药物残留量。1968年日本制定了第1批农药最高残留限量，那时只对5种农药设定了最高残留限量，1978年增添了26种农药的最高残留限量，1997年对161种农药设定了8000个最高残留限量，至2000年对200种农药制定了近9000个最高残留量。2003年5月30日日本政府发布《食品卫生法》修正案，并于2006年5月起正式施行，其在《食品中残留农业化学品肯定列表制度》中暂定标准共51392条，涉及734种农业化学品，对其未设标准而欧美国家也无标准可参照的农业化学品推行“一律标准”(0.01PPm)。

5.3.3 实行严格的食品标签制度

美国是世界各国食品标签法最为完备、严谨的国家，美国的食品标签自1992年12月12日实施。新的食品标签于1993年开始出现，从1994年5月起，美国所有包装食品，包括全部进口食品必须强制使用新的标签，食品中使用的食品添加剂必须在配料标示中如实表明经政府批准使用的专用名称。1995年9月FDA颁布正式法令对《联邦法典》中“强化食品营养标签”一章作出修改，要求销售的强化食品应按规定加附营养标签。FDA要求大部分的食品必须表明至少14种营养成分的含量，仅在这一领域处领先地位的美国制造商就为此每年要多支出10.5

亿美元，由此可以想象其他落后国家的出口商的成本压力了，尤其是对没条件进行食品成分分析的国家而言，无疑就是禁止进口的措施。欧盟于 1990 年正式发布《关于食品营养标签指令》，以后又发布了有关食品标签专项指示的指令。2003 年 9 月，欧盟理事会修订了关于食品标签、说明及宣传的第 200/13/EC 指令。新条例旨在确保消费者更容易得知食品的成分，同时令对某些成分敏感的人士提高警惕，修改后指令中的食品成分标签规定如下：以往，食品上不必列出含量不足 25% 的复合成分，新条例撤消了这项豁免，所有成分必须标出。

5.3.4 执行严格的商品合格评定程序

合格评定程序是指任何用于直接或间接确定满足技术法规或标准有关要求的程序，包括抽样程序、测试和检验评估、验证和合格保证、注册、认可和核准以及它们的组合。许多国家通过合格评定程序，主要是认证制度和产品的合格检验等对进口商品设置重重障碍。如日本规定对进口的农产品先由农林水产省属下的动植物防疫所从动植物病虫害角度进行检查。由于农产品大部分用于食品加工，故在接受病虫害检查后，再由厚生劳动省属下的检疫所从食品角度进行检查。在得出检查结果前，受检产品不得通关。进口产品在检查合格进入日本国内流通市场后，还要接受各地方自治体保健所的检查。如果产品被检查出超标，进口商和销售商一般都要对全部产品进行回收，并登报道歉。美国要求食品、药品、保健品、化妆品必须经过 FDA 认证，农产品包括各类肉制品必须经过 USDA 认证。欧盟指令规定了哪些产品要经过第三方认证，哪些可以自我认证，对不同产品有不同的要求。

5.4 我国农业标准化发展历程与现状

5.4.1 发展历程

我国的农业标准化工作总体来说，是起步早进展缓慢，早在 20 世纪 50 ~ 60 年代，我国就开始了农业标准化工作，而真正的发展是在 1986 年以后。我国农业标准化发展经历了以下几个阶段：

第一阶段，1957 ~ 1966 年。在经济建设全面发展的情况下，我国开始制定国家标准。这一时期的特点是农业生产部门与农产品使用、加工经营部门共同协商制定了一些重要的农产品标准，农业标准化受到了有关领导的重视。但与其他行业的标准化工作相比，农业标准化还处在落后地位。

第二阶段，1967~1976年。文化大革命期间，农业标准化工作也和其他各项工作一样，不能正常进行，甚至出现了倒退，已有的标准也不执行了，有的地方还出现了各种“土标准”，标准化工作受到了很大损失和破坏。

第三阶段，1977~1985年。农业标准化工作与其他工作一样进入了新的全面发展时期。特别是党的十一届三中全会以来，农村落实了各项政策，农业生产责任制不断完善，农村由自给自足的经济向大规模商品生产转化，由传统农业向现代化农业转化，农业标准化工作的作用越来越显著，并被人们普遍认识。标准化机构的建设得到迅速恢复和加强。1978年5月国家标准局正式成立，1979年4月农业部科技局成立标准处，同年林业部科技司成立标准处，农林牧渔等部门普遍开展了标准化工作。国家各有关部门制定了大量的农业标准。到1984年底，农林国家标准为148项，部门(行业)标准为586项，以及大量的农业地方标准。

第四阶段，1986年至今。1986年，中国宣布“入关”，农业标准化工作围绕提高农产品质量，积极向综合性、系统性方向发展，向国际和国外先进标准靠拢。尤其是进入90年代，为了适应从计划经济向市场经济转化，从粗放经营向集约经营转化，农业标准化工作紧紧围绕建立健全农业标准化体系和检测体系，努力为高产优质高效农业服务，农业标准化工作更是得到了快速全面发展。

5.4.2 发展现状

5.4.2.1 农业标准体系已初步形成，标准化推广实施初见成效

截至2003年6月，我国现行有效的农业标准共4887项，其中国家标准1362项，农业行业标准3525项。这些农业标准涉及农业基础管理、粮食作物、经济作物、畜牧和水产业、饲料、林业、农产品生产加工、动植物检验检疫、农药合理使用、土壤与肥料、农林机械与设备等方面，基本涵盖了农业的各个领域，贯穿了农业产前、产中、产后全过程，即内容扩展到产地环境、农产品品种、农业投入品、生产加工、检

验检测、分等分级、包装贮运等全过程。近年来，我国在农业标准体系建设方面有所侧重，重点制定的系列农业标准主要有：①无公害食品标准。农业部从 2001 年开始启动实施了“无公害食品行动计划”。截至 2005 年底，共制定和修订标准 350 项，水果、蔬菜、茶叶、畜产品、水产品等 100 多个产品从产地环境到产品质量有了相应的配套标准作指导。②绿色食品标准。截至 2006 年底，农业部共制定了绿色食品标准 79 项。③优势农产品标准。重点围绕《优势农产品区域布局规划(2003~2007)》和“优势农产品质量安全推进计划”确定的专用小麦、专用玉米、高油大豆、柑橘、苹果等 11 种优势农产品，以提高产品质量为核心，制定农产品标准。截至 2005 年底，共制定标准 170 余项。④动植物检疫、安全限量和残留检测标准。为充分利用 WTO“绿箱”政策，通过技术标准扩大农产品出口，农业部一直将动植物检疫、安全限量标准作为制(修)定重点，涉及六六六、滴滴涕、甲胺磷、氰戊菊酯等多种农药以及重金属、动植物激素、动植物抗生素等多种禁用、限用药物在蔬菜、水果、牛羊肉、水产品等多种农产品中的限量。⑤转基因、植物新品种测试与资源环境保护标准。截至 2005 年底，制(修)定转基因生物安全评价与检测标准近 30 项，植物新品种 DUS 测试标准 30 余项，农村环境与资源保护标准 45 项。

标准化推广方面，国家先后建立了一批国家级农业标准化示范区，各省结合本地区农业发展重点建立的省级农业标准化示范区的数量也迅速增加。截至 2005 年底，组织创建了 214 个全国农产品标准化生产综合示范区和 100 个标准化生产示范农场，分两批在全国创建了 200 个无公害农产品(种植业)生产示范基地县和 20 个出口示范基地。各地共建设各类省级农产品标准化示范区近 3500 个，示范面积达 5333 千 hm^2。

5.4.2.2 农业标准化法规逐步健全，管理体制进一步加强

农业质量标准工作是技术含量很高的执法工作。农业部门在推进农业标准化的同时，重视有关农业标准的规章和管理办法的制定。根据《中华人民共和国产品质量法》、《中华人民共和国标准化法》、《中华人民共和国计量法》及有关的法律法规，制定了 8 项规章。这些法规的制定和实施规范了农业标准的制定和质检体系的建设，有力地促进了农业标准化工作。在标准化管理方面，国家农业主管部门设有专门分管农业

质量标准化的机构(农业部市场与经济信息司)，各省、自治区、直辖市都设有标准化管理机构。在技术方面，成立了新品种测试、农业转基因生物安全管理、果品、热带作物及制品、畜牧业、动物防疫、农作物种子和水产等14个全国性农业标准化专业技术委员会，负责对标准的技术性和实用性进行审查。

5.4.2.3 *质量安全监督检测体系初步建立*

从20世纪80年代中期开始，我国加强了农业质量监督检测体系的建设。截至2005年底，先后分5批共规划、筹建部级质量检测检验中心305个，已有238个部级质检中心通过了农业部授权认可和国家计量认证，并对外正式开展工作。除部级质检中心外，全国省、地(市)、县三级已有农产品质量安全质检机构1780多个，其中省级219个，地(市)级439个，县级1122个。通过计量认证的共有400多个，约占23%。很多省份在农产品生产基地、批发市场、农贸市场和超市配备了必要的速测设备或自检设备。基本形成了由部级、省级、地级、县级质检机构互为补充，由常规检验和速测检验相配套的农产品质量安全检验检测体系。

同时，近几年来，涉农部门一方面组织开展了对蔬菜、茶叶、水产品等农产品的质量定点监测和跟踪检查，突出农产品的安全卫生指标，如农药残留、重金属污染等，倡导在全国开展“放心(安全)农产品活动”。另一方面，为确保农用生产资料的质量与安全，重点对化肥、农药、种子、饲料、农机及其零配件等产品进行了国家监督检查。

5.5 浙江农业(含山区特色农林业)标准化现状

5.5.1 注重地方标准建设，制定了森林食品系列标准

到“十五”期末，全省共制定各类农业标准(规范)2600多项，其中省级农业地方标准350余项。浙江省在发展特色农林业的过程中也非常重视农业标准化工作，注重各级地方标准的建设：①省级地方标准。山区县(市)制定的标准中有很多标准已成为浙江省地方标准，目前仍在使用的特色产品柑橘、茶叶、竹笋、山核桃的浙江省地方标准见表5-1。内容包括产地环境、产品品种、生产技术规程、生产加工、质量安

表 5-1 浙江特色农林产品省级地方标准目录

标准号	标准名称
DB33/T 211 - 1997	雷竹笋早出丰产栽培技术规程
DB33/T 223 - 1998	临安菜竹竹种
DB33/T 224 - 1998	临安菜竹丰产栽培技术规程
DB33/T261.1 - 2005	笋竹两用毛竹林 第1部分:母竹
DB33/T261.2 - 2005	笋竹两用毛竹林 第2部分: 栽培技术与验收规范
DB33/T261.3 - 2005	笋竹两用毛竹林 第3部分:主要病虫害综合防治
DB33/T261.4 - 2005	笋竹两用毛竹林 第4部分:笋质量安全要求
DB33/T261.5 - 2005	笋竹两用毛竹林 第5部分:商品竹
DB33/T 364 - 2002	出口笋干检验规程
DB33/T 365 - 2002	出口鲜笋检验规程
DB33/T 391 - 2003	毛竹笋用林丰产栽培技术规程
DB33/ 489.1 - 2004	无公害早园笋 第1部分:产地环境
DB33/ 489.2 - 2004	无公害早园笋 第2部分:优质丰产栽培技术规程
DB33/ 489.3 - 2004	无公害早园笋 第3部分:鲜笋要求
DB33/ 489.4 - 2004	无公害早园笋 第4部分:笋干
DB33/ 9 - 1994	笋用竹林基地栽培技术
DB33/T 343.1 - 2007	无公害马蹄笋 第1部分:产地环境要求
DB33/T 343.2 - 2007	无公害马蹄笋 第2部分:生产技术规程
DB33/ 343.3 - 2007	无公害马蹄笋 第3部分:质量安全要求
DB33/ 333.3 - 2006	无公害竹笋 第3部分:质量安全要求
DB33/T 333.2 - 2006	无公害竹笋 第2部分:生产技术规程
DB33/T 333.1 - 2006	无公害竹笋 第1部分:产地环境要求
DB33/ 225.1 - 2004	开化龙顶茶 第1部分:苗木
DB33/T 225.2 - 2004	开化龙顶茶 第2部分:栽培技术
DB33/T 225.3 - 2004	开化龙顶茶 第3部分:栽培与加工
DB33/ 225.4 - 2004	开化龙顶茶 第4部分:质量安全要求
DB33/T 228.1 - 1998	大佛龙井茶 第1部分:茶树良种繁育
DB33/ 228.2 - 1998	大佛龙井茶 第2部分:苗木
DB33/T 228.3 - 1998	大佛龙井茶 第3部分:栽培管理
DB33/T 228.4 - 1998	大佛龙井茶 第4部分:采摘与加工
DB33/T 228.5 - 1998	大佛龙井茶 第5部分:商品茶

（续）

标准号	标准名称
DB33/ 236.1－2004	平阳早香茶 第1部分:苗木
DB33/T 236.2－2004	平阳早香茶 第2部分: 短穗扦插
DB33/T 236.3－2004	平阳早香茶 第3部分:栽培
DB33/T 236.4－2004	平阳早香茶 第4部分:鲜叶与加工
DB33/T 236.5－2004	平阳早香茶 第5部分:商品茶
DB33/T 239－1999	龙井茶机制工艺技术规程
DB33/ 245.1－2003	江山绿牡丹茶 第1部分:苗木
DB33/T 245.2－2003	江山绿牡丹茶 第2部分:栽培技术
DB33/T 245.3－2003	江山绿牡丹茶 第3部分:鲜叶与加工
DB33/T 245.4－2003	江山绿牡丹茶 第4部分:商品茶
DB33/T 253.1－1999	绿剑茶 第1部分:茶树良种繁育
DB33/T 253.2－1999	绿剑茶 第2部分:苗木
DB33/T 253.3－1999	绿剑茶 第3部分:栽培管理
DB33/T 253.4－1999	绿剑茶 第4部分:采摘与加工
DB33/T 253.5－1999	绿剑茶 第5部分:商品茶
DB33/T 257.1－2005	径山茶 第1部分:栽培技术规程
DB33/T 257.2－2005	径山茶 第2部分:加工技术规程
DB33/ 257.3－2005	径山茶 第3部分:质量安全要求
DB33/ 258.1－2000	越乡茶 第1部分:苗木
DB33/T 258.2－2000	越乡茶 第2部分:栽培管理
DB33/T 258.3－2000	越乡茶 第3部分:采摘与加工
DB33/T 258.4－2000	越乡茶 第4部分:商品茶
DB33/T 286.1－2000	珠茶 第1部分:茶树良种繁育
DB33/ 286.2－2000	珠茶 第2部分:苗木
DB33/T 286.3－2000	珠茶 第3部分:栽培管理
DB33/T 286.4－2000	珠茶 第4部分:采摘与初加工
DB33/T 286.5－2000	珠茶 第5部分:精加工
DB33/T 286.6－2000	珠茶 第6部分:商品茶

（续）

标准号	标准名称
DB33/ 294.1 - 2000	长兴紫笋茶 第1部分:苗木
DB33/T 294.2 - 2000	长兴紫笋茶 第2部分:栽培管理
DB33/T 294.3 - 2000	长兴紫笋茶 第3部分:鲜叶与加工
DB33/T 294.4 - 2000	长兴紫笋茶 第4部分:商品茶
DB33/T 303 - 2001	优质茶评选技术规范
DB33/ 325.1 - 2001	普陀佛茶 第1部分:苗木
DB33/T 325.2 - 2001	普陀佛茶 第2部分:栽培技术
DB33/T 325.3 - 2001	普陀佛茶 第3部分:加工技术
DB33/T 325.4 - 2001	普陀佛茶 第4部分:商品茶
DB33/T 388 - 2002	青砖茶
DB33/T 389 - 2002	茯砖茶
DB33/T 418 - 2003	出口蒸青茶检验规程
DB33/T 460.1 - 2003	无公害玉露茶 第1部分:栽培技术
DB33/T 460.2 - 2003	无公害玉露茶 第2部分:加工
DB33/ 460.3 - 2003	无公害玉露茶 第3部分:商品茶
DB33/T 469.1 - 2004	蒸青煎茶 第1部分:茶园栽培
DB33/T 469.2 - 2004	蒸青煎茶 第2部分:鲜叶管理与加工
DB33/T 469.3 - 2004	蒸青煎茶 第3部分:商品茶
DB33/T 479 - 2004	茶叶加工场所基本技术条件
DB33/T 627 - 2007	茶叶生产企业场所与设备条件
DB33/T 483 - 2004	茶树品种 翠峰
DB33/T 484 - 2004	茶树品种 迎霜
DB33/T 485 - 2004	茶树品种 劲峰
DB33/T 486 - 2004	茶树品种 青峰
DB33/T 506 - 2004	出口茶叶类商品运输包装检验规程
DB33/T 551 - 2005	扁形茶炒制机
DB33/ 404.2 - 2003	乌牛早茶 第2部分:苗木
DB33/T 404.3 - 2003	乌牛早茶 第3部分:茶树良种繁育

（续）

标准号	标准名称
DB33/T 404.4 -2003	乌牛早茶 第4部分:栽培管理
DB33/T 404.5 -2003	乌牛早茶 第5部分:鲜叶与加工技术
DB33/ 604 -2006	地理标志产品 乌牛早茶
DB33/ 407.1 -2007	无公害苦丁茶 第1部分:种子
DB33/T 407.2 -2007	无公害苦丁茶 第2部分: 苗木繁育
DB33/T 407.3 -2007	无公害苦丁茶 第3部分: 栽培技术
DB33/T 407.4 -2007	无公害苦丁茶 第4部分:加工技术
DB33/ 407.5 -2007	无公害苦丁茶 第5部分:质量安全要求
DB33/ 377 -2005	地理标志保护产品 安吉白茶
DB33/T 222 -1998	山核桃丰产栽培技术规程
DB33/T 341 -2001	无公害山核桃质量标准
DB33/T 514 -2004	出口山核桃检验规程
DB33/ 251.1 -1999	余姚杨梅 第1部分:苗木
DB33/T 251.2 -1999	余姚杨梅 第2部分:栽培技术
DB33/T 251.3 -1999	余姚杨梅 第3部分:鲜杨梅
DB33/ 372.1 -2002	无公害杨梅 第1部分:产地环境要求
DB33/T 372.2 -2002	无公害杨梅 第2部分:生产技术规程
DB33/ 372.3 -2002	无公害杨梅 第3部分:安全质量要求
DB33/T 238 -1999	柑橘机械化选果技术规程
DB33/T 543 -2005	水果、蔬菜中农药多残留测定方法 气相色谱离子阱质谱联用法
DB33/T 555 -2005	植物源食品中甲醛残留量的测定 高效液相色谱法
DB33/T 558 -2005	浙江省农产品产地环境质量安全标准
DB33/T 600 -2006	蔬菜、水果中吡虫啉残留量测定方法

资料来源：浙江省地方标准网

全、检验检测、包装贮运等。尤其是根据国家的“无公害食品行动计划”，制定了从产地环境到产品质量的无公害产品系列标准。②《森林食品系列标准》。目前，浙江省林业局制定了由产地环境质量标准、生产技术准则、质量标准、认定和管理4个部分组成的森林食品系列标准。③原产地域产品国家标准。部分山区县（市）为加强特色农林产品的原产地保护，制定原产地域产品国家标准。如为加强余姚杨梅原产地保护，余姚市质监局、市农林局和市林技推广总站联合起草了余姚杨梅国家标准，上报国家质量监督检验检疫总局，并获批准于 2005 年 8 月 1 日起正式实施。黄岩区人民政府向国家质检总局提出了黄岩蜜橘原产地域产品保护申请，2003 年黄岩蜜橘获得原产地域产品保护，并制定强制性国家标准——原产地域保护产品黄岩蜜橘国家标准，该标准于 2004 年通过了由中国标准化协会组织的专家审定。④市级或县级地方标准。如台州市质量技术监督局制定了无公害柑橘、温州蜜柑、玉环柚、本地早蜜橘、温岭高橙、脐橙等品种包括产地、苗木、生产技术规程、安全卫生在内的 18 个台州市地方标准。

5.5.2　标准化推广模式多样化

标准化推广方面，着重抓标准化示范区、示范项目等的建设。截至 2005 年底，全省建立了 46 个国家级农业标准化示范区，82 个省级农业标准化示范项目和 820 个市、县级标准化示范区，示范与辐射面积达 46.66 万 hm^2。同时，为推广和实施《森林食品系列标准》，浙江省开展了森林食品基地建设工作，省政府从 2003 年开始，每年安排 500 万元资金，专项用于基地的产地环境和产品的检测监测，示范基地建设中涉及产地和产品质量安全的环境改善、基础设施建设、技术改进，质量安全的监督管理、技术和标准的培训，森林食品品牌的宣传等。在标准化推广的组织体系建设方面，主要依靠农技推广部门实施标准化的推广。同时，浙江部分山区县（市）通过培育各类农业龙头企业、专业合作社，使其成为推行标准化生产管理的“领头雁”；通过推行“协会 + 合作社 + 农户”、“企业 + 合作社 + 农户”等模式，提高标准实施应用效果；通过推广“五个一”模式，即“执行一个标准、确定一个主体、培育一个品牌、制作一张生产模式图、建立一份生产档案”，加快农业标准化生产步伐。如台州市黄岩区的部分柑橘合作社，把栽培管理技术，按各个时期的栽培管理要点制成栽培模式图发放，先后对全区水果生产基地、专业大户发放标准文本 8000 份，建立田间档案记录，对社员收购的产品实行统一质量标准、统一分级包装、统一品牌上市。通过标准化推广，取得了较好的成效，如 2005 年黄岩蜜橘通过了浙江省农业标准化示范项目验收，九峰牌黄岩蜜橘通过了全国无公害产品、浙江省无公害产品基地和浙江省绿色食品的认证，荣获浙江省名牌产品称号。

5.5.3 重视农产品质量安全监管制度建设，基本建立了农产品质量安全检测体系

2002 年，浙江省政府下发了《关于加强农产品质量安全和标准化工作的通知》，2003 年，省政府发布《浙江省食用农产品安全管理办法》省长令，首次把农产品质量安全管理纳入法律轨道。2004 年，省政府下发《关于切实加强食品安全工作的实施意见》，对农产品质量安全管理工作作出具体分工，明确农业部门农产品生产源头的监督职能。2005 年，省农业厅下发了《关于进一步加强农产品生产质量安全监督工作的通知》，提出要以农产品生产档案、例行检测、信息发布、质量追溯等 4 项制度建设为重点，构建农产品质量安全长效监督机制。同时，浙江省农业厅还先后制定并实施了《浙江省农业厅关于禁止销售和使用甲胺磷等高毒高残留农药的通告》、《浙江省绿色农产品管理办法(试行)》等。同时，2002 年，农业厅制定了《浙江省农产品质量安全检测体系建设规划》，经过几年的建设初步建立了覆盖全省的农业质检体系。到“十五”期末，全省已建立各类农业质检机构(中心、站、所、室、点) 172 个，其中农产品及投入品质检中心(站、所)65 个(省级 7 个、市级 15 个、县级 37 个)，市场和基地检测点 107 个。有 26 个农业检测机构通过省级计量认证，其中省级 7 个、市级 10 个、县(市、区)级 9 个，具备对外出具公正数据的能力。全省从事农产品检测的人员有 495 人，专科以上学历的有 311 人，有技术职称的专业技术人员 299 人，占总人数的 60.4%。其中正高级职称的有 3 人，副高级职称的有 68 人，高级职称人数占专业技术人员的 23.7%。仪器设备总资产 8333 万元，拥有实验室面积 2.3 万 m^2。至此，浙江省已基本建立了省、市、县三级配套，常规检验与快速检验相结合的农产品质量安全检测网络。

5.6 存在的问题

5.6.1 农业标准缺乏系统性，农药残留项目少，且与国际标准有较大差距

从现有的国家标准、行业标准和地方标准来看，缺乏系统性。有的

产品既出台了国家标准、又出台了行业标准，同时也出台了地方标准。标准之间关系混乱不协调，要求的项目和指标各不相同，有的甚至相差较大，造成标准应用上的混乱和茫然。在已制定颁布的标准中，产中技术规程多，产后标准少，与市场、流通直接相关的标准少，农产品保鲜、贮藏、运输标准数量不足，缺少检验检测方法标准。同时制定的标准农药残留项目少，与国际标准有较大的差距。在农药残留限量方面，下面以几种特色农林产品为例加以说明。

(1)柑橘。早在2001年由浙江省农业厅经济作物管理局、浙江省植物保护总站制定了无公害柑橘标准(DB33/328.1－2001，DB33/328.2－2001，DB33/328.3－2001)，但目前由于国家已制定了农业部行业标准《无公害食品 柑果类果品》(NY5014－2005)，浙江省无公害柑橘的地方标准已经废除。《无公害食品 柑果类果品》(NY5014－2005)标准规定了8种农药残留限量值，并注明其他有毒有害物质的限量应符合国家有关的法律法规、行政规章和强制性标准的规定。同时，2005年，我国卫生部、国家标准化管理委员会联合发布了《食品中最大农药残留限量》(GB－2763－2005)，规定了136种农药残留限量(MRL)及其检测方法，涉及柑橘的有49种。该标准未规定代森锰锌、甲萘威、甲霜灵、抗蚜威、克菌丹等常用农药的限量值。现对我国《食品中最大农药残留限量》(GB－2763－2005)中涉及柑橘的标准与国外有关柑橘农药残留限量标准进行比较(见表5-2)，具体如下：①与日本比较。2006年5月29日起，日本正式实施“肯定列表制度”。在该制度中，柑橘类果实被分为7类，每大类所涉及的农药种类(限量标准项)均在320种(项)以上。中日限量标准进行比较，两国都有限量要求的农药有43种，限量指标基本相同的13种，限量比日方严格的有23种，比日本宽松的有7种。我国有MRL标准而日本没有的6种，日本有MRL标准而我国没有的多达309种。②与美国比较。美国农业部对外农业服务局(USDA FAS)的MRLdatabase数据库中，柑橘被分为12大类，农药残留限量标准共涉及73种农药，646项指标。中、美两国都有限量要求的农药有17种，其中限量指标基本相同的有5种，我国严于美国的有8种，宽于其的有4种，我国有限量要求而美国没有的32种，美国有限量要求而我国没有的56种。③与欧盟比较。欧盟将柑橘分成8大类，农药残

表 5-2 国内外各类柑橘中农药最大残留限量(MRL)标准的比较

柑橘种类名称	美国	欧盟	食品法典委员会	日本	中国
加利蒙地亚橘	51	—	—	—	—
圆佛手柑	53	—	—	—	—
柑橘果肉干	—	—	7	—	—
夏橙皮	—	—	—	18	—
夏橙果肉	—	—	—	11	—
夏橙全果	—	—	—	328	—
其他柑橘类水果	51	91	41	335	—
葡萄柚	67	26	3	337	—
金橘	55	22	—	—	—
柠檬	65	25	2(含酸橙)	335	—
来檬	58	23	—	334	—
中国柑橘	—	—	3	—	—
柑橘	71	27	10	336(含脐橙)	—
文旦	51	18	1	—	—
西班牙酸橙	10	—	—	—	—
杂柑	52	—	—	—	—
橘	62	23	—	—	—
温州橘果肉	—	—	—	332	—
限量指标总计(项)	646	1488	67	2366	49
涉及农药总数(种)	73	186	53	352	49
其中,双方都有规定的农药数(种)	17	22	28	43	
限量指标基本相同的农药数(种)	5	7	16	13	
限量指标低(严)于我国的农药数(种)	4	13	7	7	
限量指标高(宽)于我国的农药数(种)	8	2	5	23	
国外有限量而我国未作规定的农药数(种)	56	69	25	309	
我国有限量而国外未作规定的农药数(种)	32	27	21	6	

资料来源：焦必宁，陈爱华．国内外柑橘农药最大残留限量标准分析．现代科学仪器，2007，(1)

留限量标准涉及农药186种，1488项指标。中、欧都有限量要求的农药22种，其中限量基本相同的7种，我国限量严于其的有2种，宽于其的有13种。我国有限量要求而欧盟未作要求的27种，欧盟有限量要求而我国没有的69种。④与CAC比较。食品法典委员会(CAC)将柑橘分成7大类，农药残留限量标准涉及农药53种，67项指标。我国和CAC都有限量要求的农药28种，限量要求基本相同的16种，我国严于CAC的有5种，宽于其的有7种，我国有限量要求而CAC没有的21种，CAC有限量要求而我国没有的25种。从上述的比较中可见，在柑橘类安全限量指标设置上，国内普遍存在着产品分类笼统，针对性不强的问题。欧盟、CAC和日本等针对不同柑橘类水果分别制定农药限量标准。而我国仅对柑橘水果做了规定，没有针对不同品种柑橘制定更为详细的标准。同时，我国有限量标准的农药数量少，我国的限量标准中杀菌剂、除草剂等农药数量少，并缺少对植物生长调节剂的限量标准。

(2)茶叶。2002年由中国农科院茶叶研究所、浙江省农业厅经济作物管理局、浙江省植物保护总站等单位制定了无公害茶叶系列标准(DB33/290.1－2000，DB33/290.2－2000，DB33/290.3－2000)和有机茶系列标准(DB33/T266.1－2000，DB33/T266.2－2000，DB33/T266.3－2000，DB33/T266.4－2000)。但目前由于国家已制定了农业部行业标准，包括有机茶标准(NY5196)、绿色茶叶标准(NY/T288－2002)、无公害茶叶标准(NY5244－2004)。浙江省无公害茶叶和有机茶的地方标准已经废除。同时，浙江茶叶还有许多地方标准，如开化龙顶茶标准、大佛龙井茶标准、径山茶标准、珠茶标准等。2005年，我国卫生部、国家标准化管理委员会联合发布的《食品中最大农药残留限量》(GB2763－2005)，涉及茶叶的只有9种农药。我国的GB2763－2005涉及茶叶的最大农药残留限量标准与欧盟标准、日本的标准比较如下：①与日本比较。日本茶叶农药残留限量标准已成为世界上最完善、最严格的茶叶农药残留限量标准。在日本肯定列表中涉及茶叶的农药有276种，几种主要的农药残留限量标准见表5-3。与我国9种农药残留限量标准比较，除顺式氰戊菊酯外，其余8种日本茶叶农残标准均有设限，其中乙酰甲胺磷，日本标准比我国标准宽松许多，而杀螟硫磷则要比我国标准更加严格，另6种农药残留限量标准则双方完全一致。②与欧盟比较。欧盟对茶叶进口限制十分苛刻，特别是农药残留限量的控制采用零风险制。从 2000 年 7 月起先后多次修改了茶叶中农药残留限量标准。2007 年，欧盟茶叶委员会公布了欧盟及德国茶叶新农药残留标准，共计农药残留项目 227 项，几种主要的农药残留限量标准见表 5-3。与我国 9 种农药残留限量标准比较，除滴滴涕、杀螟硫磷、六六六标准相同外，其余 6 种农药比我国标准更加严格。欧盟标准中有 207 个农药残留

表 5-3 茶叶农残限量标准比较

单位：mg/kg

项目	欧盟指标	日本肯定列表	GB2763 -2005	有机茶 NY5196	绿色茶叶 NY/T288 -2002	无公害茶叶 NY5244 -2004	开化龙顶 DB33/225.4 -2004
乙酰甲胺磷	0.05	10.0	0.1	LOD[a]	0.1	—	0.1
氯氰菊酯	0.5	20.0	20	LOD[a]	0.5	0.5	0.5
滴滴涕	0.2	0.2	0.2	LOD[a]	0.05	—	0.2
溴氰菊酯，四溴菊酯	5.0	10.0	10.0	LOD[a]	5	5.0	5.0
杀螟硫磷	0.5	0.2	0.5	LOD[a]	0.1	0.5	0.5
氟氰戊菊酯	0.1	20.0	20.0	—	—	—	—
六六六	0.2	0.2	0.2	LOD[a]	0.05	—	0.2
顺式氰戊菊酯	0.05	—	2.0	—	—	—	—
氯菊酯	0.1	20.0	20.0	—	—	—	—
三氯杀螨醇	禁用	3.0		LOD[a]	0.1	禁用	0.1
氰戊菊酯	0.05	1.0		LOD[a]	0.1	—	0.1
联苯菊酯	5.0	25.0		LOD[a]	0.2	5.0	5.0
甲胺磷	0.1	5.0		LOD[a]	0.1	—	0.1
乐果	0.05	1.0		LOD[a]	0.2	0.1	1.0
敌敌畏	0.1	0.1		LOD[a]	0.1	0.1	0.1
喹硫磷	0.1	0.1		LOD[a]	0.2	0.2	0.2
其他化学农药				LOD[a]			
大肠菌群(个/100g)						300	

a 为指定方法检出限

资料来源：①GB2763 -2005，NY5196 -2002，NY/T288 -2002，NY/T5244 -2004 各标准文本

②欧盟指标与日本肯定列表指标：刘新．国内外茶叶标准分析．农业质量标准，2007 增刊

项目的标准限量为目前仪器最低检测底线（LOD）。从我国农业部3个行业标准，即无公害茶叶、绿色茶叶、有机茶叶的标准看，无公害茶叶的农药残留标准较为宽松，有机茶的标准最为严格，同时与国家标准的要求相差较大。如，氟氰戊菊酯、顺式氰戊菊酯、氯菊酯这3种农药在GB2763－2005中有限量标准，但在无公害茶叶、绿色茶叶、有机茶叶标准中均未涉及。开化龙顶作为浙江省的地方标准，该标准涉及的农药有13种，从13种农药残留限量的标准看，开化龙顶处于无公害茶叶与绿色茶叶之间。可见，对于茶叶产品，与国际标准比较，我国有限量标准的农药数量少，地方标准、行业标准与国家标准要求不统一。

（3）竹笋。我国竹笋产品尚无国家标准，《食品中最大农药残留标准》（GB2763－2005）未涉及竹笋产品，2005年发布的国家标准GB/T19630《有机产品》对我国有机产品的生产、加工、标识与销售、管理体系提出了通用规则和要求。我国农业部2006年1月发布了绿色食品竹笋行业标准NY/T1048－2006，浙江省2006年1月发布了无公害竹笋地方标准DB33/333.3－2006。这些标准对农药残留限量的具体要求见表5-4。绿色食品竹笋对10种农药进行了规定，浙江省无公害鲜笋对9种农药进行规定。绿色鲜笋和无公害竹笋中大部分的农药限量都比欧盟宽松。如乐果，欧盟和CAC限量为0.1mg/kg，而我国的绿色鲜笋标准和浙江省无公害鲜笋标准限量均为0.5 mg/kg。

5.6.2 标准化推广力度不够，标准化生产技术应用率不高

首先，农业标准化推广体系建设比较薄弱。山区特色农林产品的标准化推广队伍主要是基层的技术推广人员，由于管理体制没有理顺，经费编制不能到位，农技推广工作条件艰苦，生活待遇差，社会地位低，影响了农技推广人员的积极性。最终导致基层农业技术推广队伍不稳定，素质不高的现象。例如，截至2005年底，临安市从事农技推广工作的事业人员182人，其中专业技术人员169人，高级职称21人，中级职称83人，而且其中有些人正在要求调离岗位。自2001年实施杭州市新世纪人才工程以来，农业局共培养“131”优秀中青年人才9人，其中有4人已调离。其次，标准化推广实施较为困难。主要原因有：第一，生产经营规模小。20世纪80年代初，随着农村家庭联产承包责任制和林业生产责任制的落实，大部分山林承包到户，农户成为特色农林

表 5-4　竹笋农残限量标准比较

单位：mg/kg

项目	欧盟和 CAC 限量	有机产品 GB/T19630	绿色鲜笋 NY/T1048 -2006	无公害鲜笋(浙江) DB33/333.3 -2006
敌敌畏	—	农药残留不得超过国家食品卫生标准相应产品限值的5%	0.2	0.2
乐果	0.1		0.5	0.5
溴氰菊酯	0.02		0.2	0.5
氰戊菊酯	0.05		0.05	0.05
乙酰甲胺磷	0.02		—	1.0
毒死蜱	0.02		—	0.05
甲胺磷	0.05		—	0.01
呋喃丹	0.01		—	0.01
氧化乐果	—		—	0.01
多菌灵	—		0.1	—
氯氰菊酯	0.1		0.2	—
三唑酮	0.05		0.1	—
辛硫磷	0.1		0.05	—
抗蚜威	0.05		1.0	—
五氯硝基苯	0.05		0.2	—

资料来源：①GB/T19630、NY/T1048 -2006、DB33/333.3 -2006 各标准文本

②欧盟和 CAC 限量：林丽钦．我国竹笋质量安全认证标准与有机产业发展思考．福建轻纺，2006，(12)

产品生产经营的主体，生产经营规模小。从 4 个县(市)的农户调查情况看(见表 5-5)，调查农户总数为 269 户，特色农林产品经营总面积为 139.80 hm^2，经营地块 901 块，平均每块土地面积仅 0.16hm^2，户均经营面积为 0.52 hm^2，经营规模≥0.667 hm^2 以上的仅 47 户，占总户数的 17.47%。其中，临海市 25 个农户经营柑橘总面积为 11.82 hm^2，共 117 块，平均每块土地面积仅 0.10 hm^2，户均经营柑橘面积为 0.47 hm^2，经营规模在 0.2 hm^2 以下的有 9 个农户，经营规模≥0.667 hm^2 以上的仅 5 户。在调查时还发现，开化县从事茶叶生产的 70 个农户中，

表 5-5 调查农户特色农林产品经营的小规模、分散化状况

单位：hm^2，块

	经营总面积	地块数	平均每块土地面积	户均经营面积	经营面积≥0.667 hm^2 以上农户数
临安市(98 个农户)	67.16	436	0.15	0.69	32
临海市(25 个农户)	11.82	117	0.10	0.47	5
余姚市(76 个农户)	21.39	135	0.16	0.28	4
开化县(70 个农户)	39.43	213	0.18	0.56	6
农户总计 269	139.80	901	0.16	0.52	47

资料来源：农户调查

有 1 个农户经营面积为 0.53 hm^2，共分成 11 块土地，平均每块土地仅为 0.05 hm^2，另有 3 个农户经营面积均为 0.2 hm^2，分成 6 块土地，平均每块土地仅为 0.03 hm^2。这种小规模、分散化经营的格局，使特色农林产品的生产和管理成本较高，规模经济效益难以发挥，标准化实施较为困难。第二，农民的标准化意识淡薄。对于大多数农民来说，农业标准和他们之间还存在相当大的距离。由于对标准化的宣传不够，广大农民群众对农业标准化知识还不了解，实施标准还不能成为他们的自觉行动，农民还是习惯于传统的操作模式，而不习惯标准化的操作规程。例如：2006 年，对浙江省余姚市 76 户杨梅种植户的调查结果显示，其中只有 26 户知道本地杨梅“有标准化生产”，只占全部农户数的 34.2%；有 2 户还强调其标准只是“关于修剪的”。76 户农户中仅 39 户愿意按照标准化要求生产杨梅，占 51.3%，他们认为按照标准化生产的杨梅“质量好”、“价钱好”；有 30 户表示不愿意应用标准化，占 39.5%，他们认为“自己会种，不需要统一标准”；有 7 户认为“无所谓”，“有没有标准都差不多”。

5.6.3 农产品质量安全监管和检测体系建设有待于加强

研究发现浙江的农产品质量安全检测体系不健全，主要体现在以下几个方面：

首先，农产品质量安全缺乏统一、高效、协调的监管机制。按照国务院《关于进一步加强食品安全工作的决定》(国发[2004]23 号)和《关

于进一步明确食品安全监管部门职责分工问题的通知》(中编办发[2004]35号)的规定，监管地方农产品质量安全的有农业、粮食、畜牧、水产、工商、质监、卫生、药监8个部门，但在实际工作中由于缺乏统一的领导和统筹协调的机制，各部门都依据相应的工作职能和行业法规纷纷设立各自的检测室，开展农产品质量安全管理。这种多头管理的现象不仅不能达到各部门齐抓共管，还造成严重的资源浪费，导致职责不清，难以落实责任主体，易引起管理工作的缺位，不利于农产品质量安全管理工作正常开展。

其次，农产品质量安全检测体系不健全，检测技术相对落后。浙江省农业质量检测体系尚不健全，从检测机构的数量看，现有的检测机构数量与工作需求存在较大的差距。尤其是浙江面向山区、面向农村基层、面向市场的检验检测机构建设尚且不足以满足农产品监督检测工作的需要，未形成成熟、完备的农产品质量安全检测网络。同时，监督检测技术相对落后，承检能力欠强。目前，浙江尤其是山区农产品的农药残留、兽药残留、放射性污染、再生有毒物质以及种子、化肥等农用生产资料质量的检测，尚缺乏较先进的仪器设备和技术，特别是一些与居民生活安全密切相关的食品安全指标，多数机构不能检测。另外，浙江农产品质量监管中存在着质量技术监督队伍建设难以适应农业标准化的要求。农业质量技术监督力量较为薄弱，绝大多数县至今没有这方面的专职人员，这在很大程度上影响了农业标准的实施。

最后，农产品市场准入制度尚未建立。在农产品市场准入方面，尚无强有力的监督机构对农产品实行“从田头到餐桌”的全面质量监督管理。农产品市场鱼龙混杂，无公害农产品、绿色食品难以发挥其应有的优势和效益。

5.7 对策与建议

农业标准化是农业现代化的重要技术支撑，是迈向国际市场的必然要求，建立一套与农业现代化相适应的较为完整的农业标准化体系，是一项复杂的系统工程，专业性强，技术要求高，涉及面广，工作量大且需要政府在其中起领导和组织作用，把企业、农民调动起来，三管齐下，共同推进浙江省农业标准化工作。

5.7.1 建立完善农业标准体系

以质量为中心，以市场为导向，以科技为动力，以生产为基础，以农产品等级制度为重点，初步建立农产品生产、加工、贮运、销售全过程以及操作环境和安全控制等方面的标准体系，把农业生产的产前、产中、产后诸环节纳入标准化管理轨道。一个完善的农业标准体系涉及农产品的生产、加工、销售、包装、运输、储存、标签、品质、等级等方面的标准，具体如图 5-1。在浙江农产品尤其是山区特色农林产品标准化体系的建设过程中，需做好以下几方面的工作：

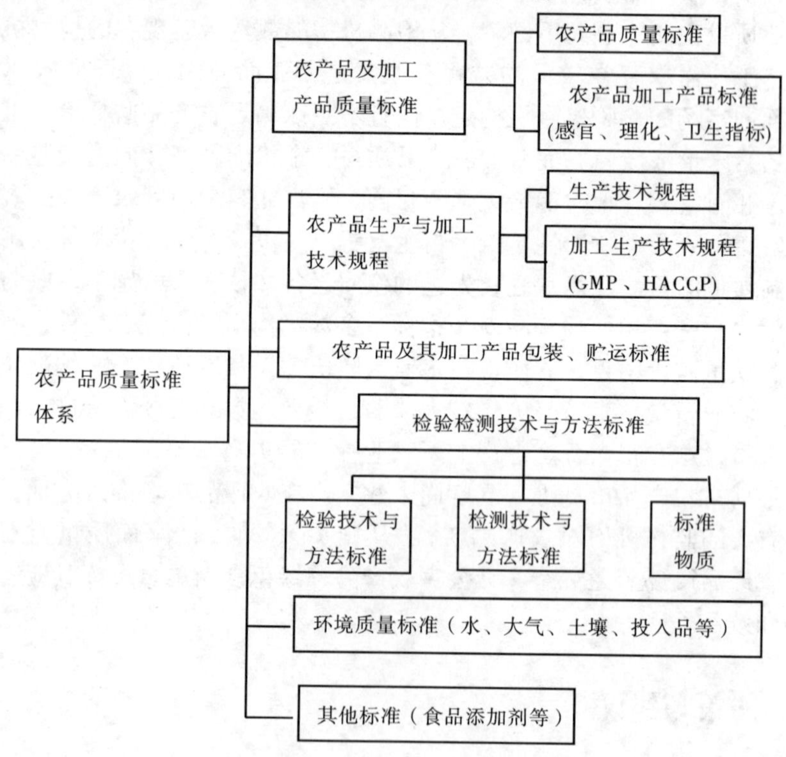

图 5-1 农产品质量标准体系示意图

（1）应积极采用国外先进标准，力求使农业标准与国际标准和国外先进标准保持一致。标准的制定必须符合大多数产品的质量水平，同时在制定标准时，标准的体系要和世界接轨、与全国统一。政府需努力逐步把浙江省的标准推向世界各国并为各国所公认。标准的基础是市场，浙江拥有巨大的市场，这是浙江的标准成为国际标准或实施标准得天独厚的条件。在农业的一些领域，浙江已具备一定的竞争实力，因此浙江可以选择一些自己能做到而国外难以做到的技术指标，建立以自主知识产权为基础的标准体系，这样就可以在国际贸易中取得优势，先声夺人。

(2)立足实际，突出重点，建立完善农产品质量安全标准体系。要紧紧围绕浙江省农业的主导产业和特色品种，组织质检、农业、林业、环保等部门，根据国际规则和行业标准，坚持“技术标准与产品质量标准并重、品种标准与生态环境标准并重”的原则，瞄准市场，着眼长远，吸收、消化国内外先进的农业技术，有计划地制定既具有浙江地方特色又符合国际规则、行业标准的农产品质量标准体系和生产技术规程。切实把农产品的制标工作同扩大基地规模、产品申报及认证工作结合起来，积极支持、鼓励行业协会、专业合作社、龙头企业在保证生产标准、技术规程的科学性、先进性和适应性的前提下，自主创新、申报。重点抓好竹笋、山核桃、杨梅等特色产品的制标工作，尤其是保鲜、贮藏、运输标准和检验检测方法标准的建设。进一步按照国际食品法典委员会的标准和要求，修改完善《森林食品系列标准》。

5.7.2 加快农业标准化的推广实施

农业标准化需要推广和实施，才能变成现实的效益和成果。

(1)加强农业标准化推广体系建设。把推广体系建设的重点放在基层，即放在乡镇级农技服务站建设，考虑到山区县乡镇的实际，积极鼓励在乡镇级组建区域中心站，作为县级农技推广部门的派出机构。大力提高乡镇农技人员的待遇，并采取科学合理的考核机制、激励机制和奖励机制，实行竞争上岗，定人定岗，优化推广队伍，提高技术推广人员的工作水平，尽快培养一批既具备标准化知识，又懂专业技术的推广队伍。

(2)加大农业标准化的宣传、培训力度，提高农民的标准化意识和对标准化知识的掌握程度。要充分利用广播、电视、报纸、黑板报等宣传手段，通过各类新闻媒体进行广泛宣传引导，在全社会形成了解、认识、掌握农业标准化的氛围。要让农民知道生产讲标准、产品讲品牌，实施标准化是提高产品竞争力的前提。把实施标准化变成广大农户自觉的行动。要建立一套培训体系，充分利用农民夜校、农民技术学校等举办培训班，使他们尽快掌握农产品质量标准要求和标准化生产技术规程。根据浙江山区的特点，可实行分级负责，层层培训的方法，即按照省培训市、市培训县、县培训乡、乡培训村的原则，层层开展培训。培训的形式要灵活多样，不拘一格，以适应多层次、多样化的要求。

(3)采取有效措施，加快农业标准化的推广实施。主要措施有：①组织化联动。运用"产业协会+合作社+农技队伍=农产品生产标准的推广体系"这一模式，依托产业协会、合作社的内部约束，规范农民生产行为，加快农业标准实施。使农民专业合作经济组织成为农业标准化推广应用的重要载体。②规模化推动。通过建立健全市场化的土地使用权流转机制，培育农业专业大户，促进小规模、兼业经营的农户向适度规模的专业农户转变，提倡通过联合、股份合作等方式发展适度规模经营，着力提高农业规模化、专业化生产水平，增强应用标准化技术的主动性。③建立和完善农业标准化生产示范体系。建立示范基地是实施农业标准化的有效措施。要进一步围绕"无公害农产品"、"绿色食品"、"有机食品"、"森林食品"建立农业标准化生产示范基地，每个标准做到市(县、区)有示范区、乡有示范片、村有示范点，按标准生产，按规范操作。通过示范，使农民看到标准化生产产生的效益，从而促使农户自觉地按标准化生产。

另外，需提高标准的可操作性。把标准制成农户通俗易懂的标准化操作模式图，让农民手执模式图进行标准化生产，不断提高农产品标准化生产的应用率。

5.7.3　加强农产品质量安全监管和检测体系建设

制定出标准只是农业标准化的第一步，更重要的是按标准进行生产，并对结果进行检验。

首先，要加强部门协作，建立高效、协调的监管机制。为适应农产品质量安全管理一体化的要求，参照世界各国通行的管理制度，打破体制束缚，把农业、粮食、畜牧、水产、工商、质检、卫生、药监等部门的相关检测资源进行整合，要协调好各部门的工作，明确权限和责任，使各部门各尽其职、分工协作、密切配合、形成合力。

其次，建立健全农产品检验检测体系。政府应加大扶持力度，全面提升农产品检测层次与能力。各级政府要切实加大对农产品检测体系建设的扶持力度，把所需资金列入年度财政预算，逐年加大投入。山区财政实力较弱，但农产品产量大，随着经济的发展，这些地区农产品“后方基地”的作用越来越显现出来，加强农产品检验检测服务体系的建设势在必行。应按其农业区域的布局状况，选择几个县重点进行扶持。建立健全各级农产品质量安全检测机构，县(市)级农产品检测机构应成为省、地检测机构的骨干力量。在县(市)内要加强以县(市)农产品质量检测实验室为龙头、各乡镇(街道)检测室为骨干、村(或生产基地、大户等)检测点为基础的三级农产品质量检测网络建设，制定检测室工作制度和检测人员岗位职责，各检测网点确定1~2名专职或兼职质量协管员，负责对本辖区农产品质量检测、无公害技术推广及协助执法监督等工作。县(市)级检测机构要努力研究和采用先进的检测方法，着眼于对外贸易的要求，尽可能开展多项检测业务，要逐渐与国际贸易的检测要求接轨，努力缩小与发达国家在检验检疫方面的差距。区分三级农产品质量检测机构的职责，由县(市)级负责农产品质量安全的日常检测检验工作，对各镇、生产基地检测机构进行管理及开展检测人员的技术培训和质量安全标准的宣传贯彻，同时承担农产品产地环境、农业投入品和农产品质量的委托检验；镇(街道)则对其辖区的农贸市场、超市的农产品开展速测和监督；基地则开展对其生产的农产品的自检工作。要健全林产品质量安全检测体系。根据浙江省林产品的区域特色，构建以省级检测中心为龙头，与主产区检测站(点)相衔接，企业(基地)自我检测相结合的检验检测体系，从产地环境、生产技术、产品质量和标识管理等各个环节严把质量关。

再次，加强农业生产资料质量的监测管理，从源头保障农产品的质量安全。要按照《农药管理条例》，深入开展农药及农药残留等专项整治工作，将农业投入品监管与农产品质量安全管理有机结合起来。把无公害农业投入品的登记、许可、监管列入日常工作常抓不懈，加大农资市场清理整顿力度，进一步健全重要农业投入品的质量监测制度，完善标签、标识等监管手段，依法对农业投入品进行质量安全检查，坚决打击制售和使用假冒伪劣农业投入品行为。加快开发和推广使用安全高效农药，加快对农业部、省农业厅公告禁止使用的农药的禁用、限制和淘汰进程，并实行公告制度，张贴到农资经营门市和相关专业合作经济组织，宣传到千家万户。同时，建立生产管理档案。农业技术部门或合作组织制作农事记录本，发给基地大户或农户，要求农户按照标准进行生产，并把每次的农事操作（包括喷药、施肥）及农药、肥料的购买情况进行记录，并随时抽查检测。

最后，建立农林产品市场准入制度。农产品市场准入制度是保证农产品生产和消费安全的重要手段，这项制度虽然会给生产者和经营者增加很多限制，但从发展的眼光看是必须的。首先在超级市场、水果市场、专卖市场和大型农贸批发市场的专卖区逐步实行市场准入制度，然后再逐步扩展到其他市场。凡质量卫生指标不符合国家标准、行业和省地方强制性标准的特色农林产品，一律实行市场退出，不得进行交易和销售。

浙江山区特色农林产品绿色营销策略研究

营销能力是影响农产品市场竞争力的重要因素。随着市场竞争的加剧，市场营销日益从传统营销向绿色营销转变，绿色营销作为人类环境保护意识与市场营销相结合的一种现代市场营销观念日益成为当今市场营销的发展趋势。本章在介绍农产品绿色营销相关理论的基础上，分析了实施农产品绿色营销对提升农产品市场竞争力的必要性，介绍了国内外绿色营销的发展及趋势，重点分析了浙江山区特色农林产品绿色营销发展现状、优势和劣势，最后提出了浙江山区特色农林产品实施绿色营销的策略。

6.1 农产品绿色营销概述

6.1.1 绿色农产品的界定

农产品绿色营销的基础是绿色农产品的生产与开发，绿色农产品具有广义和狭义之分。

一般认为，广义的绿色农产品是指人们对其生产、消费或享用的过程中不会对人体及其环境构成危害的农产品及其加工品，其数量的增加和质量的提升都必须严格遵守可持续发展原则，将主要依赖现代生物技术、工程技术的发展和管理水平的提高及其与自然完美的、和谐的结合。根据绿色农产品内涵的广泛性，可以将无公害农产品、绿色食品和有机食品，归入绿色农产品这个统一的定义里面。广义的绿色农产品的基础和起点是无公害农产品，核心和重点发展方向是绿色食品，高端是有机食品。它们像一个金字塔结构，塔基是无公害农产品，塔中是绿色食品，塔尖是有机食品，越往上产品质量要求越严格。

狭义的绿色农产品是指遵循可持续发展原则，按照特定生产方式生产，经专门机构认定，许可使用绿色食品标志的农产品。狭义的绿色农产品分为A级和AA级两种。从绿色营销中农产品的绿色化程度而言：从无公害农产品到绿色食品再到有机食品，“绿色化”程度是由“浅”入“深”，即无公害农产品是“浅绿色”的，绿色农产品是“中绿色”的，而有机食品则是“深绿色”的。

(1)无公害农产品。无公害农产品是指产地环境符合无公害农产品的生态环境质量，生产过程符合规定的农产品质量标准和规范，有毒有害物质残留量控制在安全质量允许范围内，安全质量指标符合《无公害农产品(食品)标准》的农、牧、渔产品(食用类，不包括深加工的食品)经专门机构认定，许可使用无公害农产品标识的产品。无公害农产品是保证人们对食品质量安全最基本的需要，是最基本的市场准入条件，普通食品都应达到这一要求。无公害农产品认证分为产地认定和产品认证。

(2)绿色食品。绿色食品是指无污染、安全、优质、营养的食品，经中国绿色食品发展中心认定，许可使用绿色食品商标标志的产品。包括A级和AA级绿色食品。

A级绿色食品要求生产地的环境质量符合《绿色食品产地环境质量标准》，生产过程中严格按绿色食品生产资料使用准则和生产操作规程要求，限量使用限定的化学合成生产资料，并积极采用生物学技术和物理方法，保证产品质量符合绿色食品产品标准要求。

AA级绿色食品标准要求生产地的环境质量符合《绿色食品产地环境质量标准》，生产过程中不使用化学合成的农药、肥料、食品添加剂、饲料添加剂、兽药及有害于环境和人体健康的生产资料，而是通过使用有机肥、种植绿肥、作物轮作、生物或物理方法等技术，培肥土壤、控制病虫害、保护或提高产品品质，从而保证产品质量符合绿色食品产品标准要求。AA级绿色农产品等同于有机农产品。

(3)有机食品。有机食品是指根据有机农业原则，生产过程绝对禁止使用人工合成的农药、化肥、生长调节剂、色素等化学物质，而是采用对环境无害的方式，生产、销售过程受专业认证机构全程监控，通过独立认证机构认证并颁发证书，销售总量受控制的一类真正的纯天然、高品质、高质量的食用农产品。实际上就是有机农业的产品。

研究认为广义的绿色农产品还应包括森林食品。所谓森林食品是指遵循森林可持续经营原则，以良好的森林生态环境为前提，采用国际标准和国内外先进标准，按照特定的生产标准组织生产，经专门机构认定，允许使用“森林食品”标志，来自于森林，生态、优质、营养的食用林产品及加工产品。森林食品主要有以下特征：一是在产品范围上，以森林环境为前提，对象是可食林产品；二是在产地环境上，来自山野，产于森林；三是在技术规程上，其生产以森林生态系统的能量和营养循环为理论，基本不使用化肥和农药；四是在产品质量上达到国际质量标准和安全要求。

6.1.2 绿色营销的概念

绿色营销是人类营销活动的一个新飞跃，是21世纪市场营销的主流形式。关于绿色营销的内涵，中外学者给出了不同的解释。英国威尔斯大学肯·毕提教授(Kenperttie)在其所著的《绿色营销——化危机为商机的经营趋势》一书中指出“绿色营销是一种能辨识、预期及符合消费的社会需求，并且可带来利润及永续经营的管理过程”。应该说，这一界定明确了绿色营销中生产者、消费者的关系，给出了绿色营销体现的态势，并且把绿色营销当作一个过程，遵循了营销的基本要求。我国学者从可持续发展、经济增长方式转变、满足消费者绿色环保要求等方面对绿色营销的内涵进行了探讨。如邓竞成认为，“绿色营销是企业在满足消费者需求、维持人类生存环境的基础上，为实现自身利润目标及其他目标，进行产品和服务的市场调查、研究与开发、设计与试制、生产、运销等一系列经营活动”。徐学敏认为，“绿色营销是企业以环境保护观念作为其经营指导思想，以绿色消费为出发点，以绿色文化作为企业文化核心，在满足消费者的绿色消费需求前提下，为实现企业目标而进行的营销活动”。陈磊指出，“绿色营销是指社会和企业在充分意识到消费者日益提高的环境意识和由此产生的对无公害产品需要的基础上，发现、创造并选择市场机会，通过一系列理性化的营销手段来满足消费者以及社会生态环境发展的需要，实现可持续发展的过程”。

目前，较为公认的观点是：绿色营销是在权衡消费者需求、企业自身经济利益和保护环境资源关系的基础上，以协调局部利益服务整体利益、眼前利益服从长远利益为原则，在产品设计、生产、定价、分销、促销等市场营销组合中以保护环境、减少污染、变废为宝、充分利用资源为根本出发点，倡导绿色消费，并尽量满足消费者的绿色需求，从而实现企业的社会营销目标。

6.1.3 绿色营销与传统营销的区别

绿色营销是在传统营销的基础上形成并发展起来的，所以它具有一般市场营销的共性，既是一种实践过程，又是一种理论。虽然就营销原理和营销过程而言，绿色营销和传统营销并无太大差异，但绿色营销是传统营销的深入与升华，二者有以下不同之处：

(1)指导思想不同。传统营销强调生产经营者应以重视顾客满足为出发点。绿色营销观念是以人类社会的可持续发展为导向，更注重社会效益以及企业的社会责任和社会道德。企业在满足消费者需要的同时还应符合环保的要求，承担起保护社会环境的责任，提高消费质量，减少数量，以实现人类的可持续发展。

(2)经营目标不同。传统营销的经营目标是最大限度地刺激消费需求，而绿色营销强调资源的可持续利用。绿色营销的目标是实现人类共同愿望和需要，实现资源可持续利用，保护和改善生态环境，这就要求企业尽可能地开发和使用可再生的资源，尽可能减少对非再生资源的耗费，防止环境污染，维护生态平衡，从而使人类可持续利用各种生态资源。

(3)营销策略不同。传统营销通过产品、价格、渠道、促销的有机组合来实现其营销目标。绿色营销更要求环保性，强调营销组合中的“绿色”因素，注重绿色消费需求的调查与引导，在生产、消费及废弃物回收过程中降低公害，并在定价、渠道选择、促销、服务、企业形象树立等营销全过程中都要考虑以保护生态环境为主要内容的绿色因素。

(4)营销服务对象不同。将营销服务的对象从消费者扩展到“消费者与社会”，将顾客重新定性，传统营销的营销服务对象是毫无约束的物质资源“消费者”，而绿色营销的营销服务对象是保护自然资源的“人”。

6.1.4　农产品绿色营销的内涵与特征

农产品绿色营销是在农产品绿色消费的驱动下产生的。所谓农产品的绿色营销是指农产品生产者和经营者以环境保护观念作为其经营思想，以绿色文化为其价值观念，以城乡消费者的绿色消费为中心和出发点，在产品的生产、加工、包装、定价、促销、渠道等方面采取的一系列营销策略及行为组合(图 6-1)。农产品绿色营销的定义强调了绿色营销的最终目标是实现农业可持续发展，而实现该目标的准则是注重农产品生产者利益、消费者需求和环境利益的高度统一。因此，农产品生产者无论是在战略管理的四个阶段，即市场调查预测、市场细分、选择目标市场、市场定位过程中，还是在战术管理，即开发、定价、分销渠道、促销过程中，都必须从促进农业可持续发展这个基本原则出发，既注重按生态环境的要求，保持自然生态平衡和保护自然资源，又强调满足消费者需求，不会导致自然资源的破坏，为子孙后代留下生存和发展的权利。实际上，农产品绿色营销是人类环境保护意识与市场营销相结合的一种现代市场营销观念。

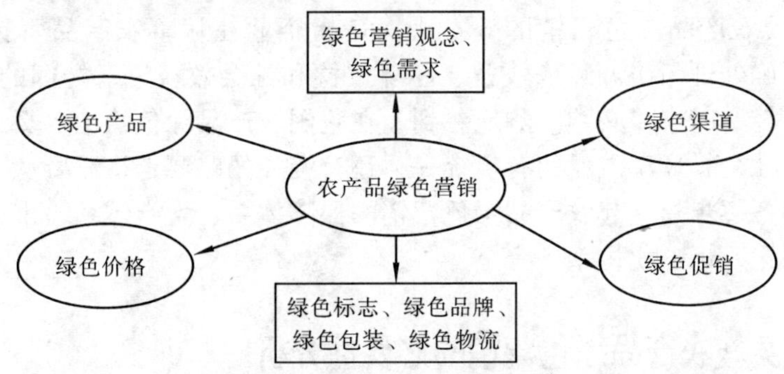

图 6-1　农产品绿色营销示意图

农产品绿色营销具有以下几个基本特征：

(1)农产品绿色营销的需求观。农产品市场营销活动要注重和强调需求的全面性。为实现人类生活质量的全面提高，企业的经营活动必须关注消费者需求的全面性，包括对健康、安全、无害产品的需求，对美好生存环境的需求，对安全、无害的生产和消费方式的需求，对和谐的人与人之间关系的需求。

(2)农产品绿色营销的资源观。农产品绿色营销的资源观主要体现在：一是要协调需求与自然资源的供给关系，科学开发、合理利用和节约资源，高效率地利用资源。二是要进行技术创新，开发新的资源。三是农业资源的开发要变掠夺性开发为保护性开发。

(3)农产品绿色营销的环境观。农产品的绿色营销是以环境保护为前提，因此，必须正确树立农产品绿色营销的环境观。首先，要以环境保护为先导。农产品要正视环境问题，关注人类对环境质量的需求，将其贯穿到农产品的整个经营活动中去。其次，农产品绿色营销要构造新的供应链。从农业物资供应、产品开发、生产、运输、销售整个过程，均不对环境产生影响或者将对环境产生的影响控制到环境可以吸纳自净的程度。这就要求生产者要树立绿色价值观，提高环境意识。第三，在农产品绿色营销过程中要善于把环境问题转化为环境机遇。人类环境意识的觉醒，必然对环保技术和环保产品形成巨大需求，有远见的企业家，要善于把握农产品绿色营销带来的市场机会，向环保产品和与之相关的领域投资。

(4)农产品绿色营销的效益观。是指企业在从事农产品营销过程中，正确处理与协调经济效益、环境效益和社会效益三者之间的关系，把三者统一起来。必须清醒地看到，在我国农产品绿色营销要真正做到经济、社会、环境效益的有机统一，还有漫长的路要走，需要从一点一滴抓起，逐步建立起农产品绿色营销的保障体系、生产体系、市场体系和信息化、标准化体系。

6.2　实施农产品绿色营销的必要性分析

6.2.1　是迎合绿色消费，提高农产品市场占有率的必然选择

绿色消费意识是人们在社会进步、环境退化、生活受到影响的情况下产生的。绿色消费是人们在对生存环境的忧虑、对人类行为的反思的基础上提出的。20世纪，世界各国生产力以空前的速度发展，人类创造了前所未有的丰富的物质财富，与此同时，人类不合理的经济活动给世界资源与环境带来了严重的问题。农药残留严重超标，臭氧层的破坏，资源的过度消耗，许多不符合卫生检疫标准和含有害成分的产品不

断涌入市场，严重危害消费者的身体健康。日本的米糠油事件、英国的疯牛病事件和比利时鸡饲料的二恶英污染事件都使人类对自己所生存的这个地球环境十分关注，引起了人们的警觉。在此背景下，人们重新考虑原来的消费观念和价值取向，绿色消费和环境保护的意识开始萌芽和发展。人们越来越重视农产品的质量，无公害农产品、绿色农产品等越来越成为消费的主要产品。据报道，82%的德国人在市场购物时，考虑环境保护因素，厂商的环保形象会影响77%的美国人的消费行为，66%的英国人愿意付合理的高价购买绿色食品，67%的荷兰人的绿色消费意识不断增强。这些都充分说明了绿色消费代表了世界消费观念新潮流，它将逐步成为21世纪最具发展前景的消费形式。绿色消费的发展要求农产品实施绿色营销策略，只有这样才能满足消费者绿色消费的需要，提高农产品的市场占有率。

6.2.2 是突破绿色贸易壁垒，提高农产品国际市场竞争力的关键

绿色贸易壁垒是指进口国政府以保护生态环境、自然资源以及人类和动植物的健康为由，通过颁布复杂多样的环保法规、条例，建立严格的环境技术标准，制定繁琐的检验、审批程序等方式对进口产品设置贸易障碍。绿色贸易壁垒的种类很多，主要有：绿色关税和市场准入、绿色技术标准、绿色标志制度、绿色包装制度、绿色卫生检疫制度等。我国加入WTO后，世界经济一体化的发展非常迅速，关税和市场准入各方面对我国的限制逐步放松，我国农产品出口所遇到的传统关税壁垒门槛降低了。但近几年来，有些发达国家以WTO协议中关于环境问题的规定为借口，以保护环境、维护人类的健康、实现可持续发展为名义，制定和实施严格的、强制性的环保标准和苛刻的卫生检疫制度，即以“绿色”条款为由设置绿色壁垒。我国由于在环境标准制定实施及资金投入、环境技术水平等多方面与美国、日本和欧洲等发达国家存在较大差距，再加上我国农产品出口市场多为美国、日本和欧洲等发达国家，因此绿色壁垒将对我国农产品出口有显著影响，成为21世纪初出口贸易的巨大障碍。相反，发达国家对绿色食品的需求以每年20%的速度增加，其销售额大大超过普通农产品，而其国内生产能力有限，供需矛盾日趋明显，这给我国农产品绿色营销提供了有利的契机。目前，西欧是最大的绿色食品消费市场，基本上与我国农产品出口方向相吻合。因

此，尽快转变农产品传统的营销策略，实施绿色营销策略是我国农产品应对绿色壁垒，提升国际竞争力的关键。农产品绿色营销将是国际商战中攻守皆宜的利器，获得了绿色标志的农产品就获得了进入国际市场的通行证。

6.2.3 是提高农产品盈利水平的重要途径

农产品绿色营销战略是一种事前规划法，在产品设计时，就考虑了该产品的各种成本和环境影响。这种整体和发展的分析视角可以更有效地帮助企业发现自己经营中的薄弱环节，从而找到解决问题的途径。同时，实施绿色营销战略还可以树立企业良好的环保形象，使其产品具有一定的绿色差异性，使消费者更愿意为其支付比同类非绿色产品更高的价格。资料显示，德国绿色食品价格要比普通产品售价高出 50%~200%，日本约为 20%，芬兰政府允许绿色产品价格上扬 30% 以上。越来越多的消费者愿意为真正的绿色产品支付更高的价格，这便使企业的绿色成本支出得到补偿，同时为生产企业带来更高的利润。中国绿色食品近十年来的实践证明，95% 的企业使用绿色食品标志商标后效益有明显增长。因此，实施农产品绿色营销战略是提高企业盈利水平的重要途径，是提升产业层次、加快传统农业向现代效益农业转变的捷径，也是实现农业增效、农民增收的有效手段。

6.3 国内外农产品绿色营销发展状况及趋势

6.3.1 国外农产品绿色营销发展状况

20 世纪 60 年代末 70 年代初，人类环境保护意识开始萌芽；到 80 年代，绿色意识和绿色观念在西方一些发达国家开始广为传播；进入 90 年代，环境保护意识和市场营销观念相结合，产生了绿色营销思路。在国外，开发有机食品、自然食品、生态食品和绿色食品较早，1972 年在欧洲成立的有机农业运动国际联盟（IFOAM），主要负责和世界各国的有机农业组织的联络工作，讨论一些生态农业的方针、政策性规定。现已发展到 75 个国家的 500 多个联合会，该组织的成立推动了许多国家先后生产开发有机食品和绿色食品。1993 年又成立了以环保为中心的“国际绿十字会”。

国外有机食品的快速发展与世界有机农业运动的开展密切相关，有机农业运动在欧洲、北美及日本、澳大利亚等国起步较早，有机食品的生产、销售、管理、研究、培训、认证工作发展快，标准、法规相对完善。到2000年，欧洲有机农产品消费总额已达到95.5亿美元，美国有机食品销售额为78亿美元。美国有机食品大部分是通过批发商批发到各零售商场和专柜，由农场主直接销售给消费者的有机食品仅占很少比例。其中通过专营店销售的比例约占67%，几乎所有的超市、连锁店都销售有机食品。美国大多数有机食品在国内销售，其中仅有5%~7%的有机食品销往境外市场。从消费者的消费情况看，国外发达国家居民对绿色食品的消费需求量较大，如日本每年有300万~500万消费者经常购买绿色食品。如今在美国及西欧、北欧等发达国家，“绿色营销”不仅体现在企业的生产与营销方面，而且已经扩展到社会的各个方面。

6.3.2 我国农产品绿色营销发展历程与现状

改革开放前，我国农产品长期处于短缺状况，基本停留在生产导向的阶段。改革开放后，由于农产品总量迅速增加，逐渐出现了农产品市场饱和、供大于求的局面，即农产品市场开始由“卖方市场”向“买方市场”过渡，这种形势使农产品生产者开始把眼光转移到消费者身上，逐步重视销售工作，农业经济产生了从生产观念到推销观念的转变。推销观念仍然是以生产为中心的营销观念，虽然开始关注顾客，寻找潜在顾客，但其营销过程还是先生产后销售。之后，我国提出了农产品市场营销观念，农民的生产以市场为导向，以市场的需求来决定生产，但由于种种原因，也出现了一种怪现象，即市场上什么价格高，农民就种什么，从而出现产量大幅度提高，而效益降低，甚至酿成农产品大量积压事件。20世纪80年代开始，我国的绿色农业开始起步。1984年，广州市最早开始进行无公害蔬菜的生产试验并建立了专门的生产基地。1989年农业部提出绿色食品的概念，标志着我国开始实施绿色工程。1992年11月，我国代表参加了在香港举行的国际市场营销研讨会，充分接触到国际性的绿色营销理论。同年，“中国绿色食品发展中心”（以下简称“中心”）成立，标志着绿色食品监督管理机构的成立，同时制定了《绿色食品标志管理办法》，开始实施绿色食品标志制度。1993年，“中心”加入了“有机农业运动国际联盟”，奠定了中国绿色食品与国际相关行业交流与合作的基础。1994 年，农业部正式启用绿色食品标志。目前，“中心”已与 90 个国家、近 500 个相关机构建立了联系，并与许多国家的政府部门、科研机构以及国际组织在质量标准、技术规范、认证管理、贸易准则等方面进行了深入的合作与交流。在 30 个省份建立了绿色食品办公室，全国已有 15 个省份制定了绿色食品发展规划，有 12 个省份下发了推动绿色食品发展的文件，有 7 个省份制定了有关加强绿色食品标志管理和市场管理的规定，农业部还先后制定了《绿色食品认证程序》、《绿色食品产地环境现状调查技术规范》等管理规范。2001 年农业部开始启动“无公害行动计划”。2002 年，农业部提出绿色食品工作要与无公害食品、有机食品三位一体，整体推进。

近些年来，以无公害农产品、绿色食品、有机食品的开发为中心，我国企业的绿色营销也全面展开了。截至 2004 年底，全国已有 6873 个单位生产的 11009 个产品获得全国统一标志的无公害农产品认证证书，10268 个产地获得无公害产地认定证书，实物总量达 6223 万 t；经认证的绿色食品生产企业总数达到 2539 家，有效使用绿色食品标志的产品达到 5471 个，实物总量接近 4000 万 t。至 2005 年底，有 16704 个产品获得全国无公害农产品认证，获证单位 10583 家，产品总量 10439 万 t；共有 9728 个产品获得绿色食品标志使用权，实物总量接近 6300 万 t；当年认证有机食品企业 416 家，认证产品 1249 个。从营销渠道来看，我国绿色食品以不同的方式进入市场。①绿色食品发展较快的省份积极举办绿色食品展销会、博览会促进绿色食品销售及扩大影响。②建设绿色食品批发市场、配送中心、绿色食品专卖店，绿色食品商业企业迅速发展。目前国内主要城市均建立了绿色食品商店和储运设施。北京、上海、天津、哈尔滨、南京、西安、深圳、广州等国内大中城市相继组建了绿色食品专业营销网点和流通渠道，出口方面成立了专门的绿色食品进出口公司。

虽然，我国在绿色农产品的开发与营销方面取得了一定的成绩，但总体而言，在我国全面实施“绿色营销”还有很长的路要走。无论企业、消费者还是政府对“绿色营销”的理念，以及各自在“绿色运动”中所扮演的角色都还缺乏明确的定位。在实施农产品绿色营销策略方面也存在不少的问题：绿色农产品渠道分散，影响流通和农产品质量的控制；绿色农产品有效需求不足，缺乏消费活力；市场开发较晚，营销手段滞后等。调查资料显示，绿色食品年产量仅占食品商品市场份额的3%，占大宗农产品种植面积和产量的2%。

6.4 浙江山区特色农林产品绿色营销发展现状

6.4.1 绿色农产品开发现状

6.4.1.1 浙江绿色农产品开发总体情况

近些年来，浙江省的绿色农业取得了长足的发展，为了提高农产品市场竞争力，注重绿色农产品的开发，开展了无公害农产品、绿色食品和有机食品的认证。截至2005年底，浙江省有1768个农产品生产基地通过省级无公害农产品产地认定，1650个产品通过国家无公害农产品认证，产品认证总量位居全国第二；经中国绿色食品发展中心认证审核，全省有247家企业的558个产品有效使用绿色食品标志，其具体分布情况如图6-2。可见，绿色食品开发速度较快的是杭州、宁波、台州

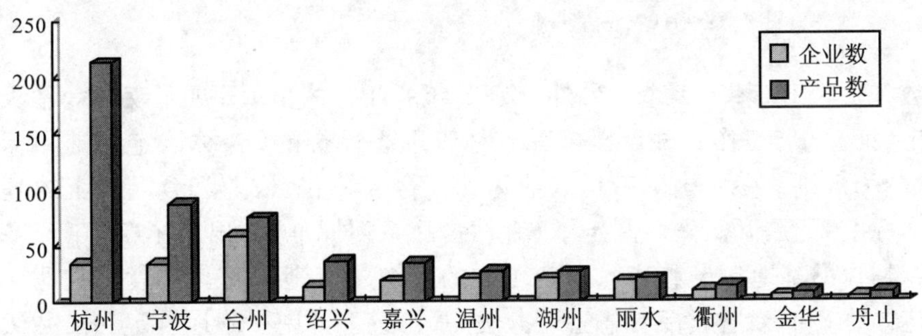

图6-2 有效使用绿色食品标志的企业和产品的地区分布(截至2005年底)

资料来源：浙江农业信息网

等市，而丽水、衢州、金华、舟山等市的发展较慢；有258家茶叶生产企业通过杭州中农有机茶认证中心认证；有30家企业的55个产品经中绿华夏有机食品认证中心论证，获得有机食品称号，其具体分布见表6-1、图6-3。可见，有机食品主要集中于茶叶、竹笋和香榧等产品，地区主要集中于绍兴市和湖州市，两市共获得有机食品认证的企业和产品

表 6-1　获得有机食品认证的企业和产品情况(截至 2005 年底)

	茶叶	竹笋	香榧	山核桃	花生	杨梅	蜂蜜	大米	食用菌	银杏	板栗	山茶油
企业数	16	4	4	1	1	2	1	1	1	1	1	2
产品数	31	5	4	2	1	2	3	1	2	1	1	2

注：仅指中绿华夏有机食品认证中心论证的有机食品

资料来源：浙江农业信息网

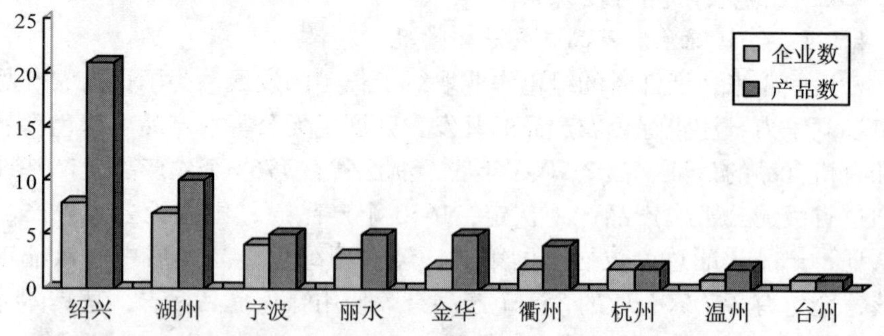

图 6-3　获得有机食品认证的企业和产品的地区分布(截至 2005 年底)

资料来源：浙江农业信息网

数分别为 15 家、31 个。另外，2003 年浙江省林业厅开展了森林食品认定(证)试点工作。试点以国际森林管理委员会的《森林认定原则和标准》为准则，参照国际有机农业运动联合会《有机农业和食品加工的基本标准》而展开。先后制定了《森林食品系列标准》，出台了《关于开展森林食品基地建设和产品认定工作的通知》、《浙江省森林食品基地认定办法》和《森林食品标志管理办法》等，着手开展了基地认定和产品认定工作。按照《浙江省森林食品基地认定办法》，对达到“有良好的生态环境、有科学的技术规程、有严格的质量标准、有可信的商标品牌、有适度的基地规模、有规范的管理制度”等“六有”要求的食用林产品生产基地，可由县级林业主管部门提出申请，经指定的质检部门检验及专家评审后，由认定委员会认定为浙江省森林食品基地。在此基础上，按照《森林食品系列标准》，注重培育和推荐企业规模大、质量管理规范、产品品牌声誉好、市场占有率大的食用林产品，进行森林食品的产品认定。截至 2005 年，认定森林食品基地 169 个，基地总面积 88.65 千

hm^2，认定森林食品产品49个。森林食品基地及产品的类型主要包括竹笋、山核桃、香榧、板栗、山茶油、杨梅、茶叶、柑橘等。

浙江省无公害农产品、绿色食品、有机食品、森林食品的各项认证已经全面启动，尤其是在2003年以后，发展速度较快。2003~2005年各年份通过的农产品质量安全认证(包括绿色食品认证、有机食品认证、浙江省森林食品基地及产品认定)情况见表6-2。

表6-2　2003~2005年浙江省农产品质量安全认证基本情况

单位：个，千 hm^2

	森林食品基地及产品			绿色食品(A级)		绿色食品(AA级)		有机食品	
	基地数	基地面积	产品数	企业数	产品数	企业数	产品数	企业数	产品数
2003	53	35.8	20	58	74	3	3	6	10
2004	49	22.87	29	60	116	11	19	12	24
2005	68	29.98	0	100	279	14	25	13	21
合计	169	88.65	49	218	469	28	47	31	55

注：各年通过认证的绿色食品企业与上一年认证的企业会有重复

资料来源：①森林食品基地及产品认证根据浙江省林业厅提供资料整理

②绿色食品、有机食品数据来源：浙江农业信息网

6.4.1.2　浙江山区特色绿色农林产品开发现状

浙江山区为促进特色农林业和山区经济的发展，重视绿色农林产品的开发。下面以台州市、开化县为例，介绍山区特色绿色农林产品开发情况：

6.4.1.2.1　台州市特色绿色农林产品(柑橘和杨梅)开发

(1)无公害农产品、绿色食品的开发。水果是台州市的主要农产品，柑橘和杨梅是台州的特色水果。近些年来，台州市重视开展水果的质量安全认证，尤其是柑橘、杨梅产品的无公害农产品认证、绿色食品认证等。

浙江省无公害农产品基地认证。2003~2005年，台州市列入省无公害水果基地总数达70个，基地面积达12335.13 hm^2。台州各县、市、区的认证情况见表6-3。其中黄岩、临海无公害水果基地主要是柑橘和杨梅基地，具体情况见表6-4、6-5。黄岩区通过认证的浙江省无公害柑

表 6-3 2003~2005 年台州市农产品(水果)质量安全认证情况

单位：个，hm^2，t

	浙江省无公害农产品基地		国家无公害农产品			绿色食品(A级)	
	基地数	面积	产品数	面积	产量	企业数	产品数
椒江区	4	557.33	5	593.66	8926	1	1
黄岩区	9	1139.43	8	1471.07	19200	2	3
路桥区	3	233.33	5	414	10500	7	7
临海市	21	2995.33	16	2959.33	53290	8	8
温岭市	5	1119	3	1079.96	24969	4	4
玉环市	7	698.73	4	3227	45800	0	0
仙居县	6	1880	3	279.67	2200	3	5
天台县	9	2633.33	3	1534	23000	1	1
三门县	6	1078.63	5	678.3	20680	1	1
合计	70	12335.13	52	12236.99	208565	27	30

资料来源：①浙江省无公害农产品基地、国家无公害农产品认证数据根据台州农业局提供资料整理

②绿色食品认证数据来源：浙江农业信息网

表 6-4 2003~2005 年临海市柑橘、杨梅产品质量安全认证具体情况

单位：hm^2，t

论证类别	生产单位	产品类别	论证年份	基地规模	产量
浙江省无公害农产品基地	临海市柑橘技术开发公司	柑橘	2003	80	—
	临海市涌泉柑橘产业合作社	柑橘	2003	533.33	—
	临海市永丰鲜果专业合作社	柑橘	2003	33.33	—
	临海市冬明水果场	柑橘	2003	33.33	—
	临海市桃渚柑橘合作社	柑橘	2003	200	—
	临海市洋平杨梅水果场	杨梅	2003	100	—
	临海市童燎农林特产有限公司	杨梅	2004	133	—
	临海市田园绿色果蔬产业合作社	柑橘	2004	67	—
	临海市正凤水果种植场	杨梅	2004	120	—

（续）

论证类别	生产单位	产品类别	论证年份	基地规模	产量
浙江省无公害农产品基地	临海市涌泉大湾里橘场	柑橘	2004	133	—
	临海市江南德银果业合作社	杨梅	2004	175	—
	临海市杜桥马宅村马山头橘场	柑橘	2004	200	—
	临海市双林果业合作社	杨梅	2004	160	—
	临海市涌泉柑橘产业合作社	杨梅	2004	160	—
	临海市涌泉众意水果场	柑橘	2004	173	—
	临海市涌泉涌信柑橘合作社	柑橘	2005	140	—
国家无公害农产品	临海市涌泉农贸公司	柑橘	2003	933.33	21000
	临海柑橘技术开发公司	蜜橘	2004	80	2000
	临海市涌泉柑橘产业合作社	蜜橘	2004	533	10000
	临海市冬明水果场	柑橘	2004	33	400
	临海市桃渚柑橘合作社	柑橘	2004	200	3500
	临海市永丰鲜果专业合作社	柑橘	2004	33	600
	临海市宏大果业开发中心	杨梅	2004	67	350
	临海市白水洋上游杨梅产业合作社	杨梅	2004	133	1500
	临海市洋平杨梅水果场	杨梅	2004	100	600
	临海市杜桥马宅村马山头橘场	柑橘	2005	220	4000
	临海市田园绿色果蔬产业合作社	柑橘	2005	67	1000
	临海市涌泉众意水果场	柑橘	2005	173	2500
	临海市涌泉大湾里橘场	柑橘	2005	133	2000
绿色食品	临海市宏大果业开发中心	杨梅	2003	—	—
	临海市双林果业合作社	杨梅	2004	—	—
	临海市白水洋上游杨梅产业合作社	杨梅	2004	—	—
	临海市江南德银果业合作社	杨梅	2004	—	—
	临海市正风水果种植场	杨梅	2004	—	—
	临海市涌泉岩鱼头橘场	柑橘	2005	—	—
	临海市涌泉农贸公司	柑橘	2005	—	—
	临海市涌泉众意水果场	杨梅	2005	—	—

资料来源：①浙江省无公害农产品基地、国家无公害农产品认证数据根据台州农业局提供资料整理

②绿色食品认证数据来源：浙江农业信息网

表6-5　2003～2005年黄岩区柑橘、杨梅产品质量安全认证具体情况

单位：hm²，t

论证类别	生产单位	产品类别	论证年份	基地规模	产量
浙江省无公害农产品基地	浙江黄岩特产开发公司	杨梅	2003	40	—
	浙江黄岩特产开发公司	柑橘	2003	66.67	—
	台州市黄岩蜜橘合作社	蜜橘、杨梅	2004	187	—
	台州市黄岩牛游塘东魁杨梅合作社	杨梅	2004	80	—
	台州市黄岩江口特产综合服务部	杨梅	2004	333.3	—
	台州市黄岩永宁果业合作社	柑橘	2005	100	—
国家无公害农产品	浙江黄岩特产开发公司	柑橘	2003	666.67	6000
	黄岩董岙果业开发合作社	柑橘	2003	40	1200
	黄岩院桥东魁杨梅合作社	杨梅	2004	67	600
	浙江黄岩特产开发公司	杨梅	2004	177	2000
	台州市黄岩蜜橘合作社	柑橘	2005	187	4000
绿色食品	台州市黄岩蜜橘合作社	柑橘	2005	—	—
	浙江黄岩特产开发公司	柑橘	2005	—	—
	浙江黄岩特产开发公司	杨梅	2005	—	—

资料来源：①浙江省无公害农产品基地、国家无公害农产品认证数据根据台州农业局提供资料整理

②绿色食品认证数据来源：浙江农业信息网

橘、杨梅基地数量和面积占该区无公害水果基地数量和面积的比重分别为66.67%、70.82%，临海市分别为76.19%、81.49%（具体见表6-6）。

国家无公害农产品认证。2003～2005年，台州市列入国家无公害水果数量达52个，面积达12236.99hm²，产量为208565t。台州各县、市、区的认证情况见表6-3。其中黄岩区、临海市通过认证的主要是柑橘和杨梅。黄岩区共通过认证的国家无公害柑橘与杨梅产品数量、面积和产量占该区无公害水果产品数量、面积和产量的比重分别为62.5%、77.34%、71.88%，临海市分别为81.25%、91.42%、92.79%（具体见表6-6）。

绿色食品认证。2003~2005年，台州市水果生产共有27家企业、30个产品通过绿色食品(A级)认证。台州各县、市、区的认证情况如表6-3所示。其中黄岩区和临海市通过认证的绿色食品(水果)均为柑橘和杨梅(具体见表6-6)。

表6-6 2003~2005年黄岩区、临海市柑橘与杨梅质量安全认证及占水果认证的比重

单位：个，hm²，t,%

		浙江省无公害农产品基地		国家无公害农产品			绿色食品(A级)	
		基地数	面积	产品数	面积	产量	企业数	产品数
黄岩区	柑橘、杨梅	6	806.97	5	1137.67	13800	2	3
	水果	9	1139.43	8	1471.07	19200	2	3
	占水果认证的比重	66.67	70.82	62.5	77.34	71.88	100	100
临海市	柑橘、杨梅	16	2441	13	2705.33	49450	8	8
	水果	21	2995.33	16	2959.33	53290	8	8
	占水果认证的比重	76.19	81.49	81.25	91.42	92.79	100	100

资料来源：①浙江省无公害农产品基地、国家无公害农产品认证数据根据台州农业局提供资料整理

②绿色食品认证数据来源：浙江农业信息网

(2)森林食品开发。2003~2005年，台州市共有5个产品获得浙江省森林食品认定，10个基地通过森林食品基地认证。5个获得浙江省森林食品认定的产品分别是黄岩特产开发公司生产的“九峰”牌杨梅、临海市桃渚柑橘合作社生产的“南岙”牌柑橘、临海市白水洋上游杨梅产业合作社生产的“上游”牌杨梅、仙居县林业特产开发服务中心生产的“仙绿”牌杨梅、天台县林特服务公司生产的“天台山”牌红朱柿。通过浙江省森林食品基地认证的产品类别、分布情况见表6-7。可见，2003~2005年，台州市森林食品基地仅分布在临海市、天台县，基地总面积2128.67 hm²，基地产品包括柑橘、杨梅、竹笋、蜜梨、板栗、红朱柿、苦丁茶。临海市作为台州市柑橘、杨梅的主要产区，2003~2005年通过认定的森林食品基地7个，其中柑橘基地3个、杨梅基地2个，5个基地面积总计1080 hm²，占临海市通过认定的森林食品基地总面积1592hm²的67.84%。

表 6-7　2003～2005 年台州市通过浙江省森林食品基地认定的情况

单位：个，hm^2

	基地数								基地面积							
	总计	柑橘	杨梅	竹笋	蜜梨	板栗	红朱柿	苦丁茶	总计	柑橘	杨梅	竹笋	蜜梨	板栗	红朱柿	苦丁茶
临海市	7	3	2	1	1				1592	880	200	378.67	133.33			
天台县	3					1	1	1	536.67					170	200	166.67
合计	10	3	2	1	1	1	1	1	2128.67	880	200	378.67	133.33	170	200	166.67

资料来源：根据浙江省林业厅提供资料整理

6.4.1.2.2　开化县特色绿色农林产品(茶叶)开发

开化县在茶叶生产的过程中也十分重视进行无公害农产品、有机食品的论证。2003～2005 年开化县茶叶质量安全认证的情况见表 6-8、表 6-9。三年内共有 3 家生产单位通过浙江省无公害农产品产地认定，认定总面积为 3000.33hm^2；有 3 家生产单位通过全国无公害产品认证，认证产品产量 440t，面积为 1733.27hm^2；有 6 家生产单位和 3 家生产单位分别通过中国农业科学院茶业研究所和浙江万泰论证中心的有机绿茶认定，认定产品产量达 172.42t。在森林食品基地及产品认定方面，2003 年，开化县名茶开发公司生产的“开化龙顶”茶叶就通过了浙江省首批森林食品认定产品。2003～2005 年通过认定的森林食品基地 3 个，基地面积总计 438.54 hm^2。

表 6-8　2003～2005 年开化县茶叶质量安全认证的具体情况

单位：hm^2，t

论证类别	生产单位	论证年份	基地规模	产量
浙江无公害农产品产地	开化县沁翠茶叶有限公司	2004	200	—
	开化县开化龙顶名茶协会	2004	2667	—
	开化县黄金茶开发有限公司	2003	133.33	—
全国无公害农产品	开化县名茶开发公司	2003	266.67	100
	县绿野黄金茶发展公司	2003	133.3	140
	县杜仲茶研究所	2004	1333.3	200

（续）

论证类别	生产单位	论证年份	基地规模	产量
有机绿茶	县顶峰茶业有限公司	2004	—	30
	开化县名茶开发公司	2005	—	32
	开化县云丰茶叶公司	2005	—	4
	开化县瑞龙茶业有限公司	2005	—	8
	开化县金茂茶场	2005	—	4
	同益茶业有限公司	2005	—	12
	县沁翠茶叶有限公司	2005	—	30.05
	大龙茶业有限公司	2005	—	2.37
	县杜仲茶研究所	2005	—	50
森林食品基地	开化县名茶开发公司	2003	266.67	—
	开化县金茂茶场	2005	91.87	—
	县绿野黄金茶发展公司	2004	80	—
森林食品认定产品	开化县名茶开发公司	2003	—	—

注：有机绿茶是经浙江万泰论证中心认证和中国农业科学院茶叶研究所认证

资料来源：开化县农业局，浙江省林业厅

表 6-9　2003～2005 年开化县茶叶质量安全认证统计

单位：个，hm^2，t

浙江无公害农产品产地		全国无公害农产品			有机绿茶			森林食品基地及产品		
基地数	面积	产品数	面积	产量	企业数	产品数	产量	基地数	面积	产品数
3	3000.33	3	1733.27	440	9	9	172.42	3	438.54	1

6.4.2　绿色食品管理和营销活动开展情况

浙江山区在重视绿色食品开发的同时，强化绿色食品管理，开展绿色营销活动。浙江省绿色食品办公室成立于 1990 年，隶属浙江省农业厅。负责全省绿色食品开发和管理工作。各市还相应成立了绿色食品办公室，包括山区市，如温州市绿色食品办公室、丽水市绿色食品办公室、衢州市绿色食品办公室等。绿色食品办公室成立后，全面实行绿色食品申报政务公开制度，强化申报全程咨询和服务。为强化管理，制定了绿色食品管理的若干规章制度，如《浙江省绿色食品认证工作程序》、《浙江省绿色食品企业年度检查工作实施细则》等。积极开展绿色食品质量控制和市场监督工作，依法打击假冒伪劣行为。如经常性地“开展无公害农产品、绿色食品、有机农产品标志市场监察行动”。为了维护绿色品牌，2005 年 9 月 12 日，浙江省绿色食品协会成立，协会的首要宗旨是严格行业自律，提高行业声誉和绿色食品形象。

同时，为促进绿色食品的市场营销，注重开展绿色营销活动，绿色食品办公室组织绿色食品企业参加各种展销或贸易活动，组织各种展销活动。如 2002 年 12 月 7 日至 12 日，由中国绿色食品发展中心、浙江省农业厅、丽水市人民政府联合主办了“首届中国丽水绿色食品节”。在食品节上，丽水市的绿色食品企业和合作社参加了展销，还吸引了来自全国 22 个省(市、自治区)的客商参展。绿色食品节期间前来参观、购买绿色食品的群众超过 10 万人次。另外，建设绿色食品交易市场。如以建设“绿色市场、生态市场、网络市场”为宗旨的浙西农贸城于绿色食品节期间正式开业，该市场是丽水市规模最大、档次最高、投资最大的综合农副产品集散中心，市场规划 100 亩、投资 8000 万元，将成为丽水市、浙江省乃至全国绿色食品的集散地。

6.5 浙江山区发展特色农林产品绿色营销的优劣势分析

6.5.1 优势分析

6.5.1.1 山区良好的生态环境有利于特色绿色农林产品的生产

首先，浙江省总体的生态环境状况位居全国前列。浙江省是我国经济较为发达的省份，多年来，浙江一直注重环境保护和生态建设，2002 年 10 月省第十一次党代会提出了建设“绿色浙江”的发展目标，2003 年 1 月，省十届人大一次会议具体提出了“以生态省建设为载体，全面建设绿色浙江”，国家环保总局在 2003 年初正式将浙江列为全国生态省建设试点省。为此，浙江加大了环境保护和生态建设的力度，加快了生态省的建设步伐，制定并通过了《浙江生态省建设规划纲要》。目前，全省 11 个区(市)分别提出了建设生态市、园林城市、国家环境保护模范城市、国家生态示范区等目标，丽水、衢州两市和 41 个县(市、区)开展了国家和省级生态示范区建设试点。中国环境监测总站编制的《全国生态环境状况评价报告》(2005 年)显示，浙江省的生态环境状况指数为 87.1，列全国第一位(生态环境状况指数在 75 之上，方可得“优”。说明这个区域植被覆盖度高、生物多样性丰富、生态系统稳定、最适合人类生存。全国共有浙江、福建、海南、江西、广东、湖南 6 个省的生态环境状况为优)。其次，山区的生态环境好于平原。浙江省的不同区域生态环境存在明显的差异，相对而言，山区是浙江省的欠发达地区，工业经济相对落后，污染相对较轻。如丽水是浙江省典型的山区，根据《浙江省生态环境状况评价报告》(2005 年)显示，丽水市生态环境状况排全省首位，生态环境状况指数为 99.1，大大高于全省平均值 87.1，丽水市区(莲都)生态环境状况指数为 94.0，也明显高于全省平均水平，在全省 11 个市(区)中排名第一；全市 9 个县(市、区)中，有 5 个县(市、区)排在全省前 10 位。山区良好的生态环境有利于绿色食品的生产。

6.5.1.2 旅游业发展迅速，为开展特色农林产品绿色营销活动带来了良机

浙江省地处中国东部沿海，属经济发达省份。部分山区县(市、区)虽然较为偏远，经济发展水平较低，但是，从全国来看，浙江山区县(市、区)的地理位置较为优越，位于长江三角洲地区，毗邻杭州、上海、南京等大中城市，且均有高等级公路相连，交通便利，区位优势明显，旅游资源非常丰富，生态环境状况明显好于平原地区。浙江山区县(市、区)充分利用区位条件较好、生态环境优越的优势，大力发展生态旅游、森林旅游、农家乐、观光农业等，并取得了明显的成效。例如，位于浙西北的临安市，地形地貌复杂，境内森林资源丰富，植被类型多样，有西天目山和清凉峰两个国家级自然保护区，及青山湖国家级森林公园。境内山河沟壑纵横，风景秀美，具有生态旅游的资源优势和环境优势。近些年来，临安市森林旅游、农家乐旅游发展十分迅速，荣获“中国优秀旅游城市”、“国家森林城市”的称号。旅游业的快速发展，为绿色食品的生产和销售，尤其是开展绿色促销活动带来了良机。

6.5.2 劣势分析

6.5.2.1 国内市场绿色消费需求不足

目前，浙江山区特色农产品主要的市场还是在国内，与国际市场相

比，国内绿色食品市场增长缓慢，对绿色食品的有效需求不足。我国绿色食品消费的主流市场集中在经济发达、消费意识超前的北京、上海、广州等大城市。据中国社会调查事务所(SSIC)2004年在北京、上海、天津等大中城市开展的一项有关绿色消费观念及消费行为的专题调查显示，被调查者中有53.8%的人表示愿意消费绿色产品，37.9%的人表示已经购买过诸如绿色食品、绿色服装、绿色建材等绿色产品，38.7%的消费者表示愿意消费绿色食品。这与发达国家有较大的差距。导致这种状况的原因有：①信息不对称。信息不对称是指市场上买卖双方各自掌握的信息是有差异的，通常卖方拥有较完全的信息而买方拥有不完全的信息。在农产品的绿色营销中信息不对称现象体现得十分明显。生产系统中的生产商与销售商拥有更多的绿色农产品信息，而消费者对绿色农产品信息的知晓主要来自于生产商或销售商的宣传。在现实中，生产商、销售商往往不是将所有的真实的信息告诉给消费者，这就导致消费者要得到关于绿色农产品的真实信息时必须要自己花费一定的时间、精力、财力，即信息的搜寻成本。随着信息搜寻成本的逐渐增加，消费者就会将消费转为普通的农产品而不是绿色农产品。如据沈阳农业大学的杨肖丽和景再方对沈阳的153名消费者进行调查，结果表明，对绿色食品有点了解的98名消费者中，有27名消费者对绿色食品认识有误或“不清楚绿色食品是什么”。②购买力、消费水平较低。2005年我国城镇和农村居民家庭恩格尔系数分别为36.7%和45.5%，消费水平分别处于富裕和小康水平。发达国家居民恩格尔系数在20%以下，其对绿色食品的消费占10%，我国要达到这个水平尚需要一段时间。根据杨丽华等在湖南的调查显示，月收入在800元以下的人对10%的绿色食品溢价能接受的只有3%；而月收入在800~1800元、1800~3000元、3000元以上的人对10%的绿色食品溢价能接受的比例分别为10%、34%和51%。一般来说，绿色食品按其生产成本比一般食品价格高20%~30%，有些甚至高达50%。

6.5.2.2 山区特色农林产品经营主体实施绿色营销的意识和能力较弱

绿色农产品的技术研发、生产、市场推广与促销，均需要通过各经营主体去实施，而实施绿色营销的主体不可能是分散的小农户。目前浙江山区实施特色农林产品绿色营销活动的主体主要是企业和合作经济组织。但山区县（市、区）特色产品生产企业与合作经济组织的发展比较缓慢，规模小、实力弱。如临安市在发展山核桃产业的过程中，虽然比较注重加工业的发展，但加工企业规模普遍偏小。根据临安市林业局的不完全统计，2005 年，临安市 144 家山核桃加工企业中，平均每家企业加工量为 53.1t，年销售量为 51.6t，年总产值为 328.6 万元，年销售产值为 325.4 万元，年利润 54.9 万元。其中，年销售产值 1000 万元以上的仅有 5 家企业，占企业总数的 3.47%；500～1000 万元的仅 13 家，占企业总数的 9.03%；年销售额 500 万元以下的企业占企业总数的 87.5%。开化茶叶加工企业规模更小，苏庄镇是开化茶叶加工集中地，现有 110 家茶叶加工厂，年加工茶叶都在 5t 以下，年加工产值都在 130 万元以下，年加工产值在 100～130 万元之间的仅 3 家，年加工产值在 50 万元以下的有 90 家。山区特色农林产品的专业合作经济组织的规模也普遍偏小，实力较弱，具体可见第 7 章。由于规模小、实力弱，导致实施绿色营销的意识和能力较弱。从上述浙江省绿色农产品开发现状可以得到验证。在全省 9 个市中，通过绿色食品认证的企业和产品主要集中于杭州、宁波等市，通过有机食品认证的企业和产品主要集中于绍兴、湖州等市，而丽水、衢州、温州等山区市绿色食品、有机食品的开发速度较慢（见图 6-2、6-3）。同时，通过认证的产品种类主要集中于大宗农产品和茶叶，多数特色农林产品的认证数量较少。在无公害农产品、绿色食品、有机食品三类产品中，绿色食品 AA 级、有机食品的认证进展缓慢。如，截至 2005 年底，全省通过有机食品认证的仅 30 家企业、55 个产品，其中茶叶就占了 16 家企业、31 个产品，其他特色农林产品的认证数量很少。2003～2005 年，浙江省通过认证的 AA 级绿色食品生产企业仅为 28 家，产品仅 47 个；台州市通过认证的水果类绿色食品，全部为 A 级。

6.6　浙江山区特色农林产品绿色营销对策

6.6.1　龙头企业和合作经济组织应充分发挥绿色营销的主体功能

特色绿色农林产品从开发、生产、市场推广到营销应通过龙头企业和合作经济组织上联市场，下联基地来实现。为此，农业龙头企业和合作经济组织应做好：①通过订单农业等形式对绿色农林产品的生产进行有效的控制。②要改进技术，与科研单位、农业院校合作开发绿色技术。对于杨梅等特色绿色农产品要加强保鲜技术的研究。③在进行绿色农产品的分类、包装、加工时，要做到清洁生产，防止绿色农产品在这些环节被污染，以保证其优良的品质。要使用绿色包装，改变传统的包装观念，推行以保护环境、节约资源为主的简单包装、再循环包装等。为鼓励农业龙头企业和合作经济组织实施绿色营销策略，政府应制定优惠政策。如政府应在资金、税收方面支持龙头企业、合作经济组织实施绿色营销战略，支持发展对外贸易，引导和支持龙头企业、合作组织与科研机构、农业院校的合作，提高绿色科技创新能力。山区县(市、区)要积极吸引外资、合资进入农业领域，以提高特色农产品市场组织化程度和绿色营销运作能力。

6.6.2 加快绿色农产品开发速度

绿色农产品的开发是实施绿色营销的前提与基础，浙江山区应充分发挥生态环境优越的优势，围绕特色农林业，大力发展生态农业和循环农业，控制农药化肥的使用，采用生态方法防治病虫害，大量增施有机肥和微量元素肥料，生产出无污染的特色绿色农林产品，并加快特色绿色农林产品的认证步伐。对特色农林产品，重点是积极开展绿色食品AA级和有机食品的认证，提高特色农林产品的“绿色化”程度。积极开展森林食品认证，浙江省应会同国家有关部门积极采取措施，争取浙江的森林食品被正式纳入国际认证体系，尽早拿到进入国际市场的绿色通行证。

6.6.3 科学制定绿色产品价格

价格是市场竞争的重要手段。绿色定价的核心问题是如何在绿色成本的回收同产品的竞争能力之间进行权衡，在近期的合理盈利和企业长远发展之间权衡。绿色产品的价格要从实现企业绿色营销的战略目标出发，综合分析产品成本、市场需求、竞争态势等因素，充分考虑消费者的心理和承受能力。这种价格既要反映资源和环境的价值、企业的环保投入等，显示绿色产品的较高档次，有利于农户和绿色企业取得较好的经济效益，同时也应注意到消费者对产品的理解程度和接受程度。根据绿色产品的成熟过程和生命周期，对同一产品的不同时期制定出有差别的价格。在刚进入市场阶段，可以用消费者心中的“理解价值”来定价，以利于打开市场，同时考虑到山区特色农林产品大多是非生活必需品，其需求价格弹性较大，因此，可以采取薄利多销的价格策略；而后，通过各种方式的宣传，绿色产品逐渐为社会所接受时，可采取适当提高绿色产品价格的策略。

6.6.4　加强绿色产品营销渠道建设

浙江山区特色农产品种类多，不同的产品保质期相差较大，有些产品易腐烂变质，不耐贮运，如水果，而有些农产品不易腐烂变质，易贮运，如茶叶和干果。因此，对于不同的绿色农产品应采取不同的营销渠道，对于易腐烂变质的水果类产品，尽量减少渠道长度或采取直销形式，缩短其流通路径和时间，减少绿色品质破坏程度，所以一般应在大型农贸批发市场进行批发或与零售店、专业商店等签订合同直接销售；对于保质期较长的绿色农产品，可通过中间商进行分销或通过农民合作组织销售，或与各地批发商、加工商签订合同进行销售。具体而言，浙江山区特色绿色农林产品的生产经营者可以选择以下营销渠道：①“农户+销售商”的分销模式。即农户成为销售商的绿色农产品生产基地。农户根据销售商的要求组织绿色农产品的生产，由销售商负责销售。②“农户+龙头加工企业”分销模式。农户按绿色产品加工企业的要求，为其生产绿色产品的加工原材料。③独家分销或选择性分销策略。独家分销就是在一定地区只选择一家经销商负责销售其绿色农产品；选择性分销是在一定地区选择少数几家经销商负责销售其绿色农产品。所选择的经销商必须具有一定经营实力、良好的企业形象。④直接分销策略。绿色农产品经营者自己设立专卖店或在大型商场设立经营专柜。⑤特许加盟连锁经营的分销策略。即绿色农产品的经营者允许他人使用生产企业的企业名称、产品品牌和配送服务等开设特许加盟连锁店，销售生产者的绿色农产品，特许加盟连锁店的资本全部由他人投资，但所有连锁店实行“统一形象、统一价格、统一标准、统一服务、统一配送、统一管理”，即“六个统一”的运营模式。⑥“电子商务”的网络分销策略。随着 Internet 的普及，网上交易越来越受到消费者的青睐，这也是最符合绿色原则且潜力巨大的绿色营销渠道。为此，浙江山区绿色产品的生产经营者，尤其是龙头企业和合作经济组织要积极创建自己的电子商务网站，或充分利用各地的农业信息网，发布绿色产品销售信息，寻找代理商和经销商，进行网上分销。

6.6.5 积极引导和推动绿色消费需求

消费者的购买决策要经历一系列的心理活动过程，首先要认识产品，了解其“绿色”的特别品质，然后才可能产生购买欲望，最后才进行购买决策。为积极推动绿色食品的消费需求，必须采取绿色促销策略，传递绿色农产品及绿色企业的信息，从而引起消费者对绿色农产品的需求及购买行为。浙江山区绿色农林产品经营者可选择的促销策略包括：①绿色广告。企业需要选择一定的传媒载体开展绿色广告活动，具体可选择广播、电视或户外广告等媒体。通过绿色广告向消费者传递浙江山区绿色特色农林产品的稀缺、天然、安全、健康、营养等信息。②人员推销。浙江山区特色农林产品与普通农产品有许多不同的地方，涉农企业可以派出推销人员直接与目标顾客接触沟通，通过人员推销可以加深消费者对绿色特色农林产品的认知程度，及时反馈消费者对绿色特色农林产品的偏好、意见和建议，提高消费者对企业品牌的忠诚度。在进行人员推销时，浙江山区涉农企业要对推销员工进行绿色促销培训，使推销人员真正认识到生产经营绿色特色农林产品的重要性，树立为消费者提供“绿色服务”的企业精神，并通过人员推销提升企业的绿色形象。③营业推广。浙江山区绿色特色农产品企业为了扩大销售，可对消费者进行灵活多样的营业推广活动。如可采取赠送礼品、免费品尝及组织展销等形式。展销可以由一个企业独立举行，也可以由众多生产同类产品的企业联合举行，若能对某些展销活动赋予一定的主题，并同广告宣传活动配合起来，促销效果会更佳。(4)体验促销。浙江山区涉农企业应充分发挥与上海、杭州、宁波等周边大中城市毗邻及旅游业发展较为迅速的优势，积极发展观光农业，允许消费者自己采摘特色农林产品，尤其是水果，这样既满足了消费者的好奇心和游玩兴趣，又节省了经营者的采收时间和人工费用，同时加深了消费者对特色农产品的了解程度，促进绿色特色农林产品的销售。

7

浙江山区特色农林产品市场竞争力提升的组织保障

特色农林产品市场竞争力的提升关键在于质量、品牌和营销能力的竞争。而提高产品质量、实施品牌战略及提升营销水平和能力均依赖于具有竞争力的市场竞争主体。目前浙江山区特色农林产品的生产以家庭分户管理、小规模经营为主，特色农林产品的生产经营者还不是真正意义上的市场竞争主体。为此，需要通过发展农民专业合作经济组织，提高农民的组织化程度，充分发挥农民专业合作经济组织在实施标准化、品牌化、市场营销等方面的功能。

7.1 农民专业合作经济组织的内涵与原则

"农民专业合作经济组织"是我国特有的概念，它大致对应于国际合作经济界的"合作社"概念。在国际合作经济界，有 Coopereratives、Farmer Coopereratives、Agricultural Coopereratives、Rural Coopereratives 和 Coopereratives Orgnizations 等称谓。1995 年国际合作社联盟代表大会通过的《关于合作社界定的声明》中对合作社下了一个权威的定义："合作社是为满足自身公共的经济、社会及文化方面的需求和愿望，而通过一个共同拥有、民主管理的企业，自愿联合组成的一个自治社团。"该定义包含两层含义：一是合作社是人们自愿联合组成的社团，这是合作社作为经济组织的最基本特征，自愿是合作社组成的首要原则。具有某种资格的人有参与组成或加入合作社的自由，也有不参与或退出合作社的自由。二是合作社是一种满足人们自身共同的经济、社会及文化方面的需求和愿望的企业。从法律形态的角度看，企业包括独资企业、合伙企业、公司以及合作社，虽然在现代社会前三种是最具有代表性的，也是最典型的企业形态，但合作社仍然是企业的一种法律形态。中华人民共和国第十届全国人民代表大会常务委员会第二十四次会议通过的《中华人民共和国农民专业合作社法》把农民专业合作社定义为："是在农村家庭承包经营基础上，同类农产品的生产经营者或者同类农业生产经营服务的提供者、利用者，自愿联合、民主管理的互助性经济组织。"这一定义实质上与国际合作社联盟的定义是一致的。

从1844年英国罗虚代尔公平先锋社成立至今的160多年的历史过程中，随着合作社实践的不断发展以及人们理论认识的不断深化，合作社的原则经历了主要三个阶段的演变：①源于罗虚代尔公平先锋社、后在1895年的国际合作社联盟成立时被确认的"罗虚代尔"原则；②1966年国际合作社联盟提出的《国际合作运动指南》所提出的几个原则；③1995年国际合作社联盟成立100周年大会上提出的"蔓切斯特原则"。现阶段，国际合作社理论界所公认的合作社原则就是"蔓切斯特原则"。该原则包括7个方面的内容：①自愿和开放的社员资格原则；②社员民主管理原则；③社员经济参与原则；④独立与自主原则；⑤教育、培训与信息原则；⑥合作社之间的合作原则；⑦关心社区原则。

7.2　农民专业合作经济组织对提升农产品市场竞争力的重要性

农产品市场竞争力是农产品通过在市场上与其他竞争对手相比较而反映出来的生产力，这种生产力是一种比较生产力，它既以农产品的价格和质量为基准，又与一定的技术条件和管理水平密切相关。

7.2.1　是构建农产品市场竞争主体的关键

农产品的竞争不仅是产品竞争，更是农业经营主体的竞争，是农民、农产品加工企业和营销组织之间的竞争。家庭联产承包责任制造成了我国农民在农业生产上具有小规模、兼业化的特点，单个农户很难与工商企业相抗衡，得不到平等的谈判地位以获取社会平均利润。即生产者还不是真正意义上的市场主体。尤其是我国加入WTO以来，与中国小规模农户经营形成强大反差的是，中国农业组织面临的竞争对手是规模化、组织化程度极高的大农场主及其组成的合作社联盟、大公司(企业)、跨国公司，甚至是农产品出口国组成的国际性垄断集团。在发达国家，单独的农户在农产品营销体系中不占有重要地位，在美国和加拿大，农业生产经营一般都是具有较大规模的家庭农场，但他们仍然对合作经济组织或行业协会具有非常大的依赖性。例如，美国，其农场生产规模和产量都比较大，但农户仍按协同联合方式进入市场。全美国有150多万农场主参加了“全国农场主联盟”和“美国农业联合会”，还有众多农户参加了不同类型的农业生产与销售合作社，这些组织是农户联合进入市场的组织保证。加拿大农业人口只有86万，仅占其全国3000万人口的2.87%，农产品产量和出口量居世界前列，可见，该国的家庭农场具有很大的规模，但他们仍感势单力薄，自发组建了自己的组织——农产品营销协会。在日本，约有97%的农户加入了“农协”，90%的农产品由“农协”销售，80%的农业生产资料由“农协”采购。

对照发达国家，可以说，在产业组织层面，我国不具备任何优势，竞争基础十分薄弱，而这种产业组织缺陷又不是资本与技术所能替代的。当前，单纯地依靠传统的组织结构不能完成中国农业与国内外市场的对接，农民的合理利益也难以得到有效保护。严峻的现实要求我们必须尽快改变这种状况，农民必须由弱者变为强者，在现有农村生产力水平和经济发展条件下，其根本出路在于：在家庭经营的基础上，通过各种专业合作经济组织，把分散的小规模农户组织起来，以合作组织成员的身份整体进入社会化大市场，使专业合作经济组织成为现代农业市场竞争的主体，尤其是作为农产品营销的主体。通过农民之间的合作与联合，与商业企业和国际集团之间形成一种抗衡力量，在市场经济中建立起相互制衡的市场机制，改变单个农户在市场谈判中的弱势地位。与此同时，农户独立的经营地位在合作组织中依然存在，这又符合农业分散、独立经营的基本特征和我国现阶段的农业生产力水平。

7.2.2 是降低交易成本，提高规模经济效益的有效途径

降低农林产品的成本是提高农产品价格竞争力的主要措施。交易成本是产品成本的重要组成部分。对于什么是交易费用，学术界似乎没有一个统一的、清晰的定义。在科斯看来，交易费用就是“通过价格机制

组织生产的、最明显的成本，就是所有发现相对价格的成本”。张五常(1987)认为：交易成本“是一系列制度成本，其中包括信息成本、谈判成本、起草和实施合约的成本、界定和实施产权的成本、监督管理的成本和改变制度安排的成本。简言之，交易成本包括一切不直接发生在物质生产过程中的成本”。农民专业合作经济组织可以大大节约交易成本，合作经济组织代表农户群体去和市场进行交易，必然成倍地减少交易的次数，大大地降低交易费用。特别是农民专业合作经济组织通过与市场或企业建立长期的契约关系，以稳定的购销活动代替农户的偶然交易，避免了重复搜寻、谈判的费用。而且，通过合同化管理，也可以有效地减少市场交易纠纷的发生。即使发生了交易纠纷，合作经济组织也有较强的经济实力和组织力量，利用法律手段维护农民利益。

目前，我国农业生产分散的家庭经营难以形成生产要素的聚合和优化配置，有的有劳力缺信息，有的有信息缺资金，也有的有技术缺土地，还有的善种(养)不善卖，也有的善卖不善种(养)。要解决这些问题，实现农业的规模经营主要有两条途径：一是调整土地使用权，让少数人获得一定量的土地，进行适度规模经营。但这种办法只适合在第二、第三产业比较发达的地区推行，不宜在全国推广，更不宜在相对落后的山区推广。二是发展专业合作经济组织，把农户连接起来，使分散的劳动力、资金、技术等要素得到合理配置，以专业经营项目为纽带把分散的农户联结起来形成横向的区域规模效应。通过合作经济组织这种形式，可对更大范围的生产要素进行重新整合，使各种社会经济资源得到充分利用，做到人尽其才，物尽其用，各取所长，相得益彰。如具有技术的农民组织技术合作社，专门提供技术服务；具有农机具的农民组织农业生产合作社，专门提供播种、耕田、收割等服务。而且，农民专业合作经营有利于大规模农业机械的推广和应用，减少小型固定资产的重复购置和低效率使用，降低农户的生产成本，克服家庭经营内部规模的不经济。

7.2.3 为农业科学技术和标准化推广提供新的、有效的介质

近年来，学术界和实际工作者对科技推广，实施农业标准化的实践模式作了大量研究，各地也在不断探索和尝试中推出了各具特色的标准化推广模式。

7.2.3.1 农民专业合作经济组织缺失情况下的农业标准化推广模式

在农民专业合作经济组织缺失的情况下，采取的科学技术、标准化推广模式其有：

(1)政府主导型。以政府为主导的推广模式，主要是利用政府的权威，自上而下地综合运用行政、经济、法律等多种手段，动员经济、技术、社会等多种资源，大力度、大面积地推动农业技术、标准化的推广实施。政府的主导职责在于构建一个能够吸引多种主体参与推广实施农业标准的平台。具体包括：①统一规划，合理布局。以发展优势品种、区域为主线，对本地区农业标准化建设在总体上进行安排。②统一协调，扶持建设标准化生产基地或示范区。③统一服务，发挥技术优势。即依托市、县、乡各级农业技术推广系统贴近“三农”，拥有先进、适用技术的优势，对农民进行技术培训，传授农业标准化生产的知识和技能，并通过提供统一的技术指导和检测、监督等服务，规范一家一户的生产行为。政府主导型的推广模式将作为农业标准化的主要推广模式之一在相当长时间内存在。但这种从传统计划经济体制下的农技推广体系衍生来的标准化推广模式的弊端在于：首先，推广项目的选择、推广范围的选定表现为政府行为，不能适应市场发展要求，一定程度上剥夺了农民作为市场主体的权利，忽视了技术与农民之间的适应性，导致推广效率低下，甚至一定程度上引起农民的逆反心理，从而拒绝采用政府推广的标准化技术。其次，由于政府推广的能量大，涉及面广，一旦政府行政力量使用失当，由此带来的经济损失和风险就会比较大。最后，还面临着政府科技推广队伍不稳定，经费不足等问题，在县、乡基层“线断、网破、人散”的局面没有得到根本扭转的情况下，不能满足农业科技推广的需要。

(2)“龙头企业 + 农户”型。这种模式是指以农产品加工、运销企业为主导，通过与生产基地或农户签订合同的形式，形成生产、加工、销售一体化经营，达到提高农业经济效益的目的。龙头企业在资金、技术、加工、储运、市场信息、销售渠道等方面有明显的优势，对农产品经过精深加工使其增值。同时，农民按照标准化要求生产出来的优质原料可以加工成高质量、高档次的产品，从而赢得市场，大幅度提高经济效益。这种模式的缺点是：首先，作为企业，必定以追求经济效益为中心，当与农户合作能增加企业的经济效益时，毫无疑问企业会选择与农户合作，这种标准化的推广模式就能维持下去。但由于公司处于强势地位，而分散的农户处于依附地位，因而合同中的权利、义务往往失衡。一旦市场风云突变，企业自身利益受到威胁时，弱小的农户可能成为企业转嫁风险的对象。其次，目前龙头企业数量与农民相比，比例过小，由龙头企业直接与农户接触，带动农户越多，管理的难度就越大，投入的财力、人力也越多，增加了企业的运营成本，从而有违于企业利润最大化目标。

(3)“专业市场+农户”型。该模式是通过市场交易和严把农产品市场准入关所形成的供求信息、优质优价信息，拉动、引导农民走农业标准化之路。与龙头企业相比，市场拉动、引导农民的面更大，辐射的区域和范围更大。这种模式的缺陷在于：“小规模、多元化、大群体”的交易主体结构增加了交易费用，即要求2亿多小规模经营的农户直接去掌握、捕捉和筛选市场信息，既不现实又缺乏效率。

(4)“种养大户”带动型。此种模式是由头脑比较灵活，长期从事种养、运销、生产、经营的能人或者种养大户为了发展规模化生产和扩大营销业务，吸纳、带动农户按照标准化的要求从事生产、加工，确保产品质量，拓展市场销路，从而在提高自身经营效益的同时，增加农民收入。该模式的缺陷在于：一是种养大户自身开拓市场的能力有限，生产规模很难扩大，无法形成有明显比较优势的产业。二是农民的整体素质较差，按照传统方式生产的观念仍然存在，从而影响农产品质量，经济效益得不到明显提高。

上述模式一个共同的特点是，农民作为农业标准化过程中的主体之一，由于其人数众多、实力弱、规模小，若不对其加以组织，而是由单个的农民直接参与到农业标准化中去，将会造成三大“黑洞”：一是“交易黑洞”。虽然农民人数众多，但经营分散，信息闭塞，在市场交易中，特别是在当前多数农产品市场是买方市场的情况下，农民容易被单个击破，受到其他市场主体或非市场主体的挤压甚至掠夺。二是“信息黑洞”。市场对于各种农产品的需求数量和质量标准变化不定，由于信息的不对称，单个农户的市场信息和技术信息不灵，往往处于一种无从着手的境地，容易遭受经济损失。三是“利益流失黑洞”。农民相对于实力较强的公司而言处于依附地位，往往受制于龙头企业，难以分享初级农产品加工而增值的利益。

7.2.3.2　基于农民专业合作经济组织的标准化推广模式

国内外实践证明，农民专业合作经济组织的组建为农业技术和标准化推广提供了新的、有效的介质。农民专业合作经济组织是农民与市场之间、农民与龙头企业之间、农民与各级政府间的桥梁和纽带，起着组织和协调作用，可以解决“政府部门包不了，龙头企业办不了，农民个体办不了”的许多问题。因此，在推广农业标准化的过程中有必要将农民组织起来，培育、发展农民合作经济组织，使数量众多的农民能够以“集团军”的形式，作为一个整体参与到标准化中来。主要形式包括：

(1)“龙头企业+合作经济组织+农户”型。龙头企业负责农产品的营销、储运、加工及必要的生产技术指导，农户在合作组织的统一部署和协调下开展生产经营活动。尽管公司与合作组织的业务联系仍然以合同形式为主，但公司的签约对象不再是众多、分散、弱小的农户，而是一个市场主体地位相对提高后的组织机构。合作经济组织作为农民利益的代表，一方面组织农民按照公司的要求生产和销售合格的农产品，另一方面负责在与公司的交易中确保农民利益的实现。

(2)“主导产业+合作经济组织+农户”型。该模式是农民通过开发当地资源来发展商品生产，并通过农业合作经济组织，在具备一定经济实力的条件下，形成区域性主导产业和拳头产品。围绕主导产业，合作经济组织带领农民按照统一标准进行农产品的生产资料供应，产品收购、运输、储存，食品加工等一系列产前、产中及产后的一体化经营。该模式适合于资源禀赋独特，能大量生产名优特产品的地区。这里，合作组织取代了“龙头企业”在标准化推广中的地位，成为农户自己的龙头企业，由合作组织直接面向外部交易市场，而所获利润按照农民自己约定的规则返还农户。

在这两种模式中，农民合作经济组织的作用在于成为了标准化推广过程中的核心和中介力量。农民合作经济组织可以根据对市场的调查，合理地、有计划地对农民进行技术服务指导，把农林产品的质量标准全面引入到生产、加工、流通的全过程；或将现代科技手段融入生产加工，引进新技术、新产品，开发名特优新产品；通过合作组织的协调，最大限度地解决龙头企业、市场和农户之间的问题。

7.2.4　为农产品品牌化战略的实施提供重要的载体

过去，农产品的商品化程度较低，农产品与品牌、商标等基本无缘。20 世纪 90 年代中期，随着很多地方名牌战略的实施及大中城市现代超市的发展，尤其是加入 WTO 后，农产品面临着国内外市场激烈竞争的严峻形势，创造品牌、培育名牌已成为增加农产品市场竞争力的主要手段。但中小农户在农产品的品牌运营中面临着多重困境。首先，农产品的品牌化运营往往需要付出巨额费用，单个农户生产经营规模十分有限，自有资金积累少而且慢，融资的渠道也非常有限，资金已成为他们实施品牌化运作的重要瓶颈。其次，生产与质量管理能力有限。农产品品牌是通过提高农产品质量，增加农产品附加值来获得市场竞争力的。要提高农产品质量就必须通过制定和实施农业产前、产中、产后和各个环节的工艺流程和衡量标准，使生产过程标准化和系统化，受经济实力的制约，单个农户很难做到。再次，缺乏系统的品牌营销。由于规模小，农户难以独立建立各自的市场营销渠道，很难对目标市场的消费需求信息进行了解，很多农户甚至没有目标市场的营销理念，大多选择批发市场或出售给中间商(上门收购)，通过批发市场或中间商卖掉所生产的产品。在品牌宣传和推广方面，既没有足够的资金，也没有系统的品牌宣传推广能力。因此，农户在品牌营销上面临着营销意识、资金和能力等诸多方面的问题。最后，农户实施品牌化战略会导致品牌过多，规模小，容易引起品牌间的竞争，削弱农产品市场竞争力。

综上所述，农户不能成为品牌建设的主体，他们只有通过联合，成立合作组织，使农户的组织化程度提高，以企业化经营组织的方式来进行品牌化运营，以增强规模与实力。依托合作组织进行商标的注册、品牌的宣传与推广，提高品牌的规模经济效益。

7.3　国内外农民专业合作经济组织的发展

7.3.1　国外农民专业合作经济组织的发展

从 1844 年在英国成功地建立了第一个消费合作社——罗虚代尔公平先锋社算起，一个半世纪以来，合作经济不论西方发达国家还是发展中国家，不论是在资本主义制度下还是在社会主义制度下，都生机勃勃地发展着，并成为一种强大的社会经济力量。按合作社的职能来分，合作社可分为农业合作社，消费合作社，信用合作社，商人、工人及其他合作社。农业合作社的种类也很多，大致可细分为供销、信用、服务和生产等四大类。农业合作社是发达资本主义国家最重要的一种合作社，主要是因为在发达资本主义国家，农业以个体的家庭农场为主，中、小农场主占绝对优势。在竞争激烈的社会，中、小农场主除非联合起来，否则就很难在社会上站稳脚跟。此外，随着商品农业的高度发展，农业的分工越来越细，合作日益紧密，农业生产需要的服务越来越多。

7.3.1.1 日本农协

日本在农业经济合作方面，最典型的就是“农协”。“农协”是“农业协同组合”的简称。其发展历史可以追溯到明治维新以后出现的由农民和手工业者自发组织的，从事产品和生产资料的共同销售和购买，生产资金相互融通的“同业组合”。1900 年，日本颁布了历史上第一部关于合作社的法律——《产业组合法》，对合作组织予以扶持和鼓励，从此“产业组合”在日本农村迅速发展和普及。二战期间，日本颁布了《农业团体法》，将各类“产业组合”一律合并，改组为“农业会”，由国家对农产品统一收购和分配。1947 年，日本政府颁布《农业协同组合法》，农业合作经济以“农业协同组合”(农协)的形式得到恢复。1961 年，日本制定了《农业基本法》，其中心之一就是“培育自立经营与促进协作”，“协作”包含了“协作组织，意即对个别经营起到补充和强化作用的协作组织”。正是在政府的大力促进之下，日本农协在 20 世纪 50～60 年代得到了迅速发展。

(1)日本农协的组织状况。日本农协是由一定地区内耕种一定面积以上、每年从事一定时间农活的农业劳动者组成。根据资格的不同，农协社员分为专业从事农业生产的正社员和部分从事农业生产的准社员。正社员，原则上要经营 1.5 亩以上的农用耕地，每年从事农业经营 90 天以上，或者从事农业经营的农事组合法人。准社员是基层农协所在区域内的兼职农民。准社员可以利用农协的各种业务设施，但利用总额原则上不得超过社员利用总额的 20%，没有选举权和被选举权。各级农协的最高权力机构是由各基层组合推荐，并经全体会员选举产生的总代表大会。由总代表会选举产生理事会和监事会，再由理事会选举产生农协的最高领导层。理事会及领导成员的工作受监事会的监督检查。

日本农协在20世纪90年代实行改革前，形成了市、町、村——都、道、府、县——全国三级组织体系，改革后，把原来的三级组织体系改为二级，把都、道、府、县联合会并到中央，并将基层农协进行合并，提高农协的规模和实力。按照农协的改革方案，日本基层农协到1999年已减少到1580个，到目前，基层农协只剩1040个。全国中央会下设生产、生活、总务及金融四个委员会，分别与都、道、府、县中央会的农协经济联、共济联、福利联和金融联进行对口联系，都、道、府、县农协只对市、町、村农协进行业务指导，是一种联合协作关系，不具有行政命令权，从而保证了基层农协的独立性和自主性。

（2）日本农协的类型及功能。日本农协可以分为综合农协和专业农协。综合农协即以农协所在地区内所有的农业从业者为对象，围绕组合员在农业经营和日常生活诸方面，综合开展指导、共同销售、共同购买、信用、共济等事业。它还在农业产后服务方面，涉及到区域内所有的主要农作物。综合农协均为出资农协，几乎遍布日本所有的市、町、村。而专业农协是由某一农业专业（领域）的从业者组成，以共同销售其所生产的农产品为中心，并从事相关生产资料的共同购买和技术指导等。在日本，专业农协不像综合农协那样普遍。

日本农协主要的职能有：①桥梁职能。农协是连接政府和农民的纽带。国家关于农村发展的政策与策略是依靠或通过农协最终实现的。农协是在政府的支持下建立起来的。协助政府推行农村基本经济政策，就成了农协的责任和义务。如政府对农业生产的保护措施、价格补贴等是通过农协进行的。②指导作用。主要是指农业经营指导，除了要进行本地区的农业长期规划以及对品种和栽培技术、生产的扶植等从生产到流通的系统指导外，还要指导每个农协成员的生产技术和经营。目前，在日本专门从事农业经营指导的就有18000人，平均一个农协就有6.2人。③流通服务职能。农协是农产品流通进程中的参与者或组织者。日本农协不仅利用自己的组织系统优势，也利用拥有保鲜、加工、包装、运输、信息网络等优势，将农民生产的农产品集中起来进行统一销售。由于农协销售的农产品有统一的规格和质量要求，且具有市场计划性强、销售量大、价格合理、手续简便、销售稳定、结算快等特点，因此，农户一般都乐意委托农协销售其农产品。在日本，市场销售农产品绝大部分是由农协提供，其中：米面占95%、水果占80%、家禽占80%、畜产品占51%、蔬菜占56%。④信用、保险服务职能。农协的金融机构是组合员存、贷的主要业务部门。目前有53%的农户把钱存入农协，有44%的农户向农协贷款，农协保持着作为农户主银行的地位。农协还开展各种保险业务，如火灾保险、汽车事故保险、定期生产保险等短期保险及养老、生命、健康等长期保险。农协的保险合同金额居全国第二位，仅次于日本最大的保险公司——日本生命。⑤社会服务职能。日本各地的农协一般都设有医疗卫生服务部门，提供医疗保健服务。此外，还设有文化中心和生活中心，组织传统节日的庆祝。还经常举办读书、文艺创作、旅游、体育等活动。

7.3.1.2 美国农业合作社

美国是世界上最发达的资本主义国家，同时又是号称“农业世界冠军”的大国。虽然农业人口仅占总人口的2.5%，却生产了世界1/5的粮食。在美国农业的发展过程中，农业合作社发挥了重要的作用。在美国，谷物销售合作社控制了国内粮食市场60%的市场份额，并提供了全国出口谷物总量40%的粮源。由农业合作社加工的农产品占农产品总量的80%。而且美国全部出口农产品的70%左右，是由农业合作社完成实现的。1951~1996年美国农业合作社在全美农产品销售中的市场份额不断上升，由17%增加到34%，同时在投入品采购中的市场份额由19%上升到28%(见表7-1)。美国的农业合作社最早诞生于19世纪初，1810年，在康涅狄格州的高琛成立了一个乳品合作社，在新泽西州的南特瑞敦成立了一个专营奶酪的合作社。历史上，美国各类合作社数量和社员不断减少，但交易量却不断上升。1940年，合作社数量、社员人数、交易量分别为10600个、340万人、22.8亿美元，到1997分别为3791个、324万人、1064.7亿美元。截至2002年底，农业合作社的数量、社员人数、交易量分别为3140个、279.4万人、1115.5亿美元。说明美国的农业人口减少，但规模经营却不断增大。

表 7-1 美国农民合作社在全美农产品销售和投入品采购中的市场份额

单位:%

年份	1951	1961	1971	1981	1991	1992	1993	1994	1995	1996
农产品销售	17	24	26	30	27	27	28	31	32	34
投入品采购	19	21	21	27	27	28	28	28	28	28

资料来源：徐旭初．中国农民专业合作经济组织的制度分析．经济科学出版社，2005

(1)美国农业合作社组织状况。农业合作社是农业劳动者的集体组织。它的成员必须与农事活动紧密相关。按照有关法律，只有以农场主、种植者、畜牧和乳品生产者、干鲜果品生产者的身份从事农产品生产的人才有资格成为农业合作社的社员。三个农场主即可成立一个农业合作社。社员有退社自由。农业合作社由社员、董事、经理三部分人组成，除了由董事会挑选和雇用的经理才可以脱产，负责处理农业合作社日常事务外，其余成员包括董事长都从事某种农业生产劳动。农业合作社不养活闲散人员。

从组织管理来看，农业合作社由董事会决策，受雇经理负责日常管理，社员一人一票制。这是大多数农业合作社奉行的民主化管理原则。只有为数很少的农业合作社规定，在一人一票基础之上安排一些额外票。额外票取决于社员持有的股票数量，或者是他与农业合作社的交易数量，或者是他的贡献大小。但美国法律对此有限制性规定。如果以类似股份制的形式组织起来的农业合作社，农业合作社可以发行一种以上，通常又不超过两种的股票。其中，普通股用以证明社员身份，证明社员对农业合作社的所有权和享有的投票权，因此，每个社员一般只有一个普通股。而优先股则主要代表普通股之外的投资，一般不享有投票权。

(2)美国农业合作社的类型与功能。按照美国农业部的分类，美国的农业合作社主要包括：①供销合作社。根据其业务性质，又可分为农用物资购买供应合作社、农产品营销合作社以及与供销相关的服务合作社。农资供应合作社主要是以合作形式向社员提供各种农用物资和商品，包括化肥、农药、石油、种子、饲料、建筑材料等。其中，化肥和石油的供应量最大。此外，它们还提供种类繁多的科技服务，如土壤测试、防疫、育种、奶牛改良、作物检测直到经济核算和法律咨询。销售合作社就是对社员所生产的各类农产品——种植业产品、畜产品和其他农产品进行收购、储运和销售。无论是合作社数量、入社的人数，还是营业总额，供销合作社在美国农业合作社中都占据最重要最突出的地位。说明美国的农业合作社以供销合作社为主体，尤其是以销售合作社最为重要。②信贷合作社。它的职能是帮助农场主解决各类融资、贷款等问题。相当于农业部门中的信贷协会，是美国“农业合作信贷体系”中的骨干机构。美国有农业信贷体系，由联邦土地银行、联邦中间信贷银行和合作社银行3个系统构成。其中，合作社银行是这个体系中专门向各类农场主合作社提供贷款的机构。在初创时期，它曾得到政府贷款资助。目前，该体系已完全属于农民集体所有，由农民经营，政府则通过农业信贷管理署予以监管。农业合作信贷体系的信贷服务，不仅为农场主提供维持农场再生产资金，而且协助他们扩大再生产，改善技术装备，提高经营水平。但按合作社银行规定，只有符合一定条件的真正的农场主合作社而不是农场主个人才有资格向合作社银行申请贷款，农场主则再向获得贷款的自己所属的合作社申请贷款。③服务合作社。其涉及范围很广，是指除供销和信贷以外的其他服务合作社。主要包括医疗保健、各类保险、住房合作、水利灌溉、畜牧业方面的畜种改良等合作社，也包括农村电力和电话合作社。农村电力和电话合作社是两个由农场主和农村地区的消费者所有，并在农村地区经营的合作社。目前，全美几乎所有的农场都是电气化生产，电气化农场中大约有一半的电是由农村电力合作社提供的，在推进农村电气化进程中作出了巨大贡献。

美国的农业合作社发挥的主要职能包括：①农用物资供应。合作社的社员以合理的价格获得高质量的物资和服务。合作社因为购买量大，可以得到折扣。如果社员团体订购的产品量足够大，值得供应商花费额外的钱，供应商还会按照社员的特殊要求提供产品和服务。②提供产品销售服务。以竞争抵制垄断，确立以市场为导向的农业再生产机制，维护农民的利益。③合作社为先进的农业机械的应用和农业技术的推广普及创造了便利条件，促进了农业科学技术的推广和农业机械化水平的提高。④提供信贷和保险服务，解决了农业生产中资金投入和生产风险问题。⑤维护政治利益。合作社为人们提供一种手段，组织有效的政治行动。

7.3.1.3　法国农业合作社

为了适应18世纪资产阶级工业革命所带来的经济和社会方面的重大变化，在19世纪80年代，法国农场主开始以各种形式组织起来，以保护自己的经济利益，并于1888年成立了第一个农业合作社——夏埃奶业合作社。早期的农业合作社主要是作为农业行业工会的一个部分而逐步出现的。一直到20世纪50年代，农业合作社发展十分缓慢，而且局限于少数几个部门。80年代以后，合作社规模逐渐扩大，数量减少。截至2004年，法国有3500个各类农业合作社，全国40.6万个农户中90%为合作社成员，常年雇用员工15万人，总营业额将近670亿欧元。农业合作社在法国农业和食品业领域占据举足轻重的地位，合作社收购了全国60%的农产品，占据了食品加工业产值的40%。全国40家最大的乳品企业中，有25家是合作社。在葡萄酒行业中，全法有867个葡萄酒酿造合作社，其葡萄酒产量占全国产量的52%。

(1)法国农业合作社的组织状况。合作社社员入社时的程序根据合作社的规模大小有所区别。社员退社自由受到一定的限制。社员加入时一般都要按照与合作社的预期交易量多少交纳股金。股金不参与分红，但每年可根据全体大会的决定支付一定的利息，利息一般低于同期活期银行利率。如果种植面积和产量发生变化，增加时需要补交股金，减少时则维持不变。合作社可以与非社员联合，以吸引外来投资，称为非社员股东。非社员股东不与合作社进行业务往来，不能按交易额获得利润返还。但他们可以比社员股东优先按股分红，而且其按股分红的利率较社员股东要高。

全体社员大会是合作社的权力机构，规模较大的合作社，一般都设立社员代表大会。法国农业合作社坚持一人一票的基本原则，在基层社组建联合社时，也基本上坚持一社一票。但法律允许合作社根据具体情况，按照社员与合作社的交易数量(或质量)、承担的责任、职务和作用的不同，给予附加表决权，但必须得到全体大会的一致通过。在机构设置方面，法国合作社的一大特点是可以不设立监事会。合作社每年召开全体大会，理事会都要提交年度财务和工作方面的报告，每个社员都可以通过对报告发表意见来行使监督权。

法国农业合作社可分为基层合作社(或一级合作社)和合作社联合会(或二级合作社)。基层合作社是由农业生产经营者直接参与组建的。合作社联合会是由许多基层合作社参与组建的。组建合作社联合会的目的主要是集中力量，解决单个合作社不能从事的加工、贮藏、运输和销售等业务。这种联合会可以分为两种：一种是具有“垂直”性质的全国性的专业合作社联合会。这种联合会是按照产品或活动内容组建的。另一种是具有“横向”性质的区域性合作社联合会，是由同一区域内不同专业的合作社联合组建的。它们负责各部门合作社之间的横向联系。根据2003年欧盟制定的合作社法律，欧盟内可以跨国成立合作社，各国的合作社可以联合组成合作社联合社。法国粮食购销和服务合作社联盟就是由320个基层合作社组建的，其中95%为法国合作社，还有5%为比利时、卢森堡等国家的合作社。

(2)合作社的类型与功能。法国的农业合作社根据是否吸收存款和发放贷款，可以分为农业信贷合作社和农业非信贷合作社。前者主要包括家庭信贷合作社，如互助银行；农场经营主信贷合作社，如合作银行；以及家庭和经营主特点兼有的信贷合作社，如农业银行和人民银行。在合作社性质的信贷机构中，尤其以农业银行最为重要。它不仅是法国第一大合作社性质的银行，也是法国所有银行中最大的银行。农业银行共有360多万个会员，职工6.6万多人。它贷款的对象主要是农场经营主。每10个农业经营者中，就有9个是农业银行的客户。农业非信贷合作社主要指农业经营者所成立的专门为农业生产各环节服务的合作社。这些合作社极大多数分布在农业的产前部门(主要有农业生产资料合作社、共同使用农业机械合作社、人工授精合作社)和产后部门(主要包括农产品储藏合作社、农产品加工合作社和农产品销售合作社)，农业生产中合作社较为少见。

法国农业合作社发挥的主要作用：一是农业生产资料，包括种子、化肥、农药的生产、采购与供应；二是生产过程的技术服务，包括土壤成分的分析，农作物的生长管理，化肥、农药使用的时间、数量，动物营养和保健等方面；三是统一建立农产品质量标准，并负责这些标准的落实；四是共同使用农业机械；五是统一进行农产品的贮藏、加工、运输和销售；六是信息服务，包括市场信息、法律咨询等；七是农业科研服务。

7.3.2　我国农民专业合作经济组织的发展

7.3.2.1　发展过程

农民专业合作组织是改革开放以后在我国农村经济体制改革过程中，为适应农业生产的专业化、商品化、社会化和市场化需要而逐步发展起来的。20 世纪 80 年代以后，农民专业合作组织发展大致经历了以下 3 个阶段：

(1)形成阶段(1980～1990 年)。这一阶段是农民专业合作经济组织自发形成并初步得到扶持发展的时期。80 年代初，农村一些地区开始推行家庭联产承包责任制，农户家庭得到了经营自主权。在家庭分散经营过程中农民迫切要求学习和掌握现代农业科学技术。在这种需求诱导下，农民专业合作组织开始在一些地方出现。四川是最早出现农民专业合作组织的省份，1980 年在郫县成立了养蜂协会。1980 年 5 月，广东省也出现了农民自己组织起来的专业合作组织，即思平县牛江镇杂优稻研究会。1980～1985 年，农民专业合作组织基本上处于自生自灭状态，没有引起各级领导的重视和支持，组织数量少、规模小，且多数没有章程，稳定性差，规范化程度低。1986 年，中共中央 1 号文件明确指出："近几年出现了一批按产品或行业建立的服务组织，应当认真总结经验，逐步完善。各地可选择若干商品集中产区……按照农民的要求，提供良种、技术、加工、贮运、销售等系列化服务。通过服务逐步发展专业性的合作组织。"1987 年下半年，由国务院农村发展研究中心、农牧渔业部、商业部和中国科协组成的农村专业技术研究会联合调查组赴四川、山东、广东进行调研，并于年底召开全国农村专业技术协会理论研讨会。此后，农民专业合作组织逐步引起各级领导的重视和支持。1989 年，国务院 78 号文件对发展农民专业合作经济组织给予了充分肯定。1990 年，国家科委出台《农业技术经济服务合作协会示范章程》，并在青海等省进行试点和推广。

(2)指导探索阶段(1991～2000 年)。这一阶段主要是通过加强政策支持、发挥部门作用、组织试点和制定示范章程来推动农民专业合作组织的发展。1991 年，国务院发布《关于加强农业社会化服务体系建设的通知》，将农村专业技术协会、专业合作社作为农业社会化服务的形式之一，并要求各级政府对其给予支持，保护他们的合法权益。1993 年，国务院明确农业部作为指导和扶持农民专业合作与联合组织的行政主管部门。1994 年 1 月，农业部和国家科委联合下发了《关于加强对农民专业协会指导和扶持工作的通知》，要求各地为专业协会发展创造一个良好的外部环境。1994 年，中共中央 4 号文件强调指出，要“抓紧制定《农民专业协会示范章程》，引导农民专业协会真正办成‘民办、民管、民受益’的新型经济组织”。不久，农业部和有关部门协作起草了《农民专业协会示范章程》。此后，根据国务院指示，农业部会同有关部门开始进行农民专业协会的立法和管理试点，确定陕西、山西为借鉴日本农协经验的试点省，安徽为农民专业协会示范章程的试点省，黑龙江、四川等省还结合农业支持项目，开展了农民专业协会的试点工作。试点工作推动了专业合作组织的发展。

(3)引导规范阶段(2001 年至今)。2001 年 11 月，我国正式加入 WTO，成为世界贸易组织的成员国。为解决“三农”问题、实现全面小康、帮助农民应对加入 WTO 带来的挑战等，党和国家在这一时期进一步明确了发展农民专业合作组织的思路和措施，即立法规范、政策支持、示范引导、财政扶持。2002 年 12 月 28 日，九届全国人大三十一次会议修订通过《中华人民共和国农业法》，在其“总则”第 2 条关于“农业生产经营组织”的规定中，将“农民专业合作经济组织”作为专门的一类；在“农业生产经营体制”第 11 条中，指出“国家鼓励农民在家庭承包经营基础上自愿组成各类专业合作经济组织”，并明确了农民专业合作经济组织应当遵循的原则等内容。党的十六届三中全会《中共中央关于完善社会主义市场经济体制若干问题的决定》明确指出，“支持农民按照自愿、民主的原则，发展多种形式的农村专业合作组织”。2002 年 11 月，农业部在全国确立了 100 个农民专业合作经济组织试点单位和 6 个地市级农民专业合作经济组织综合试点单位，2003 又将浙江省作为农民专业合作经济组织建设试点省。2004 年，农业部确立了 111 个示范点。2005 年，农业部围绕 11 个优势农产品区域、35 种主导产品，在北京、吉林、浙江、安徽、湖北、湖南、山东、河南、陕西、宁夏、四川和青岛等 12 个省份开展农民专业合作组织的示范建设，确立示范项目 143 个。2003～2005 年，财政部安排 1.5 亿元专项资金支持试点建设。2005 年 4 月，农业部制定并颁布了《关于支持和促进农民专业合作组织发展的意见》，提出从各个方面采取措施，大力促进农民专业合作组织发展。2006 年 10 月 31 日第十届全国人民代表大会常务委员会第二十四次会议通过《农民合作经济组织法》，并将于 2007 年 7 月 1 日正式生效，标志着我国农民专业合作组织发展进入了一个新的阶段。

7. 3. 2. 2 发展现状

据农业部统计，截至 2005 年底，全国农民专业合作经济组织总数超过 15 万个，成员数量已达 2363 万户，占全国农户总数的 9. 8%，带动非成员农户 3245 万个，占总农户的 13. 5%。合计占农户总数的 23. 3%。具体情况如下：

(1)组织的合作程度和运行机制情况。我国农民专业合作经济组织从合作程度和运行机制角度，可以分为 3 种类型。一是专业协会。它是由从事专项农产品生产、加工、销售的农民，按照自愿互利的原则，以产品和技术为纽带联合组建起来的社团性合作经济组织，主要包括技术协会和研究会。其合作关系一般比较松散，大多数专业协会是非实体性的，不直接为会员销售产品，不以盈利为目的。专业协会每年向会员收取一定数量的会费，以提供技术和信息服务为主。二是专业合作社，它是合作经济组织的典型形式，是由从事同类产品生产的农户或农民自愿按照合作制原则组成的经济组织，其合作关系一般较紧密，多数专业合作社是实体性的，其内部制度比较健全，管理比较规范。它主要分布在农产品加工企业多的东部地区，其成员一般交纳一定数量的股金，只吸纳身份股，年底按银行存款利率进行股金分红，并按照为社员销售的产品数量返还利润。三是股份合作社，它是在合作制基础上实行股份制的一种新型合作经济组织。一般由企业、农技推广单位、基层供销社等出资作为股东，再吸收少量的社员股金组建成股份合作社。这类组织采取劳动和资本联合的方式，从事某种专业生产，实行按劳分配与按股分红相结合。实际上，我国农民专业合作经济组织的主要类型无非是专业合作社和专业协会两大类。专业合作社实际上是比较传统的合作社，股份合作社只是一种相对偏于股份制的专业合作社。在我国农民专业合作组织中，专业协会的比重最大，专业合作社次之，股份合作社最少。在 15 万个专业合作经济组织中，农村专业技术协会 11. 77 万个，共有会员 1012.77 万人。

(2)业务活动情况。农民专业合作经济组织的业务活动范围基本涵盖了生产、加工、销售各环节，从事产加销一体化服务的农民专业合作经济组织占 37.3%，以运销服务为主的占 11.3%，以加工服务为主的占 8.9%，以仓储服务为主的占 2%，以技术信息服务为主的占 19.5%，开展其他服务的占 21%。

(3)产业分布情况。农民专业合作经济组织中，从事种植业生产经营的占 47.6%，畜牧业占 24.7%，渔业占 5.1%，农机服务业占 4.1%，其他行业占 18.5%。

(4)登记注册情况。全国已经登记注册的农民专业合作经济组织占总数的 45.3%。其中，在工商部门登记的占 15.8%，在农业部门登记的占 16.9%，在民政部门登记的占 12.6%。

(5)功能发挥与效益情况。近两年，全国各类农民专业合作经济组织平均每年培训农民 1500 多万人次，为成员和周边农户代销农产品总量达 2 亿多 t，代购各类生产资料近 1 亿 t，经营服务盈余 180 多亿元。平均每个成员获得盈余返还和股金分红约 400 元，加入专业合作经济组织的成员平均增收 500 元左右。

7.4　浙江山区特色农林产品合作经济组织发展现状和作用

7.4.1　浙江农民专业合作经济组织发展概况

7.4.1.1　发展现状

浙江省属于我国农民专业合作经济组织发展比较先进的省份，2003 年，浙江最早被列为农业部农民专业合作组织试点省。其市场经济的发育程度、农民对合作社的认同及农民合作经济组织的质量都在全国之先。浙江省农民专业合作经济组织主要有两种类型：农民专业合作社和农民专业协会。农民专业协会主要从事产前的种子、种苗和农资、饲料的供应服务，技术培训和信息服务等，较少涉及农产品的市场销售。而农民专业合作社直接参与市场竞争，与农民的利益联结较为紧密。从统计数据来看，农民专业合作社呈现明显的上升趋势，而农民专业协会则明显下降(见表 7-2)。截至 2005 年底，全省有各类农民专业合作经济组织3310家，其中专业合作社2413家，社员24.39万户，带动农户146.4万户。

表7-2　2002~2005年浙江省农民专业合作经济组织的数量及构成

单位：家，%

	总数	专业合作社		专业协会	
		数量	比例	数量	比例
2002	1969	791	40.17	1178	59.83
2003	2335	1183	50.66	1152	49.34
2004	2808	1789	63.71	1019	36.29
2005	3310	2413	72.90	897	27.10

资料来源：浙江省农业厅

7.4.1.2　发展类型

浙江农民专业合作经济组织的组建情况较为多样，包括能人（专业大户）依托型、村社区集体经济组织依托型、基层农技部门依托型、供销社依托型、公司依托型、农产品批发市场依托型。浙江省农民专业合作经济组织各组建类型所占比例见表7-3。其中能人依托型占比例最高，达40%，其次是基层农技部门依托型，占30%。村社区集体经济组织依托型、农产品批发市场依托型所占比例较少。下面主要介绍能人（专业大户）依托型、基层农技部门依托型、供销社依托型、公司依托型4种类型的农民专业合作经济组织的组建特点：

表7-3　浙江省农民专业合作经济组织各组建类型所占比例

单位：%

能人依托型	村社区集体经济组织依托型	基层农技部门依托型	供销社依托型	公司依托型	农产品批发市场依托型
40	2	30	15	10	3

资料来源：浙江省人民政府．浙江省农民专业合作经济组织汇报材料．2004，6

（1）能人依托型。主要是由农村能人利用他们的技术和销售渠道牵头兴办，农民参与的发展模式。这种发展模式大多数是在“能人”效应下成长起来的，在组建和运行过程中具有较强的自发性和独立性，但这种发展模式成长起来的合作组织一般运行比较不规范，规模也比较小，组织的实际运作往往由能人一手包办。合作组织领办的能人主要有：一是长期从事农产品经营，并已达到一定规模的种养大户；二是拥有农业技术特长的农技人员；三是长期从事农产品收购和销售，拥有较为稳定的销售渠道的运销大户。

(2)基层农技部门依托型。是指在当地农技服务站等涉农服务部门的牵头下组建起来的。这些服务部门利用其人才、技术、场地、信息和设备的优势，吸收有关部门和农民参与组建专业合作组织。在农技部门领办专业合作组织中，其骨干和核心工作人员往往是农技部门选派，如果运行不当，有可能使专业合作组织最终演变成这些农技部门附属机构或向外获得政策资源的“帽子”。从浙江农民专业合作经济组织发展的实践来看，农技部门利用自己的信息、技术和设备的优势发展合作组织能形成一种多方共赢的结果。对农技部门来说，不仅使自己的生存与发展有了保证，而且推动了当地农业的发展，在农民中重新获得了自己的地位。对农民来说，可以得到技术指导，大大降低了生产的后顾之忧。

(3)供销社依托型。是指依托供销社的人员、机构、固定资产或设施而组建专业合作经济组织的发展模式。由于有供销社的机构和物质基础做后盾，以它为依托而建立起来的专业合作经济组织一般比较稳固。供销社依托型组织具体又分为挂靠型和一体型两种。挂靠型指供销社在组建和运行时只起指导和牵头作用，供销社委托有关人员筹建专业合作经济组织或在理事会中任职，并且利用其所拥有的机构或设施为会员提供服务，但彼此在财产方面保持相对独立。多数以供销社作为依托单位的合作社都属于这种类型。一体型指供销社以入股形式加入专业合作社，同会员结为利益共同体。这种形式，从浙江各地的实践来看，有很大的发展潜力。这是因为供销社本身就是农民自我服务的合作经济组织，服务“三农”是供销社的宗旨，“三农”是供销社生存与发展的基础，发展农民合作经济组织是其题中之意。特别是在目前供销社体制改革基本完成的情况下，供销社保留了一大块优质资产，有为农民服务的经营设施，有经营管理的人才优势，有经营渠道的优势，供销社有基础、有能力、有实力在创办农民专业合作社中发挥自己的作用。

(4)公司依托型。是以从事农产品加工或销售等业务为主的公司为依托，吸收相关农户组建专业合作经济组织，以专业合作经济组织为载体，实行“公司＋专业合作社＋农户”的发展模式。公司领办专业合作社的主要目的是为了获得稳定的、优质的原料。由于目前农业的市场竞争也越来越激烈，农产品的竞争不仅是终端产品的竞争，而是从田头到餐桌的整个产业链的竞争。对于从事农产品加工的企业来说，如何稳定地获得高质量的原料供应，已是提高其竞争力的关键所在。而在浙江农村一家一户分散经营的体制下，公司不可能与一家一户发生交易，因为这样做交易成本很大，而且质量也难以保证，同时自已购买或租用大量的土地又要付出很高的成本。在这种情况下，公司非常需要有一个中间载体，它一方面能代表农户与公司发生关系，另一方面能代表公司与农户发生关系，能把公司对生产的质量要求等传递给农户，并得到好的执行和监督。这个中间载体最理想的形式是农民专业合作社。但由于浙江农民专业合作社的发展还不能满足需要，公司很难找到现成的合作社来作为中间载体。在这种情况下，公司在自己的主要原料产品基地，吸收生产规模较大的农户参与，办起了专业合作社。公司以合作社为载体提供一些优惠服务(如提供生产资料、技术指导和产品销售服务)以吸引农户参加，而合作社的主要资金及平时的主要运转费用都由公司承担。

7.4.2　浙江山区特色农林产品合作经济组织发展及作用

近年来，浙江山区在发展特色农林业的过程中，注重农民专业合作经济组织的发展，部分农民专业合作经济组织在提升特色农林产品市场竞争力方面已发挥了重要的作用。研究中发现，对特色农林产品市场竞争力提升发挥重要作用的主要是农民专业合作社，鉴于此，下面选择农民专业合作社进行研究。

7.4.2.1　发展现状

台州市黄岩区和临海市是生产柑橘和杨梅的主要产区，余姚是生产杨梅的主要产区，开化是生产茶叶的主要产区。近年来，各产区围绕特色农林产品发展农民专业合作社。截至2005年7月底，黄岩区和临海市柑橘和杨梅合作社的基本情况见表7-4。截至2006年底，开化县茶叶合作社的基本情况见表7-5，余姚市杨梅专业合作社的基本情况见表7-6。

表 7-4　台州市黄岩区、临海市柑橘和杨梅合作社基本情况

单位：个，万元

	合作社名称	组建主体	发起人数	入股社员数	股金总额
黄岩区	黄岩蜜橘合作社	供销社	8	190	100.3
	黄岩药山杨梅合作社	种养大户	6	20	5
	黄岩江口东魁杨梅合作社	贩销大户	4	5	25
	黄岩东岙东魁果业合作社	其他	5	182	3.2
	黄岩澄江果业合作社	贩销大户	7	7	5
	黄岩高桥果品合作社	种养大户	20	20	30
	黄岩毛坦水果合作社	种养大户	7	25	3
	黄岩永宁果业合作社	其他	9	52	5.54
	黄岩董岙果业开发合作社	其他	10	321	55
	黄岩植鼎果品合作社	种养大户	8	37	3.5
	黄岩牛游塘东魁杨梅合作社	种养大户	23	31	6.2
	黄岩临湖果业合作社	贩销大户	8	30	5
	黄岩院桥东魁杨梅合作社	种养大户	5	53	6.5
	合计		120	973	253.24
临海市	洞林果蔬合作社	其他	7	125	65
	涌泉柑橘产业合作社	其他	12	132	36
	永丰鲜果合作社	其他	6	100	30
	白水洋上游杨梅产业合作社	其他	10	108	31
	桃渚柑橘产业合作社	其他	8	458	30
	涌泉泾前果业合作社	其他	7	120	56
	高加岭杨梅产业合作社	其他	5	50	18
	市曙光水果合作社	其他	6	100	3
	白水洋大雷果业合作社	其他	10	35	48
	涌泉涌利柑橘合作社	其他	5	68	10
	涌奇柑橘产业合作社	其他	6	108	15
	涌泉涌信柑橘合作社	其他	5	850	58
	岭后兰田水果合作社	其他	6	120	10

（续）

	合作社名称	组建主体	发起人数	入股社员数	股金总额
临海市	清峰果业合作社	其他	12	286	48.8
	大旗山柑橘专业合作社	其他	—	50	3
	广绿果业合作社	其他	5	50	15
	戎期果蔬产业合作社	其他	9	218	18
	江南德银果业合作社	其他	5	40	38.8
	双林果品合作社	其他	5	50	20
	东塍果蔬合作社	其他	8	70	0.8
	田园绿色果蔬产业合作社	其他	12	563	20
	河头镇果蔬产业合作社	其他	6	34	22
	涌泉玉岘果蔬产业合作社	其他	7	190	96
	合计		162	3925	692.4

资料来源：台州市农业局

表 7-5 开化县茶叶合作社基本情况

单位：个，万元

合作社名称	注册时间	社员数	注册资金	股金
开化县白虎茶叶专业合作社	2005.09	110	5	—
池淮镇石板桥茶叶专业合作社	2004.01	7	12	—
开化县川南茶叶专业合作社	2005.08	7	5	5
开化县星口茶叶专业合作社	2005.12	7	5	—
开化县金凤凰茶叶专业合作社	2005.12	7	5	5
开化县翠绿名茶专业合作社	2005.12	7	5	—
开化县应生茶叶专业合作社	2005.12	8	5	5
开化联农茶叶合作社	2006.05	7	5	5
开化县石龙潭茶叶专业合作社	2006.11	7	5	—
开化县星华茶叶专业合作社	2006.01	7	10	—
开化县飞兰茶叶专业合作社	2006.12	7	5	—
开化县金源茶叶专业合作社	2006.12	7	5	—
开化县兴农茶叶专业合作社	2002.06	16	6.5	—
合计		204	78.5	20

资料来源：开化县农业局

表 7-6　余姚市杨梅合作社基本情况　　单位：个，万元

合作社名称	注册时间	组建主体	社员数	注册资金
余姚市西山杨梅专业合作社	2004.11	农技人员	21	10
余姚市牟山杨梅专业合作社	2005.10	专业大户	24	11
余姚市舜果杨梅专业合作社	2004.12	供销社	18	10
余姚市老鹰尖杨梅专业合作社	2006.12	专业大户	7	5
合计			70	36

资料来源：余姚市农林局

从上述山区县(市、区)特色农林产品专业合作社的发展来看，发展不平衡。台州市是浙江省农民专业合作经济组织发展较快的地区，自2000年10月温岭市农业部门成功组建了台州市第一家经过工商部门登记注册的农民专业合作社——温岭市桥头蔬菜产业合作社以来，该市合作社发展迅速，被农业部和浙江省确定为“农民专业合作经济组织”试点市之一。截至2005年底，全市经县级以上工商行政部门登记注册的农民专业合作社516家，注册资金达7000万元，年销售额近20亿元，返还社员盈余近1.3亿元。地处台州市的黄岩区、临海市近几年也紧紧围绕特色产品，大力发展农民专业合作社。因此，黄岩区、临海市柑橘和杨梅合作社发展较为迅速。比较而言，开化茶叶合作社和余姚杨梅合作社的发展相对比较缓慢。截至2005年7月底，黄岩区和临海市柑橘、杨梅合作社分别为13家和23家，入社农户分别为973户和3925户，股金总额分别为253.24万元和692.4万元。截至2006年底，余姚杨梅合作社只有4家，入社农户仅70户，注册资金仅36万元。开化县茶叶合作社有13家，入社农户204户，注册资金78.5万元。从合作社的平均规模来看(见表7-7)，平均每家合作社的社员数量黄岩区为78.85户，临海市为170.65户，开化县为15.69户，余姚市为17.5户；平均每家合作社的股金数额黄岩区为19.48万元，临海市为30.1万元，开化县为5万元，因此总体来看，临海市柑橘、杨梅合作社的规模较大。

表 7-7 特色农林产品合作社的平均规模

单位：个，万元

	合作社平均社员数	合作社平均股金	每个社员股金
黄岩区柑橘、杨梅合作社	78.85	19.48	0.26
临海市柑橘、杨梅合作社	170.65	30.1	0.18
开化县茶叶合作社	15.69	5*	0.69*
余姚市杨梅合作社	17.5	—	—

*注：1）开化县茶叶合作社平均股金和每个社员平均股金仅按 4 家有股金统计数据的合作社计算

2）余姚市杨梅合作社的股金统计数据缺

7.4.2.2 发挥的作用

调查中发现，台州市柑橘和杨梅合作社在提升产品市场竞争力方面的作用比较显著，尤其是临海市。首先，合作经济组织定期组织社员进行技术培训，交流水果种植经验，统一供应物质。其次，对合作社社员统一生产标准、统一操作规程、统一产品质量标准。合作社都纷纷制定了《果品质量技术标准》和《果品质量安全管理手册》，把果品质量、施肥方法、病虫害防治、整形修枝、果实贮藏技术等制成通俗易懂的生产模式图，建立田间档案记录。再次，合作社积极注册商标，统一分级包装、统一品牌上市。如截至 2005 年底，临海市有 15 家柑橘、杨梅合作社注册了商标，统一了品牌，占全市同期柑橘、杨梅注册商标总数 41 个的 36.59%，注册商标的柑橘、杨梅合作社占柑橘、杨梅合作社总数的 65.22%（见表 7-8）。可见，临海市柑橘与杨梅合作社在实施特色农产品品牌战略中承担了主导作用。再次，收购农户产品并进行销售，合作社与社员之间签订订单和实行二次返

表 7-8 临海市特色产品合作社注册商标情况（截至 2005 年底）

单位：个，%

全市注册特色产品商标总数	特色产品合作社数量	特色产品合作社注册商标数	合作社注册商标占总注册商标的比例	注册商标的合作社占合作社总数的比例
41	23	15	36.59	65.22

注：表中特色产品包括柑橘、杨梅两种产品

资料来源：根据台州市农业局提供资料计算

利，建立利益共享机制。2005 年，临海市 23 家柑橘与杨梅合作社销售额达 7713.5 万元，返还利润 58.5 万元。最后，合作社统一申报并通过浙江省无公害产品基地认证、全国无公害产品认证、绿色食品认证等各类产品质量认证。如 2003～2005 年，临海市共有 8 家柑橘、杨梅合作社获得了浙江省无公害农产品基地称号，基地总面积为 1468.57hm^2，占全市同类产品通过认证的基地数和面积的比例分别为 50% 和 60.16%；共有 6 家合作社的柑橘、杨梅产品获得了全国无公害农产品的称号，面积为 1033.9 hm^2，产品产量为 16950t，占全市同类产品通过认证的产品数、面积和产量的比例分别为 46.15%、38.22% 和 34.28%；有 3 家柑橘、杨梅合作社的 3 个产品通过绿色食品（A 级）认证，占全市通过认证的企业数和产品数比例均达 37.5%（见表 7-9）。综上所述，台州特色农林产品的专业合作社现已成为开展技术服务、打造品牌、开拓市场的主要载体。

表 7-9　2003～2005 年临海市特色产品合作社各类产品质量认证情况

单位：个，hm^2，t，%

	浙江省无公害农产品基地		全国无公害农产品			绿色食品（A 级）	
	基地数	面积	产品数	面积	产量	企业数	产品数
全市认证总数（特色产品）	16	2441	13	2705.33	49450	8	8
特色产品合作社认证	8	1468.57	6	1033.9	16950	3	3
合作社认证占认证总数的比例	50	60.16	46.15	38.22	34.28	37.5	37.5

注：表中特色产品包括柑橘、杨梅两种产品

资料来源：根据台州市农业局提供资料计算

下面以 5 个典型的特色农林产品合作社为例，对合作社的组织状况和发挥的作用进行分析。

案例 1：台州市黄岩永宁果业合作社

合作社成立于 2004 年 11 月，经黄岩区农业局批准，区工商分局注册登记，属农民专业合作社性质。本社黄岩蜜橘产业基地分布于黄岩的母亲河永宁江两岸断江、孙东、新岙等10个村，地势平坦，土壤肥沃，排灌畅通，周边无工业污染。地理位置优越，四季温暖湿润，水资源丰富。年平均气温16～17℃，无霜期260天，农业基础设施条件较好，适宜蜜橘生长，广大果农种植经验丰富，生产量较大，已成为当地农业的支柱产业。但随着生产的发展，摆在农民面前的问题越来越多：种植分散，形不成连片基地，产品包装杂乱，没有统一品牌，市场销售难等。为了适应市场经济发展的要求，保护果农利益，提高农民的组织化程度，促进农民增收，通过水果运销大户、种植大户牵头，依照加入自愿、退出自由、自主管理、盈余返还的原则成立合作社。

2004年11月，52户运销大户、种植大户首先入股组建合作社，2005年又发展社员106名，选举产生社员代表20名，注册资金20万元。通过社员代表大会选举产生5名理事会成员和3名监事会成员，下设生产技术、市场营销、基地开发、质量监测、财务管理等六个部门，拥有中级技术职称人员3人。股权设置社会股金占有80%以上，单个社员的股金不超过20%，按照水果种植面积设定股金，每股1000元，按照股份确定表决权，每个社员必须认购股金，社员最少股金200元。制定了合作社社员章程、财务管理制度、岗位责任制度和社员奖惩制度等内部管理制度。合作社主要具有以下一些功能：

(1)积极开展技术服务，统一制订标准。合作社成立后，积极开展技术服务，定期组织社员进行技术培训，交流水果种植经验，2005年培训成员达1500人次。在生产环节上，合作社对栽培管理、施肥安全用药等进行了严格规定。合作社制定了《无公害柑橘全面质量管理办法》、《无公害柑橘操作技术要点》、《无公害柑橘生产计划》，并统一供应农资，要求社员严格按照无公害、绿色农产品标准组织生产。要求社员建立田间生产档案记录。2005年6月，经省地矿所对水果基地测定，基地内水质、大气、土壤等环境指标均符合无公害柑橘生产要求，并于12月通过省级无公害产(基)地认证。

(2)打造品牌，努力拓展销售渠道。在发展过程中，合作社认识到品牌是产品走向市场的通行证，经过多方努力，2005年4月合作社成功注册了“永元”商标，并采取一系列措施打响“永元”品牌。合作社专门印制产品宣传手册，在黄岩第七届柑橘节上以及一些果品批发市场进行发送，积极与黄岩农副产品配送中心合作在上海农博会和浙江省农业博览会上开展展销活动，柑橘以50~80元/箱(5kg)畅销上海、杭州城。在包装上，合作社突破传统观念，彻底改变过去不加修饰、散乱的局面，实施5kg/箱包装，纸箱上印制无公害标志、农产品编码等，标注“永元”商标。在市场开发上，除巩固省内杭州市场外，合作社又新开辟了省外上海、江苏、北京等销售渠道，设立了直销点，联系了一大批客户，形成了稳定的销售网络。

(3)建立利益共享机制，增加农民收入。合作社与社员之间签订收购协议书，协议书规定了社员交售柑橘的品种和数量、合作社收购价格(以交售日前三天的市场该品质优质果平均价为基准，符合品质标准的作价时再上浮10%~15%)。合作社还明确规定：年终盈余按25%提取公积金、5%提取公益金、10%提取风险金后，60%作为社员返还收入，严格按交易额占55%比例和股金额占45%的比例进行统筹分配，充分体现了合作社“民受益”的原则。2005年合作社销售水果6.5万t，经营收入130万元，返还社员收益8.6万元。

案例2：临海市涌泉柑橘产业合作社

该合作社在2003年、2004年分别被列为台州市级示范性农民专业合作社和农业部农民专业合作经济组织试点单位，是临海目前规模最大、实力最强的一家集柑橘种植、加工、销售为一体的农民专业合作经济组织。该合作社成立于2002年10月，有12个发起人，当年入股的原始资本共2.8万元，后来发展社员132人，共分12个社员小组，由12个发起社员各带1个社员小组。每组设股份50股，股金3万元，全社共计股金总额36万元。合作社规定，每个社员都要购买股份，每人入股股金最少600元，最多不得超过股金总额的20%，入社社员的橘园面积必须在0.33hm^{2}以上。目前合作社拥有基地面积73.3hm^2，联结基地540hm^2，拥有办公综合用房1380m^2，橘果市场6000m^2，柑橘科技示范园13.3hm^2，总固定资产达580万元。该合作组织为了促进当地柑橘产业的发展，做了以下几个方面的工作：

(1)积极开展技术服务，实施标准化生产。首先，是抓科技推广。合作社筹集资金建造了180m^{2}多媒体电教室，作为社员学习、培训的场所；采取走出去请进来的办法，聘请浙江省柑橘研究所和有关专家为合作社常年技术顾问，引进技术人员8人；邀请韩国、日本及中国柑橘研究所和浙江大学等国内外专家来社里讲学，不定期开展绿色果品生产技术培训，还多次组织去外地参观学习；成立台州、临海二级首家“柑橘科技创新服务中心”，开展技术创新研究。合作社现有农民技术员以上职称资格的有44人，持有农民绿色证书的有52人。其次，建科技示范园。2004年3月，合作社承包了13.3hm^{2}柑橘为主的果园，建立了“忘不了”柑橘科技示范园、观光休闲园。柑橘科技示范园按现代农业生产标准，推广应用滴灌、地膜覆盖等现代农业设施栽培技术，为社员提供科技示范样板。观光休闲园充分利用涌泉柑橘特色，千年延恩古寺自然生态环境等优越条件，发展生态休闲高效农业，开展多元化经营，建起了“涌泉柑橘文化园”、“品橘村”、“柑橘博物馆”，园内还相继配套了楼、台、亭阁和休闲椅等设施，总投入资金达到200多万元。柑橘科技示范园、观光休闲园的建立，不仅为社员提供科技示范样板，使社员看得见、学得会，从而促进了柑橘产业品位与档次的提升，也为农民专业合作社特色创新、产业多元化经营起到带头示范的作用。再次，是实施标准化生产。合作社制定了《柑橘生产技术操作规程》、《果品质量技术标准》和《果品质量安全管理手册》，建立田间档案记录。合作社对社员收购的产品实行统一质量标准、统一分级包装、统一品牌上市。

(2)打造品牌，努力拓展销售渠道。1989年，合作社成立之前，现合作社常务副社长个人花5000多元注册了“忘不了”商标，但由于是个人商标，发挥不了作用。合作社成立后，他把商标无偿转让给了合作社，合作社为提高产品知名度，积极参加各级各类农产品展销会、农博会、评优等活动。2002年，该品牌获浙江省柑橘博览会金奖，被中国果品流通协会评为“中华名果”，2003~2005年连续三年荣获浙江省农业博览会金奖，2004年荣获“中国(温州)特色农业博览会金奖”，2005年11月获“浙江省著名商标”。同时，合作社在北京、沈阳、上海、南京、常州、杭州等全国十多个大中城市开设窗口、设立销售网点，在临海市区和甬台温高速公路台州服务区开设农产品配送中心。2003~2005年合作社橘果销售量分别为1600t、2200t、3000t。2005年销售总额达到3000万元。

(3)建立利益共享机制，增加农民收入。合作社与社员之间签订订单。合作社利润的10%用于本合作社社员的二次返利，30%作为公积金，60%按股分红。

案例3：开化县兴农茶叶专业合作社

合作社位于开化县苏庄镇，该镇位于开化县的边远山区，交通十分不便。茶叶是当地农村经济的主导产业，多年来，农户的经营规模较小，茶叶生产难以发展，主要表现为茶叶的培育管理较为粗放，加工成品茶方法传统，销售存在困难等问题。为了解决上述问题，发展茶叶生产，2002年6月25日，由苏虹供销社牵头创办兴农茶叶专业合作社。创办时共有社员16人，其中有10个会员是大户，不仅种植茶叶，而且加工，即自己创办茶叶加工厂，注册资金6.5万元，带动社员400名，分布在3个乡(镇)。合作社制定了合作社章程，设董事长和副董事长各1名，理事会成员3名和监事会成员2名，会计(兼出纳)1名，拥有中级技术职称人员2人。合作社每年召开1~2次董事会、监事会，社员大会每年1次。合作社的主要功能如下：

(1)提供技术服务。合作社每年邀请专家作讲座1~2次，从选种到栽培、管理、采摘、加工进行全方位的培训，并统一按照进价供应肥料和农药，合作社对农药、化肥的供应不仅在价格上优惠，而且能够确保社员严格按照无公害、绿色农产品标准组织生产。其中，对长期把茶青卖给合作社的农户，每年无偿赠送200元的化肥，并对他们的茶叶山进行统一管理、统一施肥、统一治虫。

(2)收购社员的茶叶，并无偿提供销售窗口。合作社为了收购并销售产品，到北京、山东、广州、宁波、舟山等地参加展销会。并且在衢州、宁波、上海等地开设销售点共8个，在开化县商贸城设有合作社专柜，合作社提供代销业务，不收取代销费。2002年创办合作社当年收购社员茶叶就达12000kg，销售收入达190万元，2006年收购茶叶达33500kg，销售收入达752万元(具体见表7-9)

(3)建立利益机制，增加农民收入。合作社与农户之间是按照前2~3天的市场价格为基准来确定当天的收购价格，因此，一般来说，价格高于当天的市场价格(每天的茶叶价格不同)。同时，合作社还按照交易量的多少进行二次分配，2002年二次返利7万元，2006年二次返利达25.3万元(具体见7-10)。

表 7-10 2002～2006 年开化县兴农茶叶专业合作社经营情况

单位：kg，万元

	收购并销售茶叶量	销售茶叶收入	利润总额	二次返利
2002	12000	190	12	7
2003	23500	420	31	25
2004	23500	521	41	27
2005	33500	723	35	24
2006	33500	752	37	25.3

资料来源：开化县兴农茶叶专业合作社

案例 4：临安市深宝山核桃专业合作社

2003 年 4 月，杭州深宝绿色食品有限公司与临安市供销社共同发起，昌北供销社参与，并吸收马啸、颊口等地 16 家山核桃生产和加工农户，按照“自愿、民主、平等、互利”原则，通过股份合作制共同组建，成立了深宝山核桃专业合作社。合作社总股本为 52 万元，其中：深宝公司入股 45 万元，昌北供销社入股 6 万元，农户入股 1 万元。民主选举产生了首届专业合作社理事会和监事会，任期 5 年，并一致通过了临安市深宝山核桃专业合作社章程，开始运行“农工贸、产供销一体化”经营机制。深宝山核桃专业合作社是临安第一家按照“基地 + 农户 + 公司”运行模式（如图 7-1）组建的合作社。目前，合作社拥有 3 个山核桃精加工生产基地，一条精包装流水线，联结订单农户 8000 余户，有山核桃无公害生产基地 3333.33 hm^2，基地分布在 5 个乡（镇）、30 个村。

该合作社的主要功能有：

(1) 开展技术服务。合作社不定期地开展技术培训，邀请浙江林学院和临安市林业局的专家进行实地指导，在合作社举办各种讲座，发放资料给农户——主要是关于山核桃栽培技术和病虫害防治等方面的一些资料，提高了农民的技术水平，增加了山核桃的科技含量。并在基地推行标准化、生态化种植技术。合作社还免费为基地社员提供山核桃专用肥。

(2) 建立利益机制。以前由于缺乏市场信息，买卖山核桃成为农民

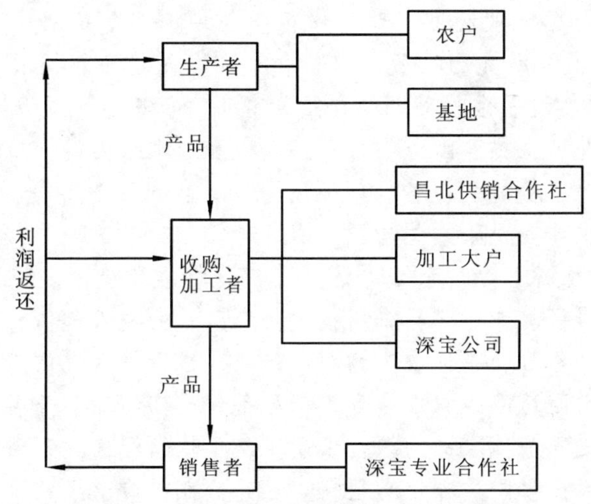

图 7-1　深宝山核桃专业合作社运行模式

的难题。现在，农户只要把山核桃采摘下来，合作社会以高出市场价格进行收购，以解决分散农民"卖难"问题。从 2004 年开始，合作社把销售山核桃的利润按照社员入股份额多少进行分红，返利给农民。

总体来看，该合作社在提高产品的市场竞争力方面发挥了重要的作用。由于山核桃生产普遍存在农户分布比较分散，个体经营规模小，缺乏及时的市场信息等问题。合作社将分散的农户集中起来，实行统一生产标准、统一资料供应、统一产品质量标准，打造了优质品牌，推行绿色生产，极大地提高了产品的质量安全水平，使产品总体市场竞争力增强。

案例 5：黄岩农副产品配送中心

黄岩农副产品配送中心于 2005 年 4 月经工商局批准注册成立，配送中心在黄岩区林业特产局牵头下，由黄岩绿丰果品有限公司、黄岩特产开发公司、黄岩永宁果业专业合作社、黄岩董岙果业专业合作社、专业生产大户等单位和个人联合组建的，按照股份合作原理和现代化要求，建立了规范化的运行机制。一是有规范的章程。由股东会审议通过配送中心章程，明确配送中心的性质和职能、股东的权利和义务及利益分配。二是建立了一套财务、产品购销以及员工劳动等管理制度。主要有柑橘、杨梅、枇杷等农产品生产质量标准管理制度，产品进出验收制度，财务及仓库管理制度，部门岗位责任制。三是产权明晰，管理民主。投入股金5000元为1股，单位和个人自愿投股，持股金最多的股东(持股金须超过股金总额30%)任董事长，董事会成员7名、监事会成员3名，并民主推荐配送中心总经理，配送中心内设有市场营销、原料基地、办公室等科室，各部门职责分明，保证配送中心的高效运作。该配送中心主要有以下一些功能：

(1)提供技术、信息和资金服务，实施标准化生产。配送中心的成立，依托黄岩区林业特产局果树技术推广总站的技术和信息资源，充分发挥公司、合作社、基地农户的组织优势，进行技术、信息、资金的配送。一是技术配送，组织农技专家指导基地生产管理，开展技术培训和经验交流，提高基地农民的综合素质。二是信息配送，利用信息中心为基地农户及时提供国内外市场行情。三是建立优质水果紧密型联系基地100 hm^2，联系果农200户，实行产品统一编码配送。四是预支生产资金，如2005年某基地大户生产资金周转发生困难，中心调动了5万元资金支持其生产，且为其柑橘全年生产提供技术指导，并全部包销其生产的优质果。通过技术和信息配送，普及水果标准化生产技术，大幅度提高了果品的质量，从而提升了市场竞争能力。

(2)搭好营销平台，打造产品品牌。配送中心成立后，在黄岩区前街和小东门开设了两个农产品营销窗口，积极开拓为高速公路服务区、超市连锁店、水果超市等新型零售店提供农产品配送服务。同时，参加各类农博会、展览会，提升配送中心形象，提高“九峰”牌黄岩蜜橘的知名度和美誉度。如配送中心于2005年11月为黄岩区政府举办中国——黄岩第九届柑橘节提供了优质黄岩蜜橘2000多箱，展现了黄岩蜜橘的风采，受到了与会专家的好评；参加了2005年浙江省农业博览会、杭州市旅游产品交易会和2005年浙江(上海)名特优新农产品展销暨贸易洽谈会，对提升黄岩蜜橘的品牌形象和产品价值起到了较好的效果；2005年中心创新开发的黄岩特色农产品大礼包，供应春节前的礼品消费市场，收到较好的效果，实现销售值25万元。自2005年7月5日开业运营以来至2006年7月底，仅1年的时间，配送中心营销柑橘80t、鲜杨梅5t、杨梅干212t、冬笋3t等，实现销售总收入180多万元。这对提升黄岩优质农产品的品牌，增加农产品附加值，提高农户、生产大户的种植效益发挥了积极的作用。

(3)建立利益共同体。配送中心对基地农民实行“订单收购”，年终对全年结算实现的盈利进行分配，采用按股金分红与签约基地农户按投售量返利相结合的方法(二次返利)，其分配总额占盈余的50%。

总体来看，农副产品配送中心以物流配送形式破解农产品销售难题，帮助农民增收致富，同时也存在许多不完善的方面，需要在发展中不断完善。今后的发展要着重做好现代物流配送体系和终端销售网络体系的建设，并让更多的专业生产大户和专业合作社参与进来，扩大农产品基地建设，保障农产品优质安全，形成“配送中心 + 合作社 + 核心基地”的紧密型配送服务联合体。

7.5 存在的主要问题

7.5.1 组织化程度较低，农户对合作社的认知程度较低

虽然，近年来浙江山区各地为了促进特色农林业的发展，提升产品的市场竞争力，大力发展专业合作经济组织，但总体来看，组织化程度还较低，大多数农户尚未加入合作经济组织。如临安市岛石镇调查的45户农户中，只有4户参加了合作社，参加合作社的农户只占被调查农户总数的8.89%；临海市涌泉镇外岙村25户被调查的农户中加入合作社的仅3户，只占被调查农户总数的12%；余姚市丈亭镇梅溪村和龙丰村被调查的76个杨梅种植户中加入合作组织的仅10户，只占被调查农户总数的13.16%；开化县池淮镇滩头村被调查的70个茶叶种植户中加入合作组织的仅11户，只占被调查农户总数的15.71%。甚至，还存在农户对合作社的认知程度较低的现象。如岛石镇是临安市深宝山核桃合作社的主要基地，但岛石镇45户被调查的农户中，知道深宝专业合作社的只有16户，占了35.6%，不知道该合作社的有23户，不清楚的有6户，两者占了被调查农户的64.4%。

7.5.2 功能有待于进一步完善

大多数特色农林产品合作经济组织发展处于初始阶段，服务方式较为单一，一般只是为社员提供技术和信息服务，销售产品、品牌建设、开拓市场的功能尚未充分发挥。目前，从浙江山区特色农林产品的销售

途径来看，包括出售给龙头企业、合作社、中间商、直接到市场销售、其他方式等，但主要的销售途径是出售给中间商、直接到市场销售和其他方式，通过合作社收购后销售占农户销售总量的比例较低。例如，2003～2005 年，台州市黄岩区和临海市被调查的农户按各种销售途径销售柑橘占其销售总量的比例见表 7-11。2003～2005 年黄岩区农户出

表 7-11　2003～2005 年台州市黄岩区和临海市被调查农户销售柑橘情况

单位:%

		出售给企业的比重	出售给合作社的比重	出售给中间商的比重	市场销售的比重	其他(单位上门订购等)方式所占比重
黄岩区	2003	0	0.25	97.30	2.45	0
	2004	0	0.29	94.66	5.05	0
	2005	0	4.19	87.70	8.11	0
临海市	2003	0	8.59	79.21	6.49	5.80
	2004	1.41	9.55	74.75	8.88	5.41
	2005	1.26	11.86	74.41	7.62	4.85

资料来源：根据农户调查资料计算

售给合作社的柑橘占农户销售总量的比例分别为 0.25%、0.29% 和 4.19%，相反出售给中间商的比重分别为 97.30%、94.66% 和 87.70%。临海市农户出售给合作社的柑橘占农户销售总量的比例分别为 8.59%、9.55% 和 11.86%，出售给中间商比重的分别为 79.21%、74.75% 和 74.41%。2004～2006 年余姚市被调查的农户各种销售途径销售杨梅占农户销售总量的比例见表 7-12。2004～2006 年农户销售给合作组织的杨梅占农户销售总量的比例分别为 0%、0.75% 和 0.26%，

表 7-12　2004～2006 年余姚市被调查农户销售杨梅情况

单位:%

	出售给企业的比重	出售给合作社的比重	出售给中间商的比重	市场销售的比重	其他(单位上门订购等)方式所占比重
2004	30.00	0	3.81	15.57	50.62
2005	31.35	0.75	4.30	11.88	51.73
2006	28.96	0.26	6.32	9.73	54.73

资料来源：根据农户调查资料计算

而其他方式(主要是出售给单位和政府部门、企业订购)所占比例分别为50.62%、51.73%和54.73%。浙江山区特色农林产品生产农户单独走市场，大大增加了交易成本，导致的结果是销售中的价低量小，即出售量和价格都存在相当大的局限性。然而，由于某些地区存在合作组织有名无实的现象，导致一些农民加入合作组织的愿望不强烈，甚至不愿意加入。在品牌建设方面，存在一社一品，甚至一社多品的现象，过多的品牌容易引起品牌间的竞争，难以形成核心品牌和拳头产品，阻碍了品牌经营规模效益的有效发挥，削弱了农产品的市场竞争力。

7.5.3 内部运行机制不规范，利益分享风险共担机制尚未建立

在调查中发现，浙江山区特色农林业合作社的内部运行机制不规范。一是尽管目前大部分合作社制定了规范的章程，但大多流于形式。二是组织机构不健全，相当部分的合作社没有设理事会、监事会等必要的机构，或流于形式。三是缺乏科学民主的管理与监督机制，日常运作由少数人说了算。最为重要的是合作社内部的利益分享风险共担机制尚未建立。首先，合作社的利益创造功能弱。利益创造是利益分享风险机制建立的前提，合作社的利益创造来自于流通领域与生产领域，即通过产品的加工和销售来获得。浙江山区特色农林产业在发展过程中，多数合作社在销售产品、开拓市场方面的功能尚未充分发挥，因此利益创造功能弱。其次，即使有部分合作社收购社员的产品，进行加工和销售，一般也是产品的买卖关系，即价格随行就市，合作社与农户之间无合同的约束，无保护价收购，特色农林产品生产和市场风险由农户单独承担，企业返利于农户的较少。即使有“订单农业”，也由于受市场行情变化和农户信用程度的限制，很不规范，存在订单好下兑现难的问题。内部运行机制不规范，利益分享风险共担机制尚未建立，会影响农民专业合作经济组织的可持续发展，最终影响合作经济组织在提升农产品市场竞争力方面功能的发挥。

7.6 对策与建议

7.6.1 大力发展特色农林产品专业合作经济组织

要充分发挥合作社在提升特色农林产品竞争力中的作用，前提是特

色农林产品的经营者农户必须加入合作社，提高特色农林业经营者的组织化程度，增强合作社的规模与实力。浙江山区各地应紧紧围绕特色农林业，发展农民专业合作社。首先，必须加强宣传，提高认识。一是要加强对农民的宣传，要利用各种渠道和媒体加强农民专业合作经济组织的性质、功能与作用的宣传，提高农民对合作社的认知度和加入合作社的积极性、主动性。二是加强对各级政府官员、合作组织工作者的宣传教育，开展以合作教育为主要内容的培训，包括合作思想、合作原则、合作技巧、财务管理、信贷和投资等方面的培训，提高其对当前围绕特色农林业发展合作经济组织重要性和必要性的认识，树立合作组织内部管理规范化的意识，掌握规范管理的要求。其次，要扩大合作社规模，发展横向或纵向联合社。国外发达国家合作经济组织的发展趋势都呈现了规模逐渐扩大的趋势，浙江山区特色农林业专业合作经济组织普遍存在规模偏小、实力不强的现象，因此，必须扩大合作经济组织的规模，积极吸收多方成员参与。同时，积极发展专业合作社联合社，包括围绕特色农林产品组成“纵向”的专业合作社联合社，与区域内不同专业的合作社联合组建“横向”的区域性合作社联合社。再次，创造良好的外部环境。各地要制定合作组织发展的优惠政策，并加以落实。优惠政策主要包括财政支持、税收扶持和信贷扶持，尤其是信贷政策。大部分合作社在发展初期，经济实力薄弱，但合作社兴办收贮服务设施需要大量的资金投入，尤其是在收购季节，需要大量的流动资金来周转，但由于没什么资产可抵押，很难得到金融部门的信贷支持。农村信用合作社应发挥提供信贷资金服务的作用。在许多国家，农村合作金融组织是农村其他各类合作组织的坚实依托，这些国家往往通过农村合作金融与合作保险的盈利来支持其他合作组织的经济活动。因此，各地农村合作信用社要为浙江山区特色农林业合作社的发展提供资金融通，简化贷款手续，提高办贷效率，确保收购资金供应。

7.6.2 充分发挥合作经济组织提升特色农林产品竞争力的功能

合作经济组织的主要功能是提高农产品的市场竞争力，有效解决农民在农业经营中规模小、分散化等问题，构建起千家万户与社会化大生产相联结的桥梁，加速农业的市场化进程，加快现代农业的发展。浙江山区特色农林业合作社在发展过程中，应充分发挥提升特色农林产品市场竞争力的功能，合作社的合作领域应从生产领域逐步向品牌、流通、加工等经营领域发展，合作社应开展农资供应、质量标准、生产技术服务、品牌保障、市场营销、基地认证等“六统一”服务，尤其是要开展有机产品认证，获得国际市场的通行证。通过开展这些服务，使合作组织成为实施特色农林产品生产标准化、品种优良化、包装特色化、产品品牌化的重要载体。并且在开展服务的同时，面向社会、面向市场，朝企业化经营方向发展，只有这样，才能在激烈的市场竞争力中立足，才能具有较强的实力，更充分地发挥整体功能，保持持久的活力。

尤其重要的是，合作社应充分发挥营销功能、品牌建设和管理功能，成为特色农林产品营销和品牌建设的最重要的主体。合作社在特色农林产品营销中所承担的职责主要有：①进行市场调研，加强市场信息的收集、整理和发布工作，开展形式多样的送信息服务等活动，使信息发挥更好的引导作用。②建立特色农林产品销售网络，担当农户与超市等商家的桥梁，开展农产品销售活动。③开展促销工作，组织各种促销宣传活动。④寻找与开拓农林产品新市场，扩大农产品销售渠道。⑤推进农产品营销模式与交易方式的创新。创建“配送中心＋农民专业合作社＋生产基地”的一体化经营新模式，积极发展各类农产品配送中心，实现产销对接，促进农产品流通渠道向新型化和多元化方向发展。发展网上交易、拍卖交易、期货交易等交易方式。在电子商务发展非常迅速的情况下，农产品网上交易为传统农业的发展带来了机遇，开设农产品网上交易将成为农产品扩大销售提供新渠道。对于大单的农产品交易，拍卖交易将是一种降低交易成本、提高交易效率、最能反映市场供求信息的交易方式。同时，为避免农产品价格波动给合作社和农民带来的风险，也应积极发展期货交易。多种交易方式相互补充，合作社农产品交易渠道的运行将更流畅、更有效。在品牌建设和管理方面，发挥区域性合作社联合会在创建和管理农产品区域品牌方面的功能，改变品牌过多的状况。区域品牌是一个地域范围内的某个行业或某种产品在较大范围内所形成的具有较高影响力的一种整体形象。农民专业合作社联合会主要承担以下几个方面的任务：①进行区域品牌的商标注册，申请原产地产品保护。②建立区域品牌的使用许可制度。区域品牌使用者必须向区域品牌的管理者申请，经过对申请者的产品进行质量检测认证，产品合格者方可使用。③加强区域品牌的市场推广与广告宣传，采用现代媒体的技术手段对区域品牌进行广告宣传和整体形象的塑造，通过策划和开展系列推广活动来提高区域品牌的知名度和品牌认知度。

7.6.3 注重规范化管理，完善内部管理制度

基于浙江山区特色农林业合作经济组织发展的现状，迫切需要加强合作组织的规范化管理，完善内部管理制度。首先，必须健全合作社的组织机构，主要包括社员大会、董事会、监事会、总经理、部门经理和合作经济组织的雇员等(如图 7-2)。其次，完善内部监督、管理制度。充分发挥监事会的监督职能。制定和完善包括社员管理制度、财务管理制度、现金管理制度、岗位职责制度、资产管理制度、教育培训制度、劳动人事管理制度、工资和保险制度等在内的各项管理制度。

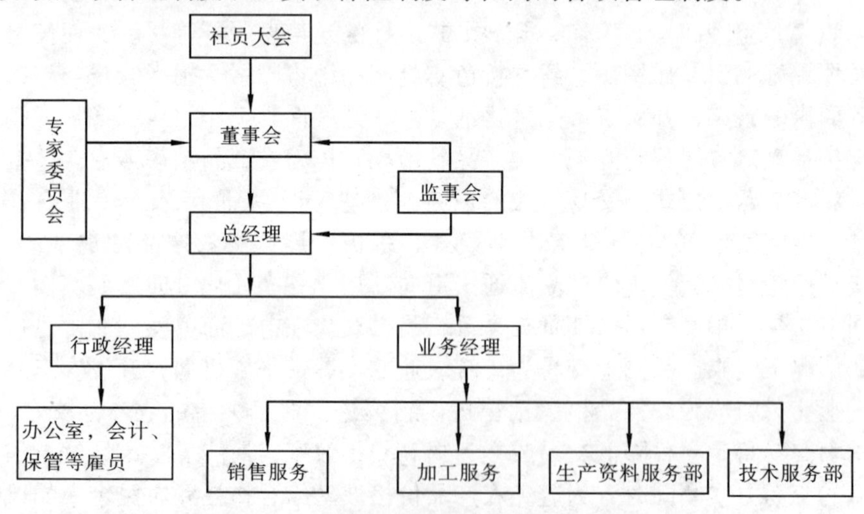

图 7-2 农民专业合作社组织机构的设想

7.6.4 建立合作经济组织内部的利益分享风险共担机制

利益分享风险共担机制是合作组织得以生存和持续发展的关键所在。合作组织与社员之间是一个利益共同体，正是对共同利益的追求，使分散的农户组织起来。利益共同体的基本原则是“风险共担，利益共享”，“共担”和“共享”是密不可分的。承担风险是合作组织与农户共同的义务，也是利益共享的前提。“利益共享”是指合理分享包装、加工、

运销等增加的交易利益，是参与主体应有的正当权益。有“共担”才有“共享”。同样，有了“共享”的预期，才乐意承担“共担”，两者相辅相成，互为因果。利益分享风险共担机制最终通过利益的分配来实现。利益分配包括利益分配方式和利益分配比例。同时，需要通过建立一套制度来保障实现。

(1)利益分配方式。利益分配方式是指合作社实现利益分配的具体形式。考虑到农户在合作社中既是生产者，又是共有人，利益的分配方式有自己鲜明的特点。主要方式包括以下三种：一是协议定价方式。指合作社和农户签订合同，签订收购农户产品的最低保护价，当市场价格低于保护价时，按保护价收购；市场价格高于保护价时，则随行就市。二是利润返还方式。主要按照购买合作社的商品和向合作社交售产品的实物量进行利润返还。三是按股分红。主要是针对股份合作社，股份合作社与非股份合作社相比，一个最显著的区别就是强调股金的资产收益，对社员的股金不但给予股息，而且还发放适当的红利。

(2)利益分配的比例。利益分配的比例是指各方在总收益中所获的比例。参照国际经验，建议浙江省山区特色农林产业合作社采取如下利益分配标准：①法定公积金为税后利润的15%~20%。②公益金为税后利润的10%~15%。③合作经济组织发展基金(风险基金)为税后利润的20%左右，主要用于亏损年度支付社员的股息、购买设备和进行新产品开发。④社员股息一般不超过银行同期存款的利率(股息可计入成本)。⑤按规定提取上述各项后，剩余按社员与合作社的交易量进行返还。对于那些股份制专业合作经济组织，还包括股东的分红。

(3)制度保障。制度保障主要包括合同产销制度、保护价格制度和风险基金制度等。①合同产销制度。合同即契约。合同产销制度是现代市场经济中普遍采用的一种产销制度，是专业合作经济组织联结各参与主体的重要手段。合同产销制度的实质是按预定销售进行生产，从这个意义上说，产销合同就是市场。产销合同制度可以减少生产上的盲目性。产销合同制度的内容应包括规定农户向合作组织交售产品的数量、质量、规格、交货时间和地点，合作组织收购农户的签约产品、应当提供的服务和应当支付的价格。同时还规定履约约束和违法罚则。以制度保证合同信誉的兑现，是合同产销制度的生命力。②保护价格制度。保护价格是产销合同的重要内容。保护价格的基准应当是完全成本+平均利润，以保证抵偿生产者成本和赚得利润，这是普遍的经济学要求。有了这样一种制度，签约农户生产者的利益才有保证。保护价格制度与市场价格变动是什么关系，直接影响着合作组织和签约农户的行为。保护价格在合同有效期间是稳定不变的，而市场价格则是随着供求关系的变化而波动的，当市场价格低于保护价格时，无论农户还是合作组织都不会紧张，也无需作出反应。当市场价格高于保护价时，农户很有可能将签约产品投入市场销售。为了保护农户的利益，产销合同一般应作如下规定："当市场价格高于合同保护价格时，合作组织得按市场价格收购农户的签约产品。"只有这样，农民的利益才能得到保障。③风险基金制度。农业生产面临着两大风险，自然风险和市场风险。为了防范这两种风险，将风险损失控制在最低限度，对风险损失能有所补偿，必须建立风险基金制度。风险基金的来源：一是合作经济组织每年从税后利润中按一定比例提取；二是按工商部门收取的市场管理费的一定比例提取；三是财政部门拿出一定的资金，即按乡镇机动财力的一定比例提取。

浙江山区特色农林产品市场竞争力提升的政策保障

在资源、技术等条件既定的情况下，政府的政策支持和引导是促进特色农林业发展和提升其产品竞争力的主要推动力。政府应通过财政投向、信贷扶持政策等手段强化宏观指导，通过政策引导，促使经营者提高特色农林产品质量，鼓励农民专业合作经济组织和农业龙头企业发展，鼓励实施名牌策略等。同时，分户小规模经营已成为当前浙江山区特色农林业生产和市场竞争力提升的主要制约因素。一方面需要通过大力发展农民专业合作经济组织，发挥小规模大群体的优势；另一方面需要通过农林地产权政策的改革，为特色农林产品的规模经营提供政策保障。

8.1 政策保障的必要性

8.1.1 是激励市场竞争主体发挥作用的重要驱动力

农产品市场竞争力虽然是属于产品的市场竞争力，但一般指竞争主体之间实力、活力和在市场较量中获胜的能力，即农产品的市场竞争力从根本上说取决于市场主体的竞争力，激励因素决定了市场主体是否有动力去发挥自身潜力及其发挥的程度。我国家庭联产承包责任制以来的20多年的农业经济体制改革就是围绕调动农民等农业相关主体的生产积极性而展开的，并取得了明显的成效。政策的一个主要功能就是提供激励机制。同样的人在不同的制度环境下，其积极性和创造性各不相同，关键在于社会为人们提供一个偶然的、不确定的刺激机制，还是创造一个持续的、制度化的激励机制。如土地关系的不明晰，会助长农民生产经营的短期化，淡化对土地进行长期的资本与技术投入。

8.1.2 农产品品牌化建设的外部性需要政策支持

农产品品牌不同于工业品品牌，其创建具有特殊性，其中一个根本之处就是农产品的品质直接依赖于它所生长的自然环境，受土壤、阳光、温度、湿度等自然要素的直接影响。每一种农产品品种有它最佳的生长地域，此区域的该种农产品就容易形成区域性农产品品牌，可以申请“地理标志”认证，获得原产地保护。根据世界贸易组织的规则，原产地域是一种免费制度，该区域内符合条件的农产品无需支付成本，就可以共享该区域品牌，并由此获得品牌垄断收益。即使单个农户或企业率先进行品牌投资，创建了该品牌，也不具有排他性，不能避免别人搭便车。因此，政府必须制定优惠政策，鼓励企业或各类经济主体进行品牌创建。此外，外部性并不总是正面的，如产品出现假冒或其中个别农户因短视而损害品牌形象时，区域内的其他农户一般也无能为力，只能坐观其变。因此，区域品牌形象的维护、区域品牌标准的制定与检测等品牌管理，只能由政府来提供保证，而不是由企业来提供担保。

8.1.3 是创新农业经营制度，培育现代农业主体的需要

家庭联产承包经营制度，虽然激发了广大农民的生产积极性，但也造成了分散化、小规模经营的格局，这种格局不利于降低生产成本，不利于标准化、品牌化战略的实施，即不利于农产品竞争力的提升。因此，需要建立农业经营者的进入和退出机制，通过社会保障制度的改革，代替土地对农民的保障功能，通过土地制度改革，建立土地使用权充分流转的交易市场，培育出具有一定经营规模的经营主体。同时，需要通过政府加强对农民的教育与培训，培养既掌握现代农林业技术，又懂得农林业经营管理的新型农民。另外，需要通过制定优惠的政策鼓励龙头企业、农民专业合作经济组织等市场竞争主体的发展壮大，并充分发挥这些主体在加工增值、开拓市场、实施标准化生产、品牌化经营等方面的功能。

8.2 发达国家的相关政策和经验

8.2.1 美国的相关政策

美国作为世界农业经济最发达的国家，农业政策起了非常重要的作用。美国政府在鼓励农业产业化发展，提升农产品市场竞争力方面的支持政策主要有以下几个方面：

(1)降低农业生产成本的政策支持。首先，是发展农业地区基础设施建设。美国在农业的发展过程中，首先是集中精力支持和帮助私人公司发展运河、铁路、公路、仓库以及电力供应等设施。其次，是补贴农业生产要素的投入。如政府资助水利设施的兴建和维修，提供价格低廉的农业用水，为保护土地，政府出资修建梯田。再次，实行税收优惠政策。美国非但没有专门针对农业课征的税种，而且，联邦政府还为农业投资提供多种税收优惠。主要包括：①延期纳税。经营者可以将一部分尚未出售或者虽已出售却未收到现金的产品延至下年度纳税。②减免税款。如对于购买机器设备、生产用房及饲养1年以上的牲畜等开支可以作为资本开支从当年收入中全部扣除，而不需要像工业税收那样在很长时间内分期扣除。③免税。出售农业固定资产的所得可以免除60%收入赋税，只需按40%纳税。在遗产税方面，农场遗产纳税政策远优惠于非农业遗产税。

(2)支持农业合作社发展。在美国农业合作社的发展过程中，政府发挥了重要的作用。首先，政府通过立法对农业合作社的发展加以保障。1908年，西奥多·罗斯福总统成立了“农村生活委员会”，对合作社的意义给予了肯定；1922年，美国通过了“卡帕—沃尔斯坦德法”，承认了农业生产者在自愿基础上，为共同利益结成协会的权利，并为他们提供有限的反托拉斯豁免；1926年，美国国会通过了《合作社销售法》，进一步提供了反托拉斯豁免的条款，并在农业部设立合作社销售处，其目的在于要求农业部进一步加强对合作社的扶持，为合作社销售提供各种指导和服务；1933年，作为新政内容的《农场信贷法》出台，让全国建立的地区性合作社银行向农场主合作社提供贷款；1937年的《农业营销协议法》批准了农民通过合作社组织起来，增强行业自律，合作社可以通过建立销售秩序，运用法律的力量来颁布规则。其次，美国政府对农业合作社给予直接或间接的经济支持。在税收方面，按照美国的收入所得税法，对于从合作社交易中获得的收益只交纳一次税金，或是在合作社层面或是在惠顾者层面，这种单独征税意味着合作社盈余如果分配给他们的惠顾者，则不向合作社征税。在政府直接扶持合作社发展方面，建立了“农村合作社发展赠款项目”。如在 2004 年，该计划为南方合作社联合会提供了 30 万美元的赠款来支持其发展合作社事业。

（3）提供农业信贷和农业保险。美国政府极为重视农业信贷问题，目前美国农业资本投入中约有 40% 依靠信贷来解决。70% 以上的农场每年需要借款来维持与扩大生产。美国的农业信贷政策包括两个方面：一是实行无追索权贷款政策，二是建立政策性的农业信贷体系。所谓无追索权贷款，是由联邦财政拨款设立的农产品信贷公司以尚未收获的农产品作为抵押向农场主提供低息或无息贷款。在农产品收获后，如果销售年度的头 5 个月农产品市场低于“目标价格”（相当于贷款本息），农场主可把产品交给信贷公司，政府按“目标价格”补偿其不足部分，即所谓的“差价补贴”；如果市场价格高于“目标价格”，农场主可以自由出售或储存农产品，以现金清还贷款本息。1916 年通过的《联邦农业贷款法》（规定联邦政府向农场主提供比较优惠的信贷）一直沿用至今；1966 年“农业法”不仅对金融援助形式进行了重大改革，而且新增了为农村电气化、家庭土地购买、农场经营、扩大和完善农村电讯、水利系统等提供优惠贷款的若干援助工具。政策性农业信贷体系主要由互助合作性质的农业信贷机构和政府农业信贷机构组成，两个机构都有一部分资金来自美国联邦财政预算或资助。互助合作信贷机构包括联邦土地银行、联邦中间信贷银行和合作银行三部分，联邦土地银行主要提供长期不动产抵押贷款，中间信贷银行主要支持农业生产和经营，合作银行主要对农业合作社提供贷款。政府农业信贷机构主要是农产品信贷公司和农民家计局，为鼓励农产品出口，农产品信贷公司还推出出口信贷担保，即由农产品信贷公司负责实施各类“出口信贷”担保项目，使美国农业出口商和银行避免出口销售货款未能按期支付的风险。出口信贷担保，即在进口商未能付款的情况下，按美国出货值一定比例予以担保。

1938 年根据《联邦农作物保险法》设立了联邦农作物保险公司，其主要职能是给各州的各类相关保险公司提供再保险和为农业信贷机构提供贷款保险。对农场主的保险则由各州的各类相关保险机构直接提供。另外，政府还鼓励私营保险公司举办农业保险，并给予保费补贴、费用补贴和免税优惠，美国对农业保险的平均补贴达到保费的50%左右，向承办农险的私营保险公司提供20%~25%的业务费用补贴。若私营公司因开办农业保险而发生经营性亏损，则将由联邦农作物保险公司提供赔偿；农业经营者必须参加保险方能取得农业贷款，一旦发生灾害损失，农业信贷机构有优先取得补偿的权利，其实质是既鼓励农业经营者参加保险，又鼓励金融部门为农业生产提供贷款；农场主在种植农作物之前投保，保险费的支付可适当延长，既可在农作物生长期间支付保费，又可在农作物即将收获时支付保费。

(4)促进农业资源保护。农业资源保护主要包括土壤保护、空气与水资源保护。1935年4月，美国国会通过了“土壤侵蚀法”，授权在农业部内成立水土保持局，专门负责处理水土保护事宜。1936年，国会通过了“土壤保护和国内配额法”代替1933年的农业调整法。这个法律的意义在于，从此美国政府把生产限制和土壤保护二者结合起来，使土壤保护成为农业政策的一个重要组成部分。政府还聘请水土保护工作人员为农户讲述新技术，提供免费技术服务及改进土壤、改良环境的资金。20世纪70年代初，美国连续制定了几个水资源和土壤资源清洁和保持法律，禁止生产和使用一批剧毒农药。同时还包括“自然资源保护计划”、“环境质量奖励计划”、“资源保护安全计划”，这些计划规定，生产者必须遵循相关的资源保护要求，才能享受各项政府补贴。

(5)财政支持农业科技教育和研发。这一政策源自1862年林肯总统签署的《莫里尔法案》，即联邦政府通过赠予土地和拨款扶持农业、农机和农业结构的高水平研究和教育机构的发展。目前，美国政府已经组织建成了以农业部为主干的、融教科产三位一体的“农业科学、教育和推广体系”。联邦政府一方面为农学院和农业实验站提供巨额的财政支持，以保证美国农业生产技术的世界领先地位；另一方面非常重视对农业生产者的教育和培训，通过推广站、农学院和社区学院等为农场主提供各种技术服务。

8.2.2 欧盟的相关政策

为提升农产品的市场竞争力，欧盟制定了一系列的政策，促进农业产业化的发展。主要有以下几个方面：

(1)实行农业结构调整政策，扩大农业经营规模。20 世纪 50 年代以后，欧盟各国长期普遍实行了意在扩大农业经营规模的“农业结构政策”。如联邦德国从 50 年代开始实施大规模的土地整理。1954 年，联邦政府颁布了《土地整理法》，县级以上政府设立土地整理局，引导农户通过交换、买卖、出租等方式使地块相对集中，扩大经营规模。从 1969 年开始给出售土地和长期出租土地、退出农业经营的农户发放专门的补助金。从 1989 年开始，在西部实施农民提前退休制度，鼓励老农提前退休，将土地集中到年轻的有生命力的农户手中。英国从 20 世纪初通过立法手段，促进农业经营规模扩大。为了克服封建土地所有制对土地流转和农业经营规模扩大的制约，英国政府先后通过立法确定农民的经营自主权、租金协议权、土地投资保护权，以及佃农有权将自己与地主的冲突提交联邦农业委员会仲裁解决。同时，政府规定对进行合并的农场，政府给予 50% 的合并费用，对放弃农业经营的农场主，政府给予不高于 2000 英镑的补偿，同时提供转业培训和资助。

(2)扶持农民合作社发展。欧盟各国农业合作社发展迅速，得益于政府的政策和法律的有力支持。首先，重视合作社法制建设，为合作社规范化发展提供法律依据。1867 年，德国制定了第一部合作社法，以后又经不断修改和完善。第二次世界大战后，法国合作运动得到很大发展，一些有关合作社的法律相继出台。包括：1949 年的关于零售商合作的法律；1963 年和 1965 年关于运输部门合作社的法律；1962 年关于手工业合作社的法律；1958 年关于互助信贷的法令；1967 年关于农业合作社章程的法令；以及 1965 年关于合作社形式的私营公司的法律等。目前，1972 年 6 月 27 日的法律是规范法国农业合作社的主要依据。其次，在经济上对合作社实行支持。如法国政府对农业合作社有两项税收优惠政策：一是免公司税(根据经营利润多少征收，相当于我国的企业所得税)；二是减半征收营业税(根据不动产总额征收)。在资金的扶持方面，在 20 世纪 60 年代，法国通过《农业指导法》，将国家对农业的扶持资金大部分用于扶持农业合作社，以鼓励农民通过合作社联合起来。如法国共同使用农业机械合作社(简称居马)在成立时，政府给予2.4万~3万法郎的启动费(根据会员人数多少而定)。对于居马所购买的机器，根据机器类型的不同，政府提供相当于机械购买价值的15%~25%左右的无偿援助。此外，政府还对居马提供特别中期贷款，这项贷款条件相当优惠。1996年，对于山区和经济条件较差的地区，贷款最长期限为12年，年利率3.45%；对于平原地区，最长贷款期限为9年，年利率4.7%。贷款限额：20人以下的居马，限额为200万法郎；20人以上的居马，承诺贷款限额为275万法郎。1998年7月2日的一条法令将获得贷款的居马的规模加以放宽，将20人为限变为15人为限。贷款由政府指定的5家银行(农业银行、法国国民银行、人民银行、里昂信贷银行、互助银行)负责办理。普通利率和优惠利率的差额部分由政府补贴。

(3)运用优惠的财政、金融政策支持农业产业化发展。欧盟支持农业产业化的财政手段主要是财政支出、税收优惠和缴款返还等三种方式。20世纪60年代中期，联邦德国国家预算中用于农业的支出达到7%，而来自农业的所得仅为0.7%，二者之比为10∶1，法国国家预算来自农业的收入与用于农业的支出之比也达到1∶5.5，属于高强度的以工补农型政策。财政支出主要用于加强农业基础设施建设的投资，重视农业环保的作用。在道路、水利、土壤改良、土地平整等方面加大投入，改善农业生产条件；设立了农业环保基金并发放绿色农产品补贴。在税收政策方面，欧盟除制定了支持农民合作社发展的税收政策外，还制定了支持农产品加工业发展的税收政策，主要包括增值税优惠和所得税优惠。增值税优惠主要有：①免税与退税，采取这一政策的国家主要有比利时、法国、荷兰、意大利等；②适用特别税率。即对农业征收增值税时采用明显低于基本税率的特别优惠税率，如德国、挪威等国对农业采取3%或6%的增值税税率；德国对林业产品适用5%的销项税率，可抵扣税率也为5%，因而林业企业实际上不负担增值税。所得税优惠主要有：①减免优惠。法国的公司所得税实行33%的比例税率，但对农林业的收益所得只按24%的税率计征。英国的所得税制规定，家庭农场一般缴纳个人所得税，只有当企业达到一定标准时才缴纳企业所得税。②亏损结转。法国规定经营性亏损允许向后结转5年，而折旧产生的经营性亏损可不定期向后结转。

政府支持农业产业化的金融政策主要是通过金融组织和金融手段来实现的。法国的农村金融体系较为发达，早在19世纪，法国政府就颁布了《土地银行法》，着手建立农业信贷机构，以融通农业资金，支持农业发展。目前，法国农村金融体系由四家银行组成：法国农业信贷互助银行、互助信贷联合银行、大众银行和法国土地信贷银行。这四家银行在法国银行体系中占有重要地位，其中法国农业信贷互助银行在四家银行中处于主导地位，其分支机构所组织的资金和发放的贷款均占这四家银行总额的一半。金融手段主要是实行优惠利率，如法国对农业的投资以贷款为主，农业资金实行低利贷款政策，利率约为3%~4%，比一般贷款要低一半之多，其利息由财政补贴，法国每年对农业信贷银行发放的农业政策性贷款的利息补贴达50亿~60亿法郎。丹麦政府也对农业政策性投资给予贴息支持，利息津贴的75%由政府支付，25%由欧共体共同基金支付。

欧盟的农业保险主要以合作保险和相互保险为主，政府按规定对相互保险协会和农业再保险机构定期给予补贴。如在法国，农业保险体系由民间自发形成，其主体完全是民间性的保险公司和各地的相互保险协会。最早设立的法国相互保险协会就是一个由农民自发组成的互助保险组织。法国政府一直未设立官方的农业保险机构，只是对相互保险协会以及农业再保险机构定期给予一定补贴。

(4) 支持农业教育、科技发展。欧盟各国普遍将支持农业教育、科技发展，作为推进农业现代化的重要手段。①推动农业教育发展，增加农业人力资本。主要是通过两个渠道促进农业教育的发展，包括政府的农业教育体系和合作社的农业教育。此外，私营公司也从事一些农业教育工作。例如，德国加强农业教育有两条途径：第一，制定严格的培训考核制度，只有通过规定的考核，取得相应资格证书的人才能成为农场主或农场职工。德国规定，年轻人必须经过九年制义务教育，然后经过三年的学徒生活，经考试合格后才能从事农业经营。第二，为农户提供热心周到的咨询服务，以弥补农户技术和信息不足的问题。德国为农户提供咨询服务的有两类机构，一类是联邦政府农业部和各州农业部负责农业教育培训和咨询的处室及下设的各咨询服务部；另一类是得到政府资助的独立的农林主协会。这两类机构的工作人员都是受过农业高等教育，同时又具有丰富实践经验的专业人员。②促进农业科技进步。欧盟各国的农业科研与推广部门也主要由政府组织与资助。

8.2.3 发达国家政策可资借鉴的经验

国外农业发达国家主要采用各种政策工具来促进本国农业的发展、提升农林产品的市场竞争力。最主要的政策工具包括产权政策、财政与金融政策等。产权政策的目的在于扩大农业经营规模；财政政策主要包括财政支出、税收优惠等；金融政策包括农业信贷和农业保险政策。

从欧美农业扶持政策来看，主要有以下几点经验值得借鉴：

(1)在政策导向上，重点是支持农业基础设施建设、农业资源保护、生态农业发展、农业教育和科技投入、农民专业合作组织的发展等。可见，发达国家的政策导向注重对市场竞争力主体的培育，注重基础设施和生态环境改善，从源头上提高农业的生产率和保证农产品的质量，提高农产品的竞争力。

(2)政策措施上，财政政策与金融政策并举。大多数发达国家农业属于资本密集型产业，农业发展过程中，需要大量的资金投入，这些资金部分来自于财政，而大部分来自于农业信贷。发达国家农业的发展已离不开金融业的强力支持。

(3)发达国家的农业信贷政策具有的共性包括：①金融体系上，由合作金融、商业性金融、政策性金融组成。重点由合作金融和政策性金融发挥作用。②金融手段和工具上，实行优惠利率政策。③政府对农业贷款实行支持。主要指政府对政策性贷款实行利息补贴等。

(4)发达国家的农业保险具有一些共同的特征。一是政府把支持农业保险作为支持农业、农村和农民的重要手段，政府通过提供保费补贴和行政管理费补贴，以及为私营农业保险公司提供免税、再保险支持，对农业保险进行监督和管理。二是作为政策性保险来经营。由于农业是高风险的产业，受自然灾害影响很大，特别是面临严重自然灾害时，保险赔付率高，实行商业保险，农民支付能力有限，保险公司也面临巨大的赔付压力。从各国农业保险运营情况看，农业保险是不盈利的，政府必须提供政策支持和经费支持，农业保险才能正常运转。三是重视农业保险立法。由于农业保险的特殊性，一般适用于商业保险的《保险法》

不适用或不完全适用农业保险。因此，在举办农业保险时，各国均先制定农业保险法及实施细则，确定其基本法律依据，规范其制度和行为，以保证农业保险的顺利实施。

(5)发达国家对农民合作经济组织的支持政策具有的共性包括：①政府通过立法确立农民合作经济组织的法律地位；②政府每年从财政经费中拨出一定的经费来支持协会的活动和必要的设施配备；③政府为农民合作组织提供优惠贷款；④提供免税政策；⑤政府通过监督管理规范该组织的行为与发展；⑥提供非政府机构不能提供的社会服务，如增加合作组织的教育培训力度等。

8.3　提升浙江山区特色农林产品市场竞争力的政策现状

8.3.1　国家层面的支持政策

改革开放以来，我国高度重视“三农”问题，为加快我国农业产业的发展，增加农民收入，提高农业和农产品的市场竞争力，制定了一系列的政策。

首先是，2004、2005、2006年中央连续出台了3个1号文件，提出了扶持农业产业化发展，包括特色农业发展的政策。如《中共中央国务院关于促进农民增加收入若干政策的意见》(中发[2004]1号)要求：“从2004年起，中央和地方要安排专门资金，支持农民专业合作组织开展信息、技术、培训、质量标准与认证、市场营销等服务。有关金融机构支持农民专业合作组织建设标准化生产基地、兴办仓储设施和加工企业、购置农产品运销设备，财政可适当给予贴息。”《中共中央 国务院关于进一步加强农村工作提高农业综合生产能力若干政策的意见》(中发[2005]1号)指出：“大力发展特色农业。要发挥区域比较优势，建设农产品产业带，发展特色农业。各地要立足资源优势，选择具有地域特色和市场前景的品种作为开发重点，尽快形成有竞争力的产业体系。各地和有关部门要专门制定规划，明确相关政策，加快发展特色农业。建设特色农业标准化示范基地，筛选、繁育优良品种，把传统生产方式与现代技术结合起来，提升特色农产品的品质和生产水平。加大对特色农产品的保护力度，加快推行原产地等标识制度，维护原产地生产经营者的合法权益。整合特色农产品品牌，支持做大做强名牌产品。提高农产品国际竞争力，促进优势农产品出口，扩大农业对外开放。”《中共中央国务院关于推进社会主义新农村建设的若干意见》(中发[2006]1 号)指出：“积极推进农业结构调整。按照高产、优质、高效、生态、安全的要求，调整优化农业结构。加快建设优势农产品产业带，积极发展特色农业、绿色食品和生态农业，保护农产品知名品牌，培育壮大主导产业。发展农业产业化经营。要着力培育一批竞争力、带动力强的龙头企业和企业集群示范基地，推广龙头企业、合作组织与农户有机结合的组织形式，让农民从产业化经营中得到更多的实惠。各级财政要增加扶持农业产业化发展资金，支持龙头企业发展，并可通过龙头企业资助农户参加农业保险。发展大宗农产品期货市场和‘订单农业’。通过创新信贷担保手段和担保办法，切实解决龙头企业收购农产品资金不足的问题。开展农产品精深加工增值税改革试点。积极引导和支持农民发展各类专业合作经济组织，加快立法进程，加大扶持力度，建立有利于农民合作经济组织发展的信贷、财税和登记等制度。”

其次，农业部制定了《特色农产品区域布局规划(2006－2015)》。该规划在明确特色农产品发展总体思路、10 类特色农产品区域布局、特色农产品发展的建设重点的同时，提出了促进特色农产品区域布局的保障措施，提出：“完善特色农产品发展扶持政策。已经制定和实施的支农惠农政策，要尽可能把扶持区域特色产业、发展‘一村一品’纳入其中，并逐步规范化。根据特色农产品的特点和发展实际需要，尽快制定相应的扶持政策。”

再次，制定了加快农业产业化发展、扶持龙头企业、农民合作经济组织发展专项的政策。如《中国农业银行关于进一步做好农业产业化信贷工作的指导意见》(农银发[2002]125 号)对农业银行如何为农业产业化经营提供优质高效的金融服务提出了指导意见；《关于扶持农业产业化经营重点龙头企业的意见》(农经发[2000]8 号)对国家重点扶持龙头企业，积极推进农业产业化经营提出了具体的意见；《中华人民共和国农民专业合作社法》(2006)第七章就扶持农民专业合作社发展提出了指导意见，《关于支持和促进农民专业合作组织发展的意见》(农经发[2005]5 号)就如何支持和促进农民专业合作经济组织提出了具体的意见。

最后，在农林业产权政策方面，国家出台了《中华人民共和国土地承包法》(2002)、《农村土地承包经营权流转管理办法》(2005)、《中共中央国务院关于加快林业发展的决定》(中发[2003]9号)等法律政策，这些政策对如何完善我国农林业产权政策提出了指导性和原则性的意见。

8.3.2 省级层面的支持政策

近年来，浙江省为推动农业的发展，提高农业竞争力，陆续出台了相关政策。主要政策有:《浙江省林业特色基地建设实施意见》(2001)、《关于加快发展农业产业化经营提高农业竞争力的若干政策意见》(浙委[2002]3号)、《关于大力推进农业结构战略性调整加快发展效益农业的若干意见》(浙委[2000]7号)、《浙江省农业龙头企业农产品运输“绿色通道”实施办法》(浙交[2002]120号)、《中国农业银行浙江省分行关于进一步支持农业产业化经营的若干意见》(浙农银[2002]146号)、《关于加快发展农产品加工业的通知》(浙政发[2002]18号)、《关于进一步加快发展外向型农业的通知》(浙委办[2003]40号)、《关于农产品加工型农业龙头企业等用电价格的通知》(浙价商[2002]377号)、《关于进一步加快发展农民专业合作社的意见》(浙委办[2005]73号)、《关于大力发展农产品连锁经营的意见》(浙农专发[2006]56号)、《关于做好农民专业合作社金融服务工作的通知》(浙农经发[2006]16号)、《关于推进品牌农业建设的意见》(浙农科发[2007]9号)等。这些政策意见明确了政府支持政策的重点，如《关于加快发展农业产业化经营提高农业竞争力的若干政策意见》的主要内容包括：①加快发展一批竞争力和带动力强的农业龙头企业；②加强对农业和龙头企业的信贷服务；③大力扶持农村专业合作经济组织和农业专业协会的发展；④支持区域化布局、产业化经营的特色农产品基地建设；⑤完善农业产业化经营利益联结机制；⑥进一步完善农产品流通环境；⑦努力提高优质农产品的市场知名度；⑧积极开拓农产品国际市场；⑨加快农业科技进步和农产品标准化、质量检验检测体系建设。《关于进一步加快发展农民专业合作社的意见》提出要加大扶持力度，为农民专业合作社创造良好的发展环境。具体包括：①加大财政扶持力度；②实行税收优惠政策；③给予用地用电扶持；④提供信贷支持；⑤改善工商登记和注册认定服务；⑥鼓励和支持推进农业标准化；⑦支持申报自营进出口经营权；⑧鼓励和支持农产品开拓市场；⑨实施重点培训；⑩鼓励农技人员和大中专毕业生到农民专业合作社工作。

为提升农业竞争力，鼓励特色优势农业发展，浙江省还编制了《浙江省特色优势农产品区域布局规划》(2003～2007年)，根据浙江省近年来农业结构和农产品布局调整的现状，选择在国内外市场具有竞争优势或潜在优势的农产品，确定优势产区，明确主攻方向、发展目标和建设重点，提出了推进特色优势农产品区域布局的主要政策措施。该规划指出："要对特色优势农产品和优势产区在政策、科技和投入上实行重点支持，加强对特色优势农产品和优势产区政策扶持，努力创造良好的发展环境。各级政府要通过制定相应的产业政策、资金扶持政策，保护农民合法权益政策等，营造有利于特色优势农产品发展的政策环境。一是加大对特色优势农产品和优势产区的投资，积极引导各级政府和社会资金投入农业基础设施和生态环境建设。二是完善扶持农业龙头企业等产业化经营组织的政策措施。打破地区分割、行业界线、所有制成分，对从事优势农产品生产、加工、销售的龙头企业等经济主体，实行平等支持政策，在税收、贷款、用地、出口等方面加大倾斜力度。三是进一步推进农村税费改革，清理农产品生产、流通环节等收费规定，简化各种审批手续和程序，减免优势农产品在流通、储运和交易等中间环节的收费。"

为明晰农林业产权、促进农林业规模经营，浙江省出台了一系列的政策，主要包括《关于全面推进林业现代化建设的意见》(浙委[2004]5号)提出"要切实稳定和完善林业生产责任制，积极有序地推进森林、林木和林地使用权的合法流转"。《浙江省森林、林木和林地流转管理办法(试行)》(浙林策[2006]1号)就流转的原则、方式、流转的管理与登记等进行了规定。《关于切实做好延长山林承包期工作的通知》(浙委办[2006]5号)提出"在明晰产权的基础上，建立和完善森林、林木和林地使用权的流转机制"。

8.3.3　山区县(市)支持政策

浙江山区各县(市)根据全国和浙江省的相关政策精神，有针对性地制定了系列政策，部分县(市)还专门制定了扶持特色农林业发展的政策，如临海市制定了《关于进一步加快临海蜜橘产业发展的若干意见》(临政发[2006]31号)，临安市制定了《关于加快竹产业发展的实施意见》(临政发[2006]23号)、《关于加快山核桃产业发展的实施意见》(临政发[2006]24号)。综合山区县(市)制定的扶持政策，主要有以下几方面：

8.3.3.1 鼓励扩大农林业经营规模

为改变特色农林业经营规模小的现状，山区县(市)出台了有关政策，鼓励发展规模经营。如部分县(市)制定了森林、林木和林地流转管理办法，同时对规模经营户、出让土地承包经营权的农户进行奖励或补助。余姚市出台的《关于加快培育农业经营主体着力提升农业综合生产能力的若干意见》(余党[2005]5号)指出："鼓励发展新型家庭农场和专业大户。鼓励农户和企业以资金、土地、技术、市场等为纽带发展家庭合作农场、加盟农场，凡经工商部门注册登记、经营土地面积在150亩以上的各类新型家庭农场，给予每亩100~150元的当年基础设施投入补助；……鼓励农民承包土地使用权流转。从2005年起3年内，每年安排50万元资金，对承包土地(包括承包山林)使用权当年新流转给家庭农场或各类企业直接投资经营农产品基地，签订土地使用权流转合同或入股协议，连片面积100亩以上，且流转合同或入股经营期限5年以上的农户，给予每亩100元的一次性补助。"

8.3.3.2 扶持特色农林产品基地建设

浙江山区各县(市)纷纷出台相关政策，支持特色农林产品基地建设，重点是促进特色农林产品基地向规模化、良种化、高效化、生态化、绿色化方向发展。主要采取财政补助和奖励等优惠政策。

案例1：临安市的优惠政策

2006~2010年，市财政每年安排300万元资金，用于扶持竹产业和山核桃产业发展。主要用于加快园区建设、基地建设，鼓励引进推广优良竹种，开展技术创新和新技术推广。每年建设毛竹笋材两用林园区3~5个，每个补助5万~10万元；建设雷竹丰产高效园区3~5个，每个补助5万~10万元；建设毛竹新造林示范基地20个，每亩补助100元；建设雷竹退化改造示范基地10个，每个补助2万~4万元；建设笋干竹丰产示范基地2个，每个补助2万~4万元。每年建设山核桃生态经营园区3~5个，每个园区补助10万~20万元；建设高产高效基地20个，每个基地补助2万~4万元。无性系新造林基地，每亩补助100~150元。

案例2：临海市的优惠政策

1)新命名为国家级农业示范基地(园区)的，奖励10万元；新命名为省部级农业示范基地(园区)的，奖励5万元；新命名为台州市级农业示范基地(园区)的，奖励2万元。

2)凡新建名优橘基地连片面积200亩以上，每亩补助100元；推广无毒计划栽培，运用无毒苗木新建名优橘基地连片面积100亩以上，每亩补助150元。

3)凡建立的临海蜜橘精品园成片面积在100亩以上，基础设施投入20万元以上，有园地总体布局和建设规划，有独特的生态环境、技术操作规程、质量控制标准，且上一年度精品橘市场销售价高出优质橘2倍以上的，给予补助3万~5万元。

4)对被国家、省权威机构认定为无公害农产品的奖励1万元，认定为绿色食品的奖励2万元，认定为有机食品的奖励5万元。

案例3：开化县的优惠政策

1)对首次被确定为国家绿色食品、有机食品的农产品，给予以奖代补2万元；对首次被确定为国家无公害产品的，给予以奖代补1万元；对首次被确定为省级无公害产品基地的，给予以奖代补5000元。

2)对于农田、旱地连片发展茶园10亩以上，坡度25度以下的山地连片发展茶园50亩以上的，每亩以奖代补200元。

案例4：余姚市的优惠政策

1)当年投资新建农产品基地，且经营面积在100亩、500亩或1000亩及以上，达到无公害控制性指标的，给予当年基地基础设施投入额20%以内补助，最高不超过10万元。

2)在花卉、水果、茶叶、竹笋等特色主导产业中，连片面积在1000亩以上，建设面积在150亩以上，沟渠路基础设施配套，推广应用有机、休闲、设施等高效生态林业模式，通过国家级无公害认证的示范基地，经申报立项，按当年基础设施建设、品种改造优化的实际投入，给予30%以内的补助。

3）杨梅等实施高位嫁接新品种，连片面积在50亩以上，每亩补助150元；新种植杨梅，每亩种植25～35株，当年成活率85%以上，1～3年生杨梅每亩补助100元，4年生及以上每亩补助400元。

4）对新获得国家级有机食品、绿色食品和无公害农产品认证的，给予5万元、3万元和2万元的奖励；对农产品基地通过国家有机、绿色、无公害认定的，给予5万元、4万元和3万元的奖励。

8.3.3.3　扶持龙头企业发展

浙江山区各县（市）为培育和鼓励龙头企业的发展，出台相应政策，支持重点是鼓励龙头企业发展订单农业、出口创汇、技术改造等方面，主要采取财政、信贷、用地和用电等优惠政策。

案例1：临海市的优惠政策

1）以本市农林产品为原料加工生产的农业龙头企业，年销售收入在1000万元以上、与农民签订订单合同1000户以上的给予2万～5万元的奖励。

2）鼓励发展外向型农产品加工的农业龙头企业，对年创汇100万美元以上，与农民签订订单合同500户以上的给予2万～5万元的奖励；对年创汇200万美元以上，与农民签订订单合同1000户以上的给予5万～10万元的奖励。

3）凡当年技改项目经市发展计划局立项的农业龙头企业，按技改投资总额给予银行同期贷款利率50%左右的贴息。

4）农业龙头企业直接为农民服务的建设项目征用土地，土地管理部门按征地成本价出让，免收级差地租。对农产品加工型农业龙头企业的用电，容量在315kVA以上执行大工业用电价，容量在315kVA以下执行普通工业用电价。

5）金融部门要把扶持农业龙头企业作为信贷支农的重点。允许农业龙头企业以不动产、动产以及注册商标等无形资产开展抵押贷款，有关部门要做好权证确认和相关服务工作。

案例2：余姚市的优惠政策

1）当年被评为国家级、省级的农业龙头企业，分别给予每家50万元、15万元的奖励；对当年被评为市“十强”农业龙头企业和山区行业农业龙头企业的，分别给予每家5万元奖励。

2)对农业企业当年技改投入在200万~400万元、400万~600万元、600万元及以上，且设备投资占总投资50%以上的项目，分别按实际投入数3%、3.5%、4%给予补助；山区农业企业享受本政策的项目投资规模同比例减半。

3)与基地联系紧密，与农户签订合同，按保护价收购，并预付定金，种植业实际收购面积达500亩以上，每100亩奖励1000元。

案例3：开化县的优惠政策

1)县财政每年安排不少于100万元资金，重点用于扶持农业龙头企业技改扩建、农产品精深加工，以及国内外先进设备、专利和人才引进。企业依法交纳的增值税比上年增加额，按县可留用部分计算全额补助；企业所得税地方留成部分(扣除上交省20%部分)比上年增加额，五年内由县财政给予等额贴补，五年后减半贴补。

2)对引进投资额在500万元以上的农产品加工项目，采取“一事一议”，落实有关扶持政策，对引进新技术、新品种、新装备后，形成一定生产规模并产生效益的，给予一定的奖励。

3)茶叶加工厂优化改造，经验收合格，达到省级标准的，每家以奖代补3万元。

8.3.3.4　鼓励农民专业合作经济组织发展

浙江山区各县(市)为鼓励农民专业合作经济组织的发展，出台了扶持政策，有些县市还出台了专门的政策，如余姚市出台了《关于加快培育发展农民专业合作经济组织的若干意见》、《农民专业合作社发展扶持政策管理办法》。扶持重点是新建和示范性的合作社，主要采取资金补助、奖励、税收优惠等。

案例1：临海市的优惠政策

1)工商行政管理部门要积极帮助农村专业合作经济组织办理登记注册和变更登记注册。

2)凡经工商管理部门登记注册的农村专业合作经济组织销售自产的农产品及加工品，按财政部、国家税务总局制定的《农业产品征税范围注释》的范围免征增值税。其为农业生产提供产前、产中、产后技术服务和劳务所取得的收入，免征所得税。

3)各级政府和有关部门要为农业专业合作经济组织的发展创造良好的条件。凡经有关部门登记，达到职能部门规定要求，且正常规范地开展各项活动，对提高农民的组织化程度和产业化经营效果显著的，给予一次性1万~5万元的奖励。

案例2：余姚市的优惠政策

1)市、乡镇(街道)每年要在财政支农资金中安排一定比例，扶持农民专业合作经济组织的发展。从2004年开始，3~5年内市财政每年安排50万元专项资金，扶持发展农民专业合作经济组织，主要用于示范性专业合作经济组织以奖代补和其他专业合作经济组织的功能培育补助。

2)对符合规定要求的当年新组建的专业合作社，给予每家1万元的资金补助；对当年被评为市级示范性农民专业合作社的，每家以奖代补5万元；对当年符合要求的专业合作社功能培育项目，按投资总额的30%以内补助，补助资金最高额度不超过5万元。

3)农民专业合作经济组织销售自产农产品以及经其分级、整理、初级加工、包装、加贴商标等不改变产品形状的农产品，按照财政部、国家税务总局制订的《农业产品征税范围注释》规定免征增值税。为农业生产提供产前、产中、产后技术服务和劳务所取得的收入免征所得税。

4)金融机构要加强对农民专业合作经济组织的信贷支持，每年安排一定数量的农业信贷资金，用于季节性、临时性所需资金。市农村信用联社和农信担保公司要积极开展对农民专业合作经济组织的授信，根据其经营状况，实行信用担保，授予一定的信用额度，进一步改善对农民专业合作经济组织的信贷服务，简化审批手续。

8.3.3.5　促进品牌战略实施，推进农业标准化

为了提高特色农林产品的市场竞争力，浙江山区各县市制定农林业政策时，十分注重对名牌产品的培育和扶持，积极引导和推进农业标准化工作。扶持的重点是国家名牌产品、原产地地域保护或原产地地理标志等，主要采取一次性奖励或补助的形式。

案例1：临海市的优惠政策

1)柑橘产品凡获得中国名牌产品、省名牌产品的，分别给予一次

性奖励10万元、2万元；获得全国驰名商标、省著名商标或省柑橘基地县(市)的，分别给予奖励10万元、5万元；凡首次获得国家级、省级农博会金奖或名牌产品的，分别给予一次性奖励2万元、1万元。

2)凡实施农业生产标准化，有注册商标，产品达到要求，面积在500亩以上的，酌情给予奖励。

案例2：余姚市的优惠政策

1)对被评为全国驰名商标、省著名商标(名牌产品)、宁波市知名商标(名牌产品)的，给予50万元、5万元和2万元的奖励。

2)对当年在欧美国家注册商标的给予每件2万元的奖励，在其他国家和地区注册农产品商标的，给予每件1万元的奖励。

3)对当年获得ISO14000系列、HACCP(包括GMP)认证，分别给予1万元和2万元的奖励，新获得ISO14020系列和美国FDA(包括欧盟)进口食品卫生注册的分别给予3万元的奖励。

4)对本市主导产业获得国家原产地标记(包括原产地地域保护)或国家集体商标、证明商标的给予注册单位15万元和10万元的补助。

案例3：开化县的优惠政策

1)获得浙江省著名商标、浙江省名牌，申请获得国家原产地域保护或原产地地理标志的产品，奖励3万元；获得国家免检产品的，奖励企业5万元；获得国家驰名商标、中国名牌的，奖励企业20万元。

2)鼓励企业、协会等各类主体制定并实施农产品标准，国家级标准每只奖励2万元，省级地方标准每只奖励1万元。

8.3.3.6 鼓励新办农产品批发市场，拓宽农产品流通渠道

新办市场、拓展市场是实现农产品价值的重要途径和环节，尤其是开拓新的市场，是提高农产品市场竞争力的重要措施。山区县(市、区)在发展特色农林业的过程中，积极培育农产品市场体系，发展农产品流通组织。重点是支持批发市场建设、农产品配送中心的建设、购销大户发展，鼓励农产品参加展览、农产品出口、进入大中型超市等，主要采取奖励、补助等形式。

案例1：临海市的优惠政策

1)凡经有关部门批准，新办设施投资在100万元以上(不含地价)的农产品批发市场，给予一次性奖励5万~15万元，自营业之日起2年

内返还市、镇所得各种税费。

2）积极扶持农产品运销大户，金融部门应视不同季节，对从事本市农产品运销的大户给予优先解决流动资金贷款。

3）对拥有自营出口权的农产品生产企业的出口退税，实行“免抵退”政策。

4）凡经营销售本市农产品的单位和企业，年销售额在3000万元以上，给予一次性奖励1万~3万元；年销售额在5000万元以上，给予一次性奖励3万~5万元。

5）鼓励国内外大型连锁超市来本市建立农产品配送中心，对年营销本市农产品2000万元以上的超市，给予一次性奖励1万~5万元，并享受农业龙头企业的有关政策待遇。

案例2：余姚市的优惠政策

1）从2005年开始，市财政每年安排130万元资金用于本市主导产业品牌宣传投入和农产品展示展销，凡在国外农产品和食品博览会等大型展会上设摊的，每一摊位补贴2万元，参加国内农业展会的，给予参展摊位费50%的补助。

2）对本市主导产品当年新进入副省级城市以上大中型超市连锁经营企业营销的，每进入一家，分档给予3万元以下的市场开拓费补助；对到副省级城市以上设立农产品营销窗口，并在当地工商部门登记注册的，给予每家1万元的补助；鼓励国内外连锁经营企业来余姚投资创办农产品物流配送企业和生产基地，凡当年营销本市农产品在1000万元、2000万元、3000万元及以上的，分别给予直接经营者5万元、10万元和15万元奖励，企业还可享受本市农业龙头企业有关优惠政策。

3）对农副产品自营出口的，享受开放性经济相关扶持政策；对通过商检部门出口厂库注册登记的加工企业（工场），给予每家5万元的补助。

4）根据联结基地情况和农产品营销实绩，每两年开展一次“十佳优秀购销大户（经纪人）”的公开评选活动，并给予每人6000元的奖励。

8.4 现行政策存在的问题

8.4.1 农林业产权政策有待于进一步完善

虽然浙江省和部分山区县(市)出台了农林业产权的相关政策，促进产权明晰和土地流转，以提高农户投资土地的积极性和扩大经营规模。但农林业产权改革还存在着一些问题和困难。考虑到特色农林业涉及的土地多数是林地，当前特色农林业发展的产权政策问题主要表现在：一是林业要素市场建设缓慢。山林流转市场的发育，不仅需要为之提供信息服务，降低信息成本，而且需要提供资金、技术、资产评估、政策法律咨询服务等。浙江省林业要素市场建设缓慢，目前处于试点阶段。二是森林资源资产评估工作滞后。林业部与国家国有资产管理局分别于1996年和1997年联合发布了《森林资源资产评估技术规范》和《关于加强森林资源资产评估管理若干问题的通知》，对森林资产评估的内容和方法作了原则规定。为了增加森林资产评估技术规范的可操作性，四川省和广东省都对评估工作的管辖、评估项目的立项、评估结果的审批等做了规定。就浙江省而言，集体林产权变动的评估尚未开展，森林资源资产评估工作比较薄弱。林权交易时，交易单位无法得到专业机构的评估服务，致使交易定价不合理。尤其是林地价格的确定有很大的主观性和随意性。三是农民不愿放弃土地使用权。主要原因是农村社会保障制度的不完善，农村(尤其是山区)社会保障是我国社会保障制度最薄弱的环节。山区农民基本被排除在社会保障体系之外，广大山区农民只能把土地作为安身立命的基础。

8.4.2 财政政策扶持力度较小，扶持结构欠合理

从上述支持农业(包括特色农林业)的政策来看，虽然各地采取了一系列的财政政策措施，但财政扶持农业的力度较小，从财政对农业的支持力度看，与农业部门对国民经济的贡献不相适应。如台州市、临安市农业在GDP中的贡献和财政对农业的支持情况见表8-1。2002~2005年，台州市用于农业的财政支出比重为7.68%，而农业生产总值占GDP的比重为9.37%；临安市用于农业的财政支出比重为8.37%，而农业生产总值占GDP的比重为13.45%。其次，财政的扶持结构存在欠

合理的现象。对特色农林业的财政支持主要用于特色农林产品基地建设，龙头企业、合作经济组织发展，品牌战略的实施，有机食品、绿色食品、无公害农产品的认证，拓展农产品流通等方面，而对于土壤改良、生态环境改善，优良品种培育与引进，农业教育等方面的投入不足。

表 8-1　2002～2005 年台州市、临安市农业的贡献和财政对农业的支持

单位：亿元,%

		2002	2003	2004	2005	合计
台州市	国内生产总值	782.85	908.87	1076.48	1251.77	4019.97
	其中:农业生产总值	89.17	90.72	94.24	102.64	376.77
	比重	11.39	9.98	8.75	8.20	9.37
	财政总支出	55.64	68.88	79.15	88.09	291.76
	其中:用于农业支出	4.12	5.22	6.51	6.56	22.41
	比重	7.40	7.58	8.22	7.48	7.68
临安市	国内生产总值	82.47	94.72	112.21	135.27	424.67
	其中:农业生产总值	12.11	13.40	14.72	16.87	57.1
	比重	14.68	14.15	13.12	12.47	13.45
	财政总支出	4.26	5.24	6.24	7.56	23.3
	其中:用于农业支出	0.23	0.43	0.60	0.69	1.95
	比重	5.40	8.21	9.62	9.13	8.37

资料来源:《台州市统计年鉴》、《临安市统计年鉴》(2003～2006 年)

8.4.3　农业信贷扶持政策较为欠缺，特色农林业发展贷款难

从上述各级层面的政策来看，主要集中于财政政策，采用农业信贷政策给予资金扶持的政策较为欠缺。目前农业信贷政策的支持重点是农业龙头企业和农民专业合作经济组织。如《中国农业银行浙江省分行关于进一步支持农业产业化经营的若干意见》明确了支持的重点是农业龙头企业，《关于做好农民专业合作社金融服务工作的通知》提出“把做好农民专业合作社信贷服务工作作为农村合作金融机构信贷支农工作的重点之一”。同时，更为重要的是政策的执行难度较大，农业贷款难问题

一直成为农林业(包括特色农林业)发展的主要制约因素。造成农业信贷困难的主要原因有:

(1)贷款对象本身的问题。特色农林业发展过程中,对信贷资金需求的主体主要包括农户、企业和农民专业合作经济组织,广大的农民、加工户、中小型加工企业、农民专业合作经济组织是农林产品最主要的生产经营者,他们在生产过程中存在大量的资金需求,但由于一些急需资金的农林产品的生产经营者难以提供有效的抵押或担保,加上贷款担保机制不健全,造成贷款难。

(2)农村金融组织及贷款政策的问题。自 1996 年以来,我国正规的农村金融体系基本上形成了政策性功能、商业性功能和合作性功能相区别的三类金融机构,即分别设立了中国农业发展银行、中国农业银行和农村信用合作社,已初步形成了以农村信用社——合作金融为基础、商业性银行——中国农业银行和政策性银行——中国农业发展银行各尽其职,三者之间分工合作,相互配合的农村金融体系。但这种农村金融体系框架的形成处于初步发展阶段。政策性银行的支农范围很窄,主要任务是承担国家规定的政策性金融业务并代理财政性支农资金的拨付,这类银行的资金基本到不了山区特色农林业各经营主体手中。中国农业银行作为国有商业银行,从县域商业银行近年的情况来看,存差逐年扩大。由于上存资金无风险,收益性高,县域商业银行均将吸收的存款通过二级准备金形式上存到市级银行,即县域资金向上级金融机构集中,减少了支持农业企业的资金来源。农村信用社是目前金融支持特色农林产业发展的主要机构,尤其是为广大农户提供小额信贷,但目前农户小额信贷管理办法不能适应特色农林业发展的需要。目前实行的农户小额信用贷款管理办法主要是针对农民从事传统农业贷款难而设计的,贷款期限一般不超过 1 年,这对传统农业生产确实足够了,但对于特色农林业,其生产周期一般都需要在 1 年以上,同时现行的小额信贷的规模基本上在万元以下,不能满足特色农林业经营农户的需要。

(3)政府的相关配套政策尚未出台或难以到位。国际经验表明,农业信贷属于高风险、收益率低的贷款项目,需要财政政策扶持和激励,但实践中,地方财政扶持力度不够,缺乏农业信贷投入的风险补偿机制,缺乏对金融机构实行农业信贷的税收优惠等政策或政策不到位。

8.4.4 缺乏生产风险防范与保护机制

新中国农业保险始于1950年，1958年10月停办。1982年我国农业保险恢复试办以来，一度得到较快发展。1982~1992年，农业保费收入由23万元增加到8.62亿元，但从1993年起，农业保险保费收入逐年下降，险种不断减少，规模逐渐萎缩。2004年，我国农业保险费收入仅3.96亿元，与历史最高的1992年相比，下降了约54%。浙江省农业保险走在我国前列，2006年3月，中国人民保险公司与其他十家保险公司的浙江分公司在杭州签署成立了国内首个政策性农业保险共保体，同期省政府、试点县(市、区)政府及新成立的农险共保体三方在杭州签订了试点项目协议书。在全省范围内开展农业政策性保险试点。但农业保险仅界定在种植业和养殖业大户上，设有水稻、生猪、鸡、鸭、大棚蔬菜、柑橘等9个品种，大多数山区特色农林产品尚未纳入保险范围。同时，浙江省农业保险与全国一样发展相对缓慢，主要原因有：一是我国尚没有关于专门的农业保险方面的法律法规，现行的《保险法》对农业保险的规定非常笼统。如农业保险的定位、政府在政策性农业保险中的作用和地位、对农险的支持原则、对农险投保人利益的保护、对保险公司的保护、如何保证农险的投保面等问题都难以明确或得不到有效落实，影响了农业保险业的发展。二是缺乏巨灾支持保护体系。由于农业风险具有高度关联性，致使农业风险在时间上和空间上不易分散，很容易形成农业巨灾损失，如果没有巨灾支持保护体系，即巨灾损失完全由保险公司承担，会吞噬农业保险公司的所有准备金和资本金，制约其可持续发展。三是缺少对政策性农业保险的财政补贴和国家税收政策的支持。目前浙江省对保险项目规定了明确的补助标准，即在五大方面的农产品的参保财政按35%保费给予补贴，但涉及的产品少，补贴标准与发达国家相比较低，同时尚未对承担农业保险的机构给予费用补贴。

8.5 政策建议

8.5.1 加快农林业产权政策的改革

首先，必须加快农林业要素市场建设。林业要素市场包括林业金融市场、技术市场、劳动力市场、信息市场和森林资源资产市场等。林业要素市场作为林业产权管理、信息发布、交易实施、中介服务于一体的综合性服务平台，其建立可以先在个别县(市)进行试点。在县(市)成立林业要素市场的同时，各乡镇成立土地产权登记管理分中心，各分中心与县(市)交易中心进行计算机联网，实现资源与信息共享。分中心还可以在行政村设立信息采集点，凡需要进行林权交易的相关信息，均由信息员收集后汇总到乡(镇)分中心，通过计算机网络在交易中心及各分中心对外发布信息，确保交易的公开与公平。其次，制定《浙江省森林资源资产评估管理办法》。对森林资源资产在评估范围、机构、程序、方法、费用等方面作出明确规定，使森林资源资产评估制度化、法律化。尽快在县域范围内建立森林资源资产专业评估机构，定期组织森林资源资产评估技术培训，建立一支高素质的森林资源资产评估师队伍。再次，加快建立农村社会保障体系。设立农村社会保障基金，逐步将农村的社会保障由依靠土地转变为依靠社会。另外，各山区县(市)还应制定奖励政策，鼓励农户出让土地、有能力的企业家或能人受让土地。

8.5.2　加大财政政策扶持力度，改善扶持结构

世界农业发展的经验证明，财政投入农业的规模对农业发展具有极为重要的作用。农业发展需要良好的内部环境和外部环境，其内部环境就是具有良好的基础设施条件，较高素质的农业经营者，广泛应用的农业科技等；外部环境主要是市场体系的建立与完善，农业社会化服务体系的建立与完善等。创造良好的农业内部与外部环境重在政府的财政投入。为促进浙江山区特色农林产品市场竞争力的提升，加快特色农林产业的发展，必须进一步加大财政扶持的力度，同时优化投入结构。重点是解决单个农业投资主体难以承担的项目。一是增加对特色农林业基础设施的投入，改善特色农林业发展的生产条件。二是注重对土壤改良、生态环境改善的投入。良好的生态环境是保证特色农林产品品质的重要条件和基础。三是增加对优良品种培育与引进的补贴，增加农业教育和科技投入。21 世纪农业的竞争说到底就是农业科技的竞争，特色农林产品要在市场上具有竞争力，优良的品种十分关键，为此，必须大力实施种子种苗工程，加强对优良品种的培育与引进力度。为提高农业经营者

的整体素质，政府应专门拨出经费，形成农业教育、科研、科技推广三位一体的科技服务体系。山区县(市)应设立至少一所农业技术学校，承担本地区农民的技术普及教育。四是进一步大力支持特色农林业实施标准化、品牌化、信息化、组织化。五是加强农产品质量安全工程建设。

8.5.3 完善农业信贷政策

进一步完善信贷政策，尤其是要专门制定支持特色农林业发展的信贷政策，明确农业信贷向当地特色农林业生产经营者倾斜，尤其是向龙头企业、专业合作经济组织、种植大户、营销大户倾斜，充分发挥各经营主体在提升特色农林产品市场竞争力方面的作用。同时要采取以下措施，确保信贷政策能真正落到实处：

(1)进一步发挥山区县域农业银行和农村信用社支持当地特色农林业发展的作用。农业银行要进一步调整发展思路，强化支农理念，把信贷支农的重点转移到支持当地特色农林业产业化经营上来。县域农业银行要将吸收存款的一定比例投放当地使用。加快农村信用社改革，积极发挥农村金融主力军的作用。要明确农村信用社的产权，完善其治理结构。农村信用社应按合作制原则进行改革，恢复其作为农民自己的合作金融组织的本来面目。建立产权明晰、法人治理、结构完善、管理科学民主的产权制度。建议政府制定和颁布《合作银行法》，以此来约束和规范农村合作金融的经营行为，使合作金融走上法制化、规范化轨道。

(2)改变对特色农林业经营户的小额信用贷款额度和期限的规定。针对目前农户小额信贷无法满足特色农林业生产者对资金的需求，适当提高农户小额信用贷款的授信额度，对小额农贷金额可根据农户要求、资信程度、资金投向、还款能力和信用社的能力适当增加农贷金额，延长贷款期限，从而真正发挥小额信贷支持特色农林业发展的实施效果。

(3)为金融机构支农工作营造良好的政策环境。财税和有关管理部门要加大政策扶持力度，对支农信贷要在税收上实施低税和减免税收政策，人民银行应适当降低农村信用社的存款准备金比例，扩大对农村信用社的再贷款、再贴现业务，放宽再贷款、再贴现条件，降低利率，有效解决农村信用社支持农业发展的资金不足问题。

(4)完善信用风险补偿机制和担保体系，创新信贷品种。要研究建立风险补偿机制，由国家财政、地方政府、农村金融机构、农户共同按一定比例同时出资，对因市场和自然风险导致的信贷风险给予一定比例的核销。加快农村担保公司发展步伐，有效解决农业信贷担保问题，降低信贷支农风险。积极探索开办土地使用权抵押贷款、林权抵押贷款、收费权抵押贷款、应收账款质押贷款、存货抵押贷款、仓单抵押贷款等新的贷款品种。

8.5.4 建立和完善农业生产风险防范与保护机制

特色农林产业的稳定发展，是特色农林产品竞争力提升的首要条件。浙江省是受台风灾害影响较大的省份，特色农林产品受自然灾害的影响较大。因此，在浙江省把特色农林产品逐步纳入农业保险的范畴尤为重要。农业保险不同于一般商业保险的最大区别是其不以盈利为目的，这既是世界各国普遍遵循的原则，也是农业保险的内在要求。主要应采取的措施有：①加强农业保险法制建设。建议国家尽快制定《农业保险法》，借鉴国际经验，通过立法就农业保险的目的、性质、经营原则、组织形式、承保范围、保险费率、保费收缴、保险责任、理赔办法及国家对农险的监督管理等作出规定，用法律的形式明确规范政府在农业保险中所应发挥的职能和作用，避免政府支持农业保险的随意性。②制定税收优惠政策，加大财政补贴力度。各级政府应对政策性农业保险给予财政补贴，包括保费补贴和保险机构费用补贴，浙江省应扩大保费补贴的范围，提高保费补贴标准，对经营政策性保险业务的保险机构给予费用补贴。同时制定税收优惠政策，如减免经营农业保险业务的营业税和所得税。通过费用补贴和税收优惠，以提高保险机构经营的积极性。③设立巨灾风险基金，建立再保险机制。建议设立巨灾风险基金，对遭遇巨灾损失的农业保险公司提供一定程度的补偿。巨灾风险基金来源渠道有：一是国家采取财政补贴和财政拨款方式建立专项基金；二是各级地方政府每年拿出部分支农资金和救灾款，专款专用，充实后备；三是由政策性保险机构在资本市场上发行巨灾风险基金债券。同时，建立省一级政策性农业保险公司，为基层的农业保险机构提供再保险。

参考文献

[1] 伊特韦尔 J.，米尔盖特 M.，纽曼 P.. 新帕尔格雷夫经济学大辞典(第一卷). 北京：经济科学出版社，1992

[2] 迈克尔·波特. 国家竞争优势. 北京：华夏出版社，2002

[3] 大卫·李嘉图. 政治经济学及税负原理. 北京：中国人民大学出版社，1981

[4] 伯尔蒂尔·俄林. 地区间贸易自由化和国际贸易. 北京：商务印书馆，1981

[5] 陈卫平. 中国农业国际竞争力. 北京：中国人民大学出版社，2005

[6] 姜爱林. 竞争力与国际竞争力的几个基本问题. 经济纵横，2003，(11)：48-53

[7] 苏航. 农产品竞争力与农业竞争力的内涵界定. 经济论坛，2005，(24)：125-127

[8] 姚於康，马康贫. 农产品市场竞争力探讨. 中国农村经济，1999，(11)：43-46

[9] 张昱，黄祖辉. 农产品市场竞争力问题的理论性探讨. 浙江社会科学，2004，(4)：55-60

[10] 陈卫平. 农业国际竞争力：一个理论分析框架. 上海经济研究，2002，(6)：18-19

[11] 帅传敏，程国强，张金隆. 中国农产品国际竞争力的估计. 管理世界，2003，(1)：97-103

[12] 韩华林. 提升产业竞争力的标准. 上海经济，2001，(6)：48-49

[13] 裴长洪，李雪松. 中国对外贸易形势分析与预测. 财贸经济，2001，(5)：38-44

[14] 张金昌. 波特的国家竞争优势理论剖析. 中国工业经济，2001，(9)：53-58

[15] 牛宝俊. 中国农产品对外贸易比较优势格局与剖析. 农业经济问题，1996，(10)：48-52

[16] 贺良，田志宏. 我国农产品比较优势分析. 中国农业大学学报，1999，4(6)：18-24

[17] 潘文卿. 面对 WTO 中国农产品外贸优势及战略选择. 农业经济问题，2000，(10)：6-12

[18] 孙立新，秦富，白人朴．我国主要粮食作物比较优势研究．农业技术经济，2002，(5)：23－28
[19] 程国强．中国农产品贸易：格局与政策．管理世界，1999，(3)：176－183
[20] 彭廷军，程国强．中国农产品国内资源成本的估计．农业技术经济，1999，(1)：28－31
[21] 徐志刚，钟甫宁，傅龙波．中国农产品的国内资源成本及比较优势．农业技术经济，2000，(4)：1－6
[22] 钟甫宁，羊文辉．比较价格与比较价格指数分析．中国农村经济，2000，(2)：68－73
[23] 王希凡．基于产业组织的农业竞争力研究．山东农业大学博士论文，2004：34－39
[24] 田珍．地区农业竞争力评价指标体系探讨．农业与技术，2002，(6)：33－35
[25] 张哲．西北地区农产品竞争力现状及其提升．农业现代化研究，2003，24(1)：50－53
[26] 乔娟，张宏升．论农业产业带建设与提升农产品市场竞争力．农业经济问题，2004，(12)：35－38
[27] 刘缉川，和丕禅，高云．提升江西农产品竞争力的对策研究．中国农村经济，2002，(4)：65－69
[28] 邱云生．四川农产品市场竞争力分析．农村经济，2004，(8)：8－10
[29] 赵海燕，赵立，易法海．湖南省主要农产品国际竞争力的变动分析．农业现代化研究，2003，24(2)：145－148
[30] 孔凡斌．基于 Porter 理论的中国林业产业国际竞争力评价．林业科学，2006，42(9)：106－113
[31] 罗英姿，邢鹂，王凯．中国棉花比较优势及国际竞争力的实证分析．中国农村经济，2002，(11)：18－24
[32] 刘春香，宋玉华．农产品比较优势与竞争力研究．中国农业大学学报，2004，(4)：8－11
[33] 万青，闫逢柱．中国茶叶国际竞争力分析与政策建议．资源科学，2006，28(4)：118－123
[34] 余学军．我国柑橘国际竞争力现状及提升对策探讨．西南农业大学学报，2006，(2)：72－75
[35] 赵小兰．中国茶叶出口贸易和国际竞争力分析．生产力研究，2005，(11)：95－96
[36] 许咏梅．中国茶叶出口国际竞争力比较分析．世界农业，2006，(1)：26－28

[37] 晋洪涛. 山东和河南花生竞争力分析. 山东省农业管理干部学院学报, 2006, 22(5): 50-52
[38] 王建农, 邓祖龙, 周凌六. 特色农业成为农村经济新的增长点. 农业经济问题, 1997, (2): 22-27
[39] 陈东景, 王晓峰, 程国栋, 等. 新疆特色农业发展初探. 新疆农垦经济, 2000, (5): 55-57
[40] 李金良, 贺洪梅. 必须大力发展特色农业. 经济师, 2000, (5): 41-44
[41] 郝广华, 孙晓强. 跨越式发展特色农业. 经济与管理, 2001, (6): 32-35
[42] 吕火明. 论特色农业. 社会科学研究, 2002, (3): 27-30
[43] 张克俊. 论特色农业的理论与发展思路. 华中农业大学学报, 2003, (1): 6-11
[44] 彭新宇, 金发忠. 论特色农业的理论内涵及发展模式. 湖湘论坛, 2006, (5): 65-66
[45] 闪辉, 樊明怀. 安徽省特色农业经济发展研究. 江淮论坛, 2004, (6): 44-47
[46] 李胜利. 新时期陕北特色农业培育与制度创新. 生态经济, 2006, (9): 96-99
[47] 苏斌, 于琳. 新疆特色农业产业化可持续发展的途径与机制. 中国农业资源与区划, 2006, 27(6): 5-9
[48] 朱志明. 我国发展特色优势农业必须解决五大机制问题. 经济研究参考, 2006, (35): 11-15
[49] 张庆, 杨蓓. 黑龙江特色农业发展应注意的若干问题分析. 渤海大学学报(哲学社会科学版), 2006, (4): 74-77
[50] 熊宁, 曾尊固. 试论调整农业结构与构建区域特色农业. 经济地理, 2001, 21(5): 564-568
[51] 颜合洪. 特色农业的内涵、形成条件和发展对策. 作物研究, 2001, (1): 9-11
[52] 杨祥禄, 陈彦, 李华. 大力发展特色农业 增强四川农产品市场竞争力. 中国农业资源与区划, 2003, (1): 11-15
[53] 彭镇华. 浙江林业现代化发展战略研究与规划. 北京: 中国农业出版社, 2006
[54] 茅于轼, 唐杰. 商品林业发展中的产权和税费问题. 管理世界, 2002, (7): 75-87
[55] 叶绍明, 张丽群. 广西沿海地区桉树外商营林投资效益分析. 中南林业调查

规划，2002，(1)：49－51
[56] 林向红，莫鸿芳．农业标准化作用研究．安徽农业科学，2006，34(5)：1025－1026
[57] 于冷，吴颖雯．实施农业标准化 提高中国农业经济素质．上海管理科学，2003，(6)：54－56
[58] 刘春香．国外农业标准化体系对我国的借鉴意义．农场经济管理，2005，(5)：19－21
[59] 姜轩彬，崔凯．国际农业标准化管理对国内农业经营的启示．安徽农业科学，2004，32(1)：179－180
[60] 刘小林．我国农业标准化建设存在的问题及对策．安徽农业科学，2004，32(6)：1298－1300
[61] 何乐琴，陈红金，毛文琳．浙江省农产品质量安全工作的思考．农业质量标准，2007，(2)：14－16
[62] 韩宏华．农业标准化：提升农产品质量的路径选择．南京林业大学学报(社会科学版)，2003，(4)：72－75
[63] 安瑞英．我国农业标准化体系建设．福建财会管理干部学院学报，2005，(2)：4－6
[64] 孟菲，段玉峰．浅谈日本“肯定列表制度”．生态经济，2007，(1)：90－92
[65] 嘉波．农产品贸易技术壁垒及对策．农村经济与科技，2005，(5)：8－9
[66] 全毅．国际农产品贸易中技术性贸易壁垒：现状与趋势．亚太经济，2004，(6)：16－19
[67] 卢立岩．我国农产品出口如何应对日本技术性贸易壁垒．国际经贸探索，2004，(4)：29－32
[68] 丛海彬．浙江农产品遭遇技术性贸易壁垒分析．浙江万里学院学报，2007，(2)：115－117
[69] 林丽钦．我国竹笋质量安全认证标准与有机产业发展思考．福建轻纺，2006，(12)：1－5
[70] 焦必宁，陈爱华．国内外柑橘农药最大残留限量标准分析．现代科学仪器，2007，(1)：82－85
[71] 刘新．国内外茶叶标准分析．农业质量标准，2007(增刊)：94－98
[72] 张术环．浅谈绿色营销的内涵与特点．商场现代化，2006，(7)：136
[73] 陈磊．解读“绿色营销”．株洲工学院学报，2006，(5)：78－80
[74] 杨丽华，邓德胜．湖南省农产品绿色营销环境分析及营销策略探讨．生态经济，2006，(2)：259－262

[75] 谢华兴．农产品企业绿色营销问题探讨．价值工程，2007，(1)：62 -63
[76] 周欣聪．我国农产品绿色营销状况．科技经济市场，2006，(11)：59 -60
[77] 刘润婉．黑龙江农产品实施绿色营销的分析．黑龙江对外经贸，2005，(2)：64 -65
[78] 赵春雷，张雷．21 世纪国际贸易的通行证——农产品绿色营销．吉林农业大学学报，1997，19(1)：92 -96
[79] 曾路，许安心，李勇泉，等．我国农产品实施绿色营销的思路．生态经济，2002，(11)：73 -74
[80] 乔聚玲．我国农产品绿色营销的发展进程及特征．山东农业(农村经济版)，2003，(6)：8 -9
[81] 张秋云．绿色食品营销的战略思考．中国市场，2007，(4)：41 -42
[82] 张援．新形势下的农产品绿色营销策略探析．企业技术开发，2007，(10)：66 -68
[83] 郭铁民，席晓丽．农民合作经济组织也是一种生产力．中共福建省委党校学报，2007，(2)：39 -42
[84] 程同顺．论提高农民组织化程度的必要性．中共云南省委党校学报，2003，(4)：86 -88
[85] 刘雅静．大力发展农民专业合作经济组织是解决我国“三农”问题的重要途径．市场论坛，2006，(12)：61 -63
[86] 刘薇，张琴，刘钊．从农民合作经济组织培育的角度审视农业标准化推广模式．农村经济，2006，(1)：96 -99
[87] 余炳才，刘缉川．试论农民专业合作经济组织与发展农业经济的互动效应．商业研究，2005，(5)：170 -171
[88] 张蕾．日本农协及其对我国农民专业合作组织的启示．安徽农学通报，2007，13(3)：3 -5
[89] 潘建国．美国农业合作社面面观．中国合作经济，2004，(10)：53 -56
[90] 胡俊生，胡继民，梅海子．试论美国的农业合作社．徐州教育学院学报，2003，18(3)：55 -57
[91] 全国人大农业和农村委员会代表团．法国农业合作社及对我国的启示．农村经营管理，2005，(4)：43 -46
[92] 侯保疆．我国农民专业合作经济组织的发展轨迹及其特点．农村经济，2007，(3)：123 -126
[93] 郭红东，徐旭初，邵雪伟，等．我国农民专业合作经济组织发展的完善与创新．中国软科学，2004，(12)：1 -9

[94] 徐旭初．中国农民专业合作经济组织的制度分析．北京：经济科学出版社，2005
[95] 郑传根，杨雪山．加入 WTO 与提高农民组织化程度的思考．农村合作经济经营管理，2002，(3)：8-10
[96] 吕益民．农业呼唤新的专业合作组织．今日浙江，2002，(Z1)：68-70
[97] 邓丽霞．提高农民组织化程度 应对市场竞争．农业经济，2003，(4)：21-22
[98] 干经天，李莉莎．论区域品牌农业．农业现代化研究，2003，24(5)：356-359
[99] 牛若峰，夏英．农业产业化经营的组织方式和运行机制．北京：北京大学出版社，2000：95-107
[100] 朱广其．我国农产品竞争力及其支撑体系的建立．调研世界，2003，(8)：22-25
[101] 王玉莲，李昌宇．论农产品品牌化建设的外部性及政策支持措施．东北农业大学学报(社会科学版)，2008，(2)：24-27
[102] 胡继连，赵瑞莹，张吉国．果品产业化管理理论与实践．北京：中国农业出版社，2003
[103] 随新玉．美欧(盟)财政支农政策比较与启示．财政研究，2004，(5)：60-62
[104] 陈赛蓉．美国农业政策对农业现代化的推进作用．重庆科技学院学报(社会科学版)，2008，(6)：66-67
[105] 李晓俐．美国农业政策与中国农业发展比较．粮食科技与经济，2008，(2)：50-52
[106] 黄金辉，熊晚玫．欧盟农业产业化支持政策探析．区域经济研究，2003，(3)：120-123
[107] 孙志亮，杨焕玲．欧盟国家支持农产品加工业发展的税收政策及启示．经济纵横，2007，(7)：53-55
[108] 李兴华，王全林．县级农行支持新农村建设的难点与对策．中国发展观察，2008，(7)：42-43
[109] 李慧宇．农村金融的制度缺陷与改革方向．中国集体经济，2008，(2)：36-37
[110] 谢爱辉．完善我国农业信贷政策的现实选择．生产力研究，2005，(8)：70-71
[111] 周 婧．农户小额信用贷款发展的现状、问题及对策．商场现代化，2007，(7)：389-390

[112] 李敏．建立农业产业化金融支持体系的思考．中州学刊，2007，(6)：61－63

[113] 刘志文．农业保险发展的国际比较与启示．西南农业大学学报(社会科学版)，2006，(4)：27－30

[114] Anderson, K. Changing Comparative Advantage in China: Effects on Food, Feed and Fiber Markets. Paris: OECD, 1990

[115] Balassa, B. Exports and Economics Growth: Further Evidence, Journal of Development Economics, 1978, (5): 181－189

[116] Kennedy, P. L., R. W. Harrison, N. G. Kalaitzandonakes, et al. Perspectives on Evaluating Competitiveness in Agribusiness Industries, Agribusiness, 1997, 13(4): 385－392

[117] Lee, F. C. and J. M. Tang. Productivity Levels and International Competitiveness Between Canada and U. S. Industries. American Economic Review, 2000, (5): 176－179

[118] Leishman, D., D. J. Menkhaus, G. D. Whipple, et al. Revealed Comparative Advantage and the Measurement of International Competitiveness for Agriculture Commodities: An Empirical Analysis of Wool Exporters. 1999, Working Paper

[119] Masters, W. A. and A. Winter-Nelson. Measuring the Comparative Advantage of Agriculture Activities: Domestic Resource Costs and the Social Cost-Benefit Ratio. American Journal of Agricultural Economics, 1995, (77): 243－250

[120] Pearson, S. R. and R. K. Meyer. Comparative Advantage among African Coffee Producers. American Journal of Agricultural Economics, 1974, 56(2): 310－313